Mauvaise réputation

Joeystarr

Avec Philippe Manœuvre

Mauvaise réputation

Flammarion

POPculture

Collection dirigée par Laurent Chollet

ISBN : 2-08-068931-2

1

Mon père, cet étranger

Toute histoire a son début.

La mienne commence le 27 octobre 1967.

Bien sûr, je ne me souviens pas de ma naissance. Mes parents s'étaient rencontrés aux Antilles. Mon père avait entraîné ma mère en France. La France de l'époque, c'était l'Eldorado pour les Antillais.

Mon père était issu d'une famille de dix frères et sœurs. Un ou deux seulement avaient pu bénéficier d'une vraie éducation. Pour les autres, ce fut ce qu'on appelle l'école aléatoire. Mon père arrive en France avec pour tout diplôme un CAP de plombier carreleur. Le mariage de mes parents a eu lieu en France, mais cela ne s'est pas bien passé tout de suite.

Mon père était un séducteur, un vrai bellâtre des Antilles, clair de peau, ce qu'on appelle là-bas un Chabin, yeux gris pétillants d'humour, petite moustache. Il avait une conception très personnelle du dandysme : capable de passer des heures devant le miroir à épiler sa fine moustache, au chômage ou pas, il reste coquet, essayant de combattre un début de calvitie pour avoir l'air parfait.

C'était un bel homme, grand, distingué. Il suivait les modèles des grands leaders blacks, cultivant à sa manière un petit côté frime qui pouvait rappeler Malcolm X en 1960 ou James Brown en 1970. Dès ma naissance, mon père arrête de fumer. Juste avant il avait eu semble-t-il une phase « fumeur de pipe ». Pour qui se prenait-il en la fumant ?

Un jour, j'ai rencontré ma grand-mère paternelle : c'était une quarteronne blonde, avec une peau de blonde. Du côté de ma mère, il semble que j'ai du sang chinois. Ma mère aussi est claire de peau. Et grande.

Mon père avait eu une éducation sévère, dure. Dès son arrivée en France, il a voulu s'insérer, rentrer dans le moule. Il a arrêté de manger du piment, s'est arrêté de parler créole. Mes parents étaient arrivés en France début soixante, cinq ans avant ma naissance. Mon père savait lire, écrire, il était carreleur et ça représentait réellement quelque chose, semble-t-il.

Il était venu avec un frère illettré, qu'ils avaient pris en charge. Je grandis dans un contexte très familial. Ma mère me le raconte toujours : mon père était super fier de ma naissance. Quand on voit comme ça allait tourner...

Chez les Antillais, il y a toujours un baptême, une communion, une galère pour moi, déjà. Ma mère a cette photo de moi bébé, haut comme trois pommes, chaussures vernies, en smoking !

Enfant hyperactif, on ne peut pas me laisser seul une seconde. Dès qu'on me lâche, je me sauve. Speed, déjà. On m'emmène faire de longues promenades dans l'espoir de m'épuiser : en vain.

Mon père a une sœur et la situation entre elle et ma mère est super tendue. Une rivalité intenable se développe sur un terrain de non-dit absolu. Tout le monde a opté pour le mutisme, personne n'en parle jamais... jusqu'aux réunions de famille. Et là, exactement, comme dans les vieux films franchouillards de la grande époque, ces machins qui partent dans la beuverie et la beauferie, une petite réflexion fuse et tout explose.

Les Antillais sont comme ça, chauds bouillants. Ils ont plein d'histoires de famille, plein de sujets de prises de tête entre eux… À la moindre petite réflexion, tout pète en trois secondes et tout le monde en vient aux mains…

À l'intérieur de ce monde, mon père ne fait rien pour que je m'y retrouve culturellement. Sans doute, voulait-il que son fils s'intègre ? Il ne parle plus créole que quand il est en train de jouer aux dominos avec un coup dans le nez ou de faire de la mécanique. Là, le patois reprend le dessus.

Au début donc, nous sommes une vraie famille, mon père, ma mère et moi. Et les cousins, les frères, les tantes. Abrégeons : la dernière image que j'ai de mes parents ensemble, ils sont en train de se taper dessus.

Je dois avoir trois, quatre ans.

C'est mon dernier souvenir familial normal. Ensuite…

Mon père était moins sévère que super démuni. Vivre avec ma mère, cette femme totalement intense, ne devait pas être évident. Ma mère n'avait pas supporté que mon beau gosse de père la trompe. Ensuite, selon ma mère, mon père magouille pour obtenir ma garde. Seul avec mon daron, je découvre un personnage intransigeant, manuel, impatient.

À mon avis, un gosse a tous les droits. Il est au seuil de sa vie, laissons-le faire ses conneries. Mais chez moi, ça ne se passe pas comme ça. Dans la famille de mon père, les gosses sont taillables et corvéables à merci. D'emblée, il veut que je sois comme ceci, comme cela… Étais-je alors capable d'assimiler toutes ces informations ? Je n'en suis pas certain.

Après le divorce, installé seul avec lui, le « play-boy Bounty », je vais voir passer beaucoup de femmes dans notre petit appartement de Saint-Denis. À l'heure d'aujourd'hui, grâce à ce chaud lapin, on ne sait toujours pas combien on est de frères dans la famille.

Un soir, des années plus tard, NTM donne un concert dans un palais des sports. Un mec vient me voir et me dit : « Bonsoir, je m'appelle Morville. »

Super, exactement comme moi... et alors ! ?

— Ma mère, poursuit-il, s'appelle E...

Ah ! J'ai bien connu sa mère. On était partis en vacances en Guyane avec elle. On l'a côtoyée deux ans durant. Les femmes passaient. Certaines restaient quelque temps, comme E., d'autres pas du tout. Mon père était dans une logique de doute sur son pouvoir d'attraction auprès des femmes. Pour le vérifier, il relançait sans cesse la machine. On voyait des Blanches, des claires, j'en appelais certaines « Tatie ».

À l'évidence, mon père utilise certaines de ses femmes pour qu'elles s'occupent de moi mais, paradoxal, il interdit toute intrusion féminine dans sa cuisine, considérée comme son domaine réservé. Au milieu de ce tourbillon, je suis un peu désorienté.

À partir du moment où mon père a obtenu ma garde, je n'ai plus jamais revu ma mère. On n'en parlait jamais. Sujet tabou.

— Et maman ?

La réplique tombait : « T'es pas content d'être là ? De toute façon je ne sais rien, ça ne m'intéresse pas ! »

En fait, dans toute mon enfance, j'ai revu une fois ma mère. Un jour, 27 octobre, jour de mes cinq ans, elle est venue jusqu'à Saint-Denis pour m'apporter deux ou trois cadeaux emballés dans du beau papier. Ce jour-là, on sonne à la porte de notre petit appartement. Mon père ouvre. C'est la gardienne : « Une dame sur le parking m'a donné ça pour Didier. »

Mon père prend les paquets, sort sans un mot, les jette à la poubelle. Je le suis à distance. Arrivant devant la cité, je tombe sur une scène incroyable : une dame que je ne reconnais pas sur l'instant pleure : « C'est mon fils, j'ai le droit de le voir ! » Et mon père en train de la violenter : « Dégage ! Dégage ! Dégage ! »

Ensuite donc, chaque fois que j'essaierai d'obtenir des nouvelles de ma mère, mon père me dira et me répétera que ma mère « est morte ».

Quand tu es môme, tu n'as pas de second degré. Tu vis tout ça en direct. Je n'ai jamais essayé de contacter ma mère, de la voir.

Ça aurait été un trop grand projet pour le petit que j'étais.

Par contre, dès que je sors de chez moi, je me précipite sonner chez les copains, voir s'ils peuvent sortir. Des fois, on me laisse entrer. Et je découvre chez eux cette merveille : une chambre avec des jouets. Moi j'ai un lit pliant, des bandes dessinées lues et relues trente fois et deux ou trois jouets volés, donc qu'il faut cacher dès que mon père revient. J'avais piqué un Big Jim et le cheval de Barbie. J'avais emprunté à mon cousin un robot Steve Austin avec un bras bionique. Le risque, c'était que mon père tombe sur le jouet. Notre dialogue en ce cas est toujours le même : « Ça sort d'où, ça ? ». J'explique que c'est tel pote qui me l'a prêté...

« Hé bien il ira le chercher à la poubelle. »

Et le jouet part à la casse. On n'a même pas le droit de me prêter un jouet. Prenant pitié, un jour, le père d'un pote me paye un équipement pour jouer au football en minime. Là, quand mon père s'est rendu compte, il a eu honte.

Parce que pour mon père, acheter un jouet ne présente aucun intérêt. « Moi, quand j'étais jeune, j'avais pas de jouets », ne manque-t-il d'ailleurs jamais d'ajouter.

Guerre également pour un yaourt au supermarché. Car j'ai parfois l'audace de réclamer un pack de yaourts. Là encore, mon père ne comprend pas : « Moi, à ton âge, j'avais un bout de pain trempé dans l'eau sucrée avec une banane dedans. » Oui papa, sauf qu'on est fin 70, avec toutes les pubs télé, tous les trucs qui décollent dans tous les sens.

Étonnez-vous si, à douze ans, j'ai commencé à chourer.

Avec le recul, je suppose que j'étais une source infinie d'ennuis pour mon père.

C'est ainsi qu'il m'a toujours soigné tout seul. Si je m'ouvre le crâne, il ne m'emmène pas à l'hôpital pour des points de suture. Un peu d'alcool, un pansement et c'est tout. Un soir, à huit ans, je vais chercher le pain. J'avais la sale habitude de mettre les pièces dans ma bouche. Soudain, j'en avale une. L'épicier était à 200 mètres de chez moi, j'avale la pièce aux deux tiers du trajet. Panique ! Justement, un mec lave sa voiture :

— M'sieur, j'ai avalé une pièce, je fais quoi ?

— Rentre chez toi tout de suite, vite !

J'y fonce. Je suis en panique. Mon père me dit d'aller dans la salle de bain. Il arrive et me dit : « Tu vas souffrir, mais il n'y a que ça à faire. » Et il sort un couteau. J'ai tellement hurlé cette fois-là qu'on a exceptionnellement pris la voiture pour aller à l'hôpital. Avec le recul, j'ai encore peur.

J'ai gardé de mon enfance une tendance qui raconte assez bien le gamin que j'étais. Si mon père souriait et avait l'air content, j'avais la banane. S'il faisait la gueule et ruminait, j'attendais que ça passe. Aujourd'hui encore, mon état dépend de celui des gens autour de moi.

Un matin, je me lève et je découvre... Un petit lapin dans l'appartement. Je n'avais jamais eu d'animal, je n'en avais même jamais approché, à l'époque la simple vue d'un chien dans la rue me faisait peur. Je me barricade dans mon cagibi de gamin. La curiosité étant plus forte, j'entrebâille la porte et jette un œil. En fait le lapin est blessé. Il décrit des cercles dans le salon en pissant le sang.

Mon père se lève : « Arrête de faire la tapette, c'est qu'un lapin ! »

Il l'attrape, le soigne. En fait le lapin avait d'abord fait une apparition dans ses phares sur la route en rentrant dans la nuit, il avait donné un grand coup de freins. Pas assez vite : le lapin s'était fait coincer une patte sous une roue. Mon père s'était arrêté, avait balancé l'animal dans le coffre, l'avait ramené à la maison. Je trouve le lapin très cool. Soudain on prend nos aises tous les deux. J'adore mon lapin. Un beau dimanche, on se lève, on vaque à nos occupations. Mon père m'appelle de la cuisine : « Amène-moi le lapin... » Il lui a mis deux coups de planche dans la gueule et le lapin a fini à la casserole.

Il me l'a fait manger, mon lapin.

Des trucs comme ça, je n'ai pas réussi à les oublier. D'autant qu'avec mon père ça revenait tout le temps. C'est sur le thème « t'es pas une gonzesse » qu'il avait décidé de me former, me forger et me tester. Comme si on avait été à l'armée...

Un autre dimanche mon père m'habille très soigneusement sans rien m'expliquer. Tiens, on prend la voiture. Mon père a toujours eu des voitures sport, Simca 1 100 Sport, frime toujours. Même au chômage, obligé de revendre sa voiture, il se trouvait classe parce qu'il conduisait un Solex. Pour lui, la pauvreté, c'était dans la tête.

Ce matin-là, on part vers la Porte Dorée. On rentre dans un immeuble. Il sonne à une porte. On entend gueuler. La porte finit par s'ouvrir et une dame super pas contente nous balance un gamin et claque la porte. Je me retrouve en face d'un petit garçon de ma taille. C'est marqué sur sa gueule que mon père est aussi le sien. Retour à la voiture : « C'est ton frère Carl, vous allez passer la journée ensemble. » Des épisodes de cette nature, il y en a trois ou quatre. On passait l'après-midi au salon, ensemble. Puis Carl a disparu. Il est où Carl ? « J'en sais rien » répondait mon père. Dix ans après, un jour je danse dans le RER à la station Les Halles, un mec vient me voir et me dit qu'il connaît Carl.

Depuis nous nous sommes retrouvés.

Mon père a une favorite que j'appelle « Tante ». De cinq à dix ans, je vais souvent dormir chez elle, mais elle s'embrouille régulièrement avec mon père, donc je me retrouve seul avec ses neveux. Souvenirs d'époque : embrouille sur embrouille. Trouble.

En public, tout le monde adore mon père, Jean. « Jean, il est charmant, Jean, il est serviable, quel garçon ce Jean. » Moi, « le fils à Jean », tout le monde m'aime bien.

Dans toutes les fêtes familiales, tous les baptêmes antillais, mon père fait son numéro de DJ charmeur. Ces réunions familiales nous espérons les vivre dans la bonne humeur. Tout le monde est costumé, la musique joue... Quelque part, sans doute, mon père doit avoir la nostalgie de ces ambiances de bal des Antilles, calypso, merengue, compas, masure. Monsieur a sa collection de disques, de Bob Marley à Eddy Mitchell reprenant les classiques rockabilly. J'ai droit à tous les standards, « Mon vieux » ou « Yellow Submarine » et puis de temps en temps, il passe un bon Otis Redding, un Roy Ayers. Les gens des Caraïbes ont toujours baigné dans la soul venue d'Amérique. Et le reggae n'a pas épargné les Caraïbes françaises.

Mon père joue du créole, puis sort son arme secrète, le quart d'heure slows avec Eddy Mitchell et « La fille aux yeux menthe à l'eau ».

Tous ses disques sont numérotés. Un bon argument de drague : « Celui-là, c'est le 562, eh bien j'en ai encore plus de mille derrière. » Toujours ce côté caramel chez mon daron.

Quand il sort le soir, c'est sans rien me dire. Jamais mon père ne se justifie. Ne me prévenant de rien, il ne donne jamais d'explications. Ça aurait pu créer une complicité entre nous, de me dire ce qu'il allait faire, même s'il ne m'emmenait pas...

Ce soir-là, mon père rentre tard et ses vêtements sont totalement déchiquetés ! On dirait le docteur Banner quand il se transforme en Hulk... Apeuré, je ne comprends rien, je flippe. En sang, mon père m'explique : James Brown jouait ce soir-là, à Paris. Il est allé au concert, sans billet. À un moment donné, une bande de loulous essaye de rentrer en douce. Mon père se faufile avec eux. Mais son costume est trop voyant. Repéré par un maître-chien, le costume de mon père a été mis en pièces par son berger allemand.

Dans la cité Allende, à deux blocs du mien, habite mon copain Kamel. Je vais à l'école avec son grand frère, mais mon pote c'est Kamel. Il assiste à des trucs chez moi, avec mon père, mais n'importe, c'est un gosse, il ne dit rien. Il voit l'ambiance, sans doute aussi les traces de coups. Souvent, sa famille m'accueille, très gentiment. C'est ça le contexte de notre amitié.

Tous les samedis, rituel de mes treize ans, on va à l'Euromarché avec Kamel et sa mère. Un kilomètre à pied pour rejoindre cette grande surface en face du vélodrome de Saint-Denis. Sa mère fait les courses pour toute la famille, trois fils et le père. Mon père à moi n'est pas très cool avec

Kamel quand il passe chez nous, il ne l'aime pas trop. Pas grave. Ce qu'on préfère, c'est se chambrer entre nous.

— Regarde les chaussures qu'elle a, ta mère !

— Et toi, ton père, t'as vu, il se trimballe en bottines !

— Ta mère, elle a des fesses de baleine...

— Et toi, ton père, c'est vrai qu'il se balade en slip toute la journée ?

Le moindre petit truc de ce genre, c'est à manger pour les cafards, du caviar aux cochons.

À l'Euromarché aussi, on se marre bien. On parle d'une super grande surface. Avec Kamel on passe d'emblée au rayon boulangerie. On prend des pains au chocolat qu'on planque dans nos vêtements. Puis on va au rayon BD et on dévore nos pains en chocolat en bouquinant. C'est le week-end, samedi treize heures, mon père me laisse sortir. Bien sûr, quand on passe à la caisse avec la mère de Kamel et son chariot rempli, mon copain et moi avons divers trucs planqués dans nos vêtements.

À l'école primaire, je vais dans un établissement qui s'appelle Marville.

Moi, c'est Morville.

Trouvant cette coïncidence hilarante, les gosses ne me lâchent pas. Victime de chambrettes en première ligne, j'ai droit à leurs incessants sarcasmes. En plus, dans cette école, il nous faut une blouse. Dès le CE1, il la fallait, cette blouse. Trois ans d'affilée, mon père a refusé de m'acheter ma blouse. Je me fais tellement engueuler par les profs, à un moment, je vais à l'école en veste de pyjama, à faire pisser toute la classe de rire.

— C'est pas une blouse, ça, Morville !

— Si m'sieur, c'est mon père qui me l'a achetée.

Lui, de fait, ne veut rien savoir. M'achète quelques cahiers et quelques stylos en début d'année, le minimum, et après tu te démerdes.

— Mais papa, il me faut une blouse, des baskets, un survêtement...

— Tu te démerdes.

Un jour, il m'achète enfin une paire de baskets au marché. Des baskets de vieux, des baskets de taulard, fonctionnelles, affreuses. Au final, j'ai tellement eu honte, je les ai jamais mis, ces pataugas.

Très tôt, mon père m'oblige gentiment à l'aider sur ses chantiers : « Viens avec moi, ça t'occupera. » Il m'embauche comme commis le week-end et le mercredi après-midi. Le rôle premier du commis est de se faire insulter, tout le temps. Normal, le commis est jeune, le commis n'en a rien à foutre.

Comme je suis encore petit, quand je rentre de l'école, je trouve porte close. Mon père a fermé à clef et n'ayant pas la clef, je suis obligé d'aller faire mes devoirs chez ma tante Joséphine qui habite le même immeuble. J'attends le retour de mon père chez elle. Ma tante me comprend bien. Elle est super cool, elle aussi un peu prisonnière de cette cité où ses gosses ramassent des coups. Elle me trouve marrant.

Mes clefs, c'est à quatorze ans que je les aurais.

En attendant, à l'école, c'est n'importe quoi. N'importe quoi du fait que personne ne m'a expliqué que c'est pour toi que tu vas à l'école. L'école, en vrai, on n'y va pas pour faire plaisir à quelqu'un mais pour s'éduquer soi-même. Le problème, c'est que je suis arrivé à l'école à une époque où ils n'avaient déjà plus trop la pédagogie pour t'expliquer ça.

L'école, j'y vais parce que c'est l'endroit où mon père me fout la paix. En primaire, c'est le règne du bulletin hebdomadaire, donc je trafique les notes, les carnets. Avec mes potes, toutes les semaines, réunion chez l'un ou chez l'autre pour se livrer à de fastidieux trafics de bulletins. C'est encore plus difficile pour moi : ne pouvant ramener personne à la maison, mon père m'interdit également de sortir, fût-ce pour aller chez un copain. « T'es pas bien ici ? Qu'est-ce que tu veux aller foutre chez eux ? T'as un chez-toi, reste chez toi. »

À Saint-Denis, nous habitons la cité Allende. Notre appartement est au rez-de-chaussée. Par la baie vitrée du salon, je vois des dizaines de gamins vaquer à leurs petites affaires, en toute liberté. On me sollicite, « Allez, tu viens Didier ? »

Non, je peux pas, non je peux pas, NAN JE PEUX PAS, à un moment le vieux est obligé de lâcher du lest.

Quand il me donne l'autorisation de sortir, je suis déjà dehors depuis un moment. Dès que je commence à « avoir le droit de », mon père érige de nouvelles règles.

— Si tu n'es pas là à l'heure exacte du dîner, tu ne manges pas et si tu n'es pas là avant la tombée de la nuit, tu restes dehors.

« Tu restes dehors », dans son langage, ça veut dire : « Attends-toi à une sacrée raclée. » D'ailleurs pour être bien sûr de pas oublier de me la donner, il m'attend devant la porte.

Pour mon père c'est ouvert, toujours. Il s'octroie des horaires super libres. Parfois, le matin, le dragueur impénitent me prévient qu'il ne sera pas là le soir, mais il laisse toujours des choses dans le frigidaire. Côtes de porc à la moutarde au four, coq au vin, c'est sûr, il y a toujours à manger et c'est bon.

Très vite, j'ai une double vie. Quand je pousse la porte de la maison, je pars en courant. Si je me tiens à carreau chez moi, à l'école évidemment, j'explose.

Exutoire. Je ne suis pas un adolescent agressif, ni spécial. Par contre, dès qu'il y a une connerie à faire, c'est ouvert.

Oui, j'aime jeter les chaises par la fenêtre, oui j'aime gueuler : « Enculé ! » pendant que la prof écrit au tableau, oui j'aime venir avec des règles en plastique aiguisées et affûtées pour aller me battre avec les minots de la cité d'à côté. Nous-mêmes, on était pas hauts. Douze ans et un lance-pierres.

Mon école primaire est à 800 mètres de chez moi. Mon collège était juste en face. Certains profs m'ont marqué, bien sûr. Ceux qui aimaient leur matière. Mais je n'étais pas terriblement motivé. Arrivé là, je me retrouve avec exactement les mêmes cancres qu'avant. Tout pareil. Dès le premier jour de collège, tu te retrouves avec tes vieux copains et tu sais que cette année, ça va être n'importe quoi. Voilà. Tu ne penses pas : « Chouette, Machin est dans ma classe, il va m'aider avec mes devoirs. » Non, tout de suite, tu penses : « Prisunic à côté va en prendre un bon coup. » Dans notre classe, il fait pas bon être bon élève. Ça ne risque rien, j'ai toujours détesté être le premier de la classe. Bien sûr, parfois mon père entonne de grands sermons. Avec le même refrain, toujours : « Tu ne te rends pas compte, si tu travaillais bien à l'école, tu verrais comme ta vie serait différente, la la la ! »

Tout devient axé sur l'école.

Mon anniversaire ? Mon père dit : « Moi, j'offre pas de cadeau aux gens qui foutent rien à l'école. »

Ce genre...

Noël ? Là, sans rien dire, il profite du fait qu'on est toute la famille réunie, et c'est ainsi que plusieurs Noël d'affilée, je ne saurai pas ce qu'il m'offre. De fait, je n'ai jamais connu un Noël avec le pur jouet. En plus, en cité, le lendemain de Noël tout le monde descend pour montrer qui une moto miniature, qui un robot bionique. Et toi, qu'est-ce t'as eu ? Une seule réponse : « Ta gueule. »

J'ai la rage.

Tout de même, une fois, une seule, j'ai eu un cadeau de mon père qui m'a fait plaisir à Noël. Cette année-là, j'ai eu un survêtement Puma. Alors là... Un beau, bleu avec des bandes jaunes, tout synthétique avec la languette qui passe sous le pied. Je suis allé à l'école avec tous les jours. À la fin, on m'en faisait la remarque : « Didier, t'es habillé pareil tous les jours, t'en as pas marre ? » Eh bien non, dans mon survêtement Puma, je me sentais comme un Don.

À l'époque, je me réfugie dans les bandes dessinées ; les Marvel sont mes préférées. Je passe toute ma thune en Spiderman, Strange. On a un libraire dans le quartier. Lui a bien compris qu'on achète une bande dessinée pour essayer d'en chourer deux.

Saint-Denis est une ville-champignon. L'un des centres d'activité de Saint-Denis, ce sont les environs de l'école, toute la zone autour. Pendant la récré, on saute la barrière et on va voler des conneries au supermarché.

Il faut préciser que moi, à chaque petite envie que j'ai, je me fais jeter en l'air. Par exemple, à l'école, tout le monde a des baskets sublimes, sauf moi. Il faut que ça change. Par envie de plaire aux filles, de ne plus avoir cette dégaine de chausse-pompe, je me mets à chourer.

Bien obligé, car mon père a également des idées très précises sur les vêtements de son fils. Lui, c'est sur le marché qu'il préfère m'habiller. Alors très vite, je sors de chez moi pour foncer vers un cagibi où je stocke les fringues piquées que j'ai envie de mettre. Je me change et je vais rouler devant les autres. J'ai les Adidas en daim, des pompes sublimes.

Comme si ça ne suffisait pas, mon père se retrouve au chômage pendant deux ans. Personnellement, j'ai l'impression que ça dure une décennie. Il profite de sa situation pour fliquer tous mes horaires.

— T'étais où ? Tu faisais quoi ? Pourquoi t'es pas rentré ?

Vers cette époque, une petite bande de notre cité part faire des raids sur Paris. C'est décidé, je veux en être. Et bien sûr, la première fois où j'y vais, je me fais choper. Aux Galeries Lafayette !

Au début c'est l'équipée belle, on prend le métro, on s'éclate, c'est la première fois que je vais sans adulte à Paris... On prend un bus jusqu'à Pleyel. Du carrefour Pleyel, on descend vers la civilisation, Saint-Lazare ! On est une dizaine. La tactique habituelle, c'est que toute la bande tourne dans le magasin, chacun griffe des trucs au passage, on sort en bande et là, on s'éparpille.

Mais ce jour-là, on ne s'est pas éparpillés assez vite et ils en agrafent deux, dont moi. Voilà, je me suis fait pécho, c'est la première fois et c'est un ballet de condés, de bracelets. Comme je suis mineur, mon père doit impérativement venir me chercher au commissariat.

Dans ma tête, grand calme. Je suis dans une logique de « Bon, voilà, c'est comme d'habitude, pareil. » Il faut dire que depuis des années mon père me le rabâchait sans cesse : « T'arriveras à rien, t'es qu'une merde. »

À force, c'était devenu une doctrine, même pour moi.

À l'époque de ma première arrestation, nous n'avons pas le téléphone à la maison. Les flics appellent donc la gardienne de l'immeuble qui attend patiemment le retour de mon père. Je m'étais fait choper vers quatre heures de l'après-midi, mon père arrive au commissariat en fin de soirée.

Minuit : mon père arrive enfin.

La première chose qu'il dit aux flics c'est « gardez-le ou je le tue ». Les mecs lui expliquent que je suis mineur, donc ils ne peuvent pas me garder, bla bla. On me relâche. J'arrive devant lui. Devant les flics, il me met une rouste ! Les condés l'arrêtent : « Calmez-vous, monsieur. » On ose espérer qu'un père de famille ne pourrait plus faire ça aujourd'hui dans un commissariat. Là, ce fut juste un simple « calmez-vous ».

Il se calme effectivement, jusqu'à la voiture. Là, à peine assis, j'y ai droit à nouveau. En dépit de mon âge, il me frappe comme un homme, comme s'il était en train de se bagarrer avec un adulte. Une vraie rouste. À peine arrivé à la maison, « mets-toi en slip », il sort sa ceinture. J'y ai droit pour la troisième fois ce soir-là.

J'avais subi une sauvage humiliation publique.

Pour couronner le tout, mon père ne m'adresse pas la parole pendant toute une semaine. Sept jours de silence. Et dire qu'en plus, je m'étais fait griller pour une connerie, une pauvre boule de plastique remplie d'eau avec de la neige dedans que j'avais fourrée dans ma poche au passage...

À un moment, forcément, mon père manque de moyens de me punir. Il aurait pu me toucher en m'interdisant de sortir mais, de toute façon, j'avais rarement le droit d'aller voir dehors.

Mon premier film tout seul, c'est *Alien* en 1979. « Dans l'espace, personne ne vous entendra crier... » On était passés par-derrière, remontant la file des gens qui sortaient. J'avais des thunes ni pour le cinéma, ni pour le métro, ni pour rien en fait. Douze ans et pas une thune.

Durant les dix années que nous avons passées ensemble, mon père est rentré pratiquement tous les soirs sans jamais me demander : « Comment était ta journée ? » Moi je rentrais, je lui disais bonsoir. Aucune réponse de sa part. Ensuite commençait la surveillance. Parce que quand mon père terminait la préparation du dîner, hop, il fallait mettre le couvert, tout de suite, très vite. Durant les repas, nos échanges se limitaient à de vagues demandes de renseignements sur divers éléments douteux de la cité.

— Tu connais Untel ?

— Ben, un peu...

Explosion :

— Que je ne te voie pas avec lui, jamais ! Tu m'as compris ?

Finalement, mon père réussit à se sortir tout seul de son chômage. À force de tentatives, il parvient à rebondir. Après deux ans de repos forcé, mon père sauve la face en devenant représentant de mécano-hydraulique. À l'écouter raconter son boulot, il est chef d'entreprise, directeur, patron. La boîte tout entière dépendait de ses lumières. En fait, c'est un commis. Au volant de sa camionnette, il monte des pièces de rechange sur les forages de mer du Nord. S'il galère dans son boulot, c'est moi qui y ai droit à son retour.

Il faut dire que les baffes, ça partait pour rien, oui, non, une baffe. Comme il n'y avait aucune communication, la plupart du temps, ça se passait à table. Son refrain préféré, c'est : « Je ne comprends pas que j'ai encore à te dire que... »

Donc je guette ses gestes. Parfois, je fais des choses par excès de zèle alors qu'il fallait attendre un peu et je me fais engueuler. Il n'y a pas de juste milieu, jamais. Mon père ne communique pas avec moi. Par contre, à table, en plein dîner, d'un seul coup, il commence à dire quelque chose, mais tu sens clairement que tu vas t'en prendre une. Que tu répondes ou pas, tu vas goûter. Tout en sachant que si tu réponds, n'étant pas sur la même longueur d'ondes, tu vas forcément dire une connerie. Nos discussions familiales sont toujours à sens unique. Elles s'achèvent par des gifles, la ceinture avec le bout en cuir, puis en fer. Le problème, c'est qu'il tape n'importe où, blam, tu te ramasses le coup sur la gueule.

J'ai vécu ça : dans la cour de l'école, tout le monde joue au foot sauf toi, parce que *tu as mal.*

Tu apprends ce qu'est un enfant battu et tu réalises que c'est toi.

C'est vachement dur d'en parler à quiconque. Je n'ai que mon père, et j'ai une certaine pudeur, née de son côté super distant, que je reproduis. Bien sûr, j'évite la piscine. En vrai, je le couvre grave. Si on me demande ce qui m'est arrivé, je justifie tout, très bon en mensonge, protégeant mon père, « je me suis fait ci ou ça... » Quand j'ai des griffures sur la figure, je dis que c'est mon chat.

Un jour, des gens sont venus me parler, ensuite on m'a emmené voir des assistantes sociales, mais je ne leur ai jamais rien dit. Ces gens, du fait de la séparation de mes parents, j'en ai vu presque à tout âge, jusqu'à quatorze ans, mais j'avais mis au point une technique pour qu'ils me foutent la paix. Tu arrives chez l'assistante sociale, tu n'as pas envie de parler et si on te demande : « Tu n'as rien à nous dire ? », tu réponds juste : « Non. » Ensuite ils te posent plein de questions en tous sens et comme tu réponds par monosyllabes, oui ou non, ça ne mène à rien. Donc, tu es là, tu demandes si tu peux dessiner. Eux sont contents, ils bichent, ils se disent : « Ouais, une ouverture. » Je leur dessinais toujours la même chose.

Je dessinais une maison avec des gens devant et un beau soleil... C'était de la manipulation, un subterfuge pour qu'on me foute la paix. Les interprétations du personnel médical me faisaient bien rigoler. Quand on a vécu ça enfant, il devient assez difficile de croire à la psychanalyse une fois adulte...

Quand je reviens de chez les assistantes sociales, mon père me pose tout de même des questions, un petit peu inquiet. Il a quand même le recul.

Mais il ne sait pas parler. Quand ça ne va pas, je dois me faire tout petit sinon je sais que je vais goûter une correction et servir d'exutoire à ses problèmes.

Apeuré vis-à-vis de lui, dès qu'il fait un geste, j'ai peur. Avec raison ! Par exemple, un soir, j'oublie de me laver les mains avant de passer à table. Je suis super jeune, je prends une gifle direct, sans prévenir.

Il y avait pas mal de trucs comme ça où c'était blam ! et il me sautait dessus.

Je me souviens d'une fin d'année scolaire. On avait organisé une boum au gymnase de l'école en bas. Bien sûr, avec des potes, on est montés à l'étage et on a tout cassé. Tout : interrupteurs, lampes, vitres. Un surveillant nous a vus, mais il ne s'est pas montré. Grande nouveauté, cette fois-là, l'école a directement envoyé la facture des dégâts aux parents concernés. Donc un jour, je suis dans notre F2 et mon père découvre la facture de l'école en partant le matin, dans notre boîte aux lettres. Comme si de rien n'était, il fait sa journée de boulot. Le soir, il revient avec une maîtresse que je n'avais jamais vue et me dit : « Viens, faut que je te parle. » Je me dis : « Qu'est-ce que j'ai fait ? » parce que c'était ça, l'ambiance. Il ne me parle pas, ne me calcule pas, rien. Je me mets en slip, je sais que je vais me faire défoncer. Le mec me tape avec sa ceinture. Ce jour-là, il me corrige avec une telle violence que la meuf lui dit : « Ça va pas ! Arrête. » Comme on est au rez-de-chaussée, elle me crie de sauter par la fenêtre. Puis elle part en hurlant qu'elle n'a jamais vu ça, qu'il faut que j'appelle la police, que j'en parle aux gens, qu'il ne faut pas que je reste là.

Place aux vacances.

Des vacances, je connais les colonies de la ville de Saint-Denis. Le problème de ces colonies, c'est que tu te retrouves en vacances avec les branleurs avec qui tu passes toute l'année. Le concept de vacances, forcément, c'est que tu montes d'un cran. En face des fouteurs de merde de la cité, il y a juste des moniteurs. Les parents nous lâchent au car ou au train. Dès le départ, dès que le moniteur nous adresse la parole, on lui donne le ton : « Toi, ta gueule. » Comme ça, tout de suite. Les mecs vont souffrir, deux semaines ou un mois. En colonie, ça reste mignon. Je fais de petites fugues, une fois je me fais même renverser par une voiture, rien de cassé, pas un mot à mon père, petits trucs d'ado...

Comme beaucoup à Saint-Denis la Rouge, mon père votait communiste pour avoir son lopin de jardinage. Tout le monde souhaitait que ça continue longtemps comme ça... Mais trois années de martyre ont eu raison de la patience des moniteurs et la colonie elle-même n'a plus voulu de nous. C'est là que mon père a décidé de m'envoyer en vacances aux Antilles.

2

Vacances aux Antilles, huit-quinze ans

Longtemps avant le départ, l'idée de ces vacances était déjà super angoissante. Au marché de Saint-Denis, mon père m'avait acheté un costume : « C'est pour aller à l'église, le dimanche. » J'ai douze ans. Je ne sais pas où je vais. Je pars en enfant accompagné avec mes papiers autour du cou dans un sac plastique. Cauchemar : douze heures plus tard, j'arrive dans un monde où je ne connais personne. Par contre mon costume « pour aller à la messe » me vaut le surnom de clown.

Parce que c'était ça aussi, le truc de mon père. Montrer à ceux qui étaient restés au pays que pour nous, en métropole, tout va bien, tout est super. Il faut dire que j'arrive dans un contexte d'embrouilles maximales. La grand-mère n'est pas encore morte que tout le monde se dispute déjà les terrains : l'unique héritage. Moi, je me sens comme un cheveu sur la soupe. On me désigne un endroit où dormir. L'animosité est constante. Devant moi, on parle de moi.

Aux Antilles, le gosse est un petit esclave. « Va chercher ceci, va chercher cela. » Pour ne rien arranger, mon père avait été sans ambiguïté : « Il fait que des conneries à Saint-Denis, je vous l'envoie, allez-y. »

Ma famille n'habite plus une case, mais une fermette. Un matin, je me réveille en entendant une truie hurler parce qu'on lui enlève les ovaires. Et bien sûr, pour fêter ça, il est bon que le petit Parisien vienne aider.

Ma famille antillaise m'a fait vivre les vrais trucs.

Pendant toute la durée de mon séjour, deux mois donc, chaque soir, à 18 heures, on joue à « Des chiffres et des lettres ». De manière assidue. Dès six heures moins le quart, on me hurle dessus pour que je rentre. Dans la maison, tout le monde est assis face à la télé, religieusement, avec un papier et un crayon sur les genoux. Quand l'émission commence, tout le monde joue ! La tante, les cousines et les cousins. Tous rivés à leur carnet, regardant obstinément la télé. Cette émission, je n'en ai rien à foutre, mes frères ! Pour cause d'inattention, je me fais engueuler. Je prends l'habitude de rester bien tranquille sur ma chaise et de zapper dans un autre monde, regardant les vieilles photos sur les murs, portraits d'arrière, arrière-grands-parents, et plus la photo est vieille, plus ces gens me font peur, dans cette ambiance créole.

Un soir, en pleine cérémonie « Des chiffres et des lettres », je contemple les ancêtres sur les murs, ce décor que j'avais déjà scruté des milliards de fois quand, regardant vers les persiennes, je vois... des yeux, plein d'yeux braqués sur moi. J'ai peur, « Tatie, Tatie, il y a des gens à la fenêtre ! » Tout de suite elle aboie un truc en créole. Tout le monde rigole. Très vite, je réalise : de tout le bourg, seules trois maisons ont la télé. Voilà pourquoi une petite foule se masse derrière nos persiennes, pour suivre « Des chiffres et des lettres ». Dehors, le calepin à la main, comme il se doit. Incroyablement, j'étais tombé dans la secte Armand Jammot, tous à fond dedans.

Jusqu'à l'âge de quinze ans, j'ai passé tous mes étés en Martinique. Là-bas, le jeu des gamins était de couper deux bouteilles d'huile et de sceller les deux parties par le goulot, de mettre une branche se finissant en V dedans et de courir après. Au début, tu trouves leur jeu super étrange. Très vite tu t'emmerdes tellement que tu finis par y jouer aussi.

Parfois, on partait dans le Zion chercher des noix de coco et autres. Enfin de l'action ! Très vite coup de vice : on me lance un rat dans le dos. Ou bien le type qui est monté dans le cocotier t'envoie une noix sur le gros orteil qui explose sous le choc. Tout le monde se tord de rire pendant que tu hurles de douleur. Au bout de quatre étés, je n'en avais plus rien à foutre des Antilles.

La dernière fois, mon père m'a accompagné. Ce fut le pire séjour de tous. Déjà avant c'était n'importe quoi, avec lui c'est devenu la totale. Frimeur, il avait loué une deux-chevaux cabriolet décapotable. Si ça avait été mon premier séjour, je me serais sans doute rendu compte de rien. Mais je connaissais tous ces gens et leur hostilité m'a stupéfié. Mon père arrivait avec une nouvelle meuf, manches de chemises retroussées. Les Antillais le dévisageaient de la tête aux pieds, spécialité locale. Leurs regards hostiles ne trompaient pas.

3

Le pensionnaire

J'ai redoublé ma sixième et ma cinquième. Bizarrement, je n'ai pas redoublé ma quatrième, sans doute voulait-on me pousser vers la sortie...

Désormais, en rentrant de l'école, je suis à la maison, seul. Qui ne se souvient de ces téléviseurs des années 70, avec le petit clapet qui se referme et la petite clef dorée... Très tôt, j'ai appris à forcer les serrures. À chercher dans toute la maison des trucs qui traînent, le moindre petit moyen de bricoler. Ça m'est resté. Pour mon père, tout était clair : « Tu restes là, tu touches à rien, tu fais tes devoirs. »

De même, très tardivement, nous finirons par avoir le téléphone. Là encore, pour m'empêcher d'appeler qui que ce soit, mon père installe sur le cadrant un petit cadenas qui m'empêche de composer le moindre numéro. En plus, parfois, pour vérifier on ne sait quoi, mon père appelle la maison. Il m'a bien sûr interdit de décrocher. Trop heureux d'entendre la sonnerie, je réponds toujours.

— Allô ?

Il m'engueule.

Arrive la pension.

Les menaces ne me faisaient même plus peur. À force de déconner, je m'y suis retrouvé, pensionnaire à Clamart puis à Joinville. La pension est le pire endroit où tu peux atterrir. Livrés à nous-mêmes, nous subissons un mode d'éducation aberrant. À la moindre incartade, après une bonne série de coups de règle sur les doigts, on se retrouve à genoux au coin, pieds qui touchent pas le sol, des livres en équilibre sur les mains tendues. Pour moi, c'est cool, décontracté. Je suis avec des mecs comme moi, fils d'ouvriers trop durs, placés là dans l'espoir de rattraper la bonne trajectoire.

En fait, bien sûr c'est n'importe quoi.

On te vole et tu voles. L'emploi du temps ne varie pas, fin des cours, six heures dîner, puis à sept heures trente on sèche la permanence pour aller voler des trucs à Clamart. On aimait bien chourer des produits Roger & Gallet. De retour à la pension, au moment de la douche, on exhibait notre petite trousse de toilette avec tout l'équipement. Ça faisait sérieux, genre « Venez pas me chercher, les mecs. » Sinon à Clamart on va sous les fenêtres de la pension des filles, faire les beaux. Ces filles ! Impossible de les approcher. Bien sûr, parfois, on voit un mouvement à la fenêtre au troisième étage. De joie, on repart chouraver quelques trucs lors d'une dernière petite expédition.

En pension, on est tous livrés à nous-mêmes entre branleurs. Mais après ce que je viens de vivre chez mon père, franchement, c'est des vacances. En cours, je ne fous rien. Mon père paie la pension, je semble là pour longtemps. Et puis un jeudi, on va tous chez un des mecs de la pension pendant que ses parents ne sont pas là. On a tout démoli chez lui, tout dépouillé. Retour à la pension et retour des parents du mec. Énorme histoire. Notre hôte nous balance tous, il nous dénonce. Nous sommes cinq, nous avons piqué n'importe quoi, comme de sauvages kleptomanes.

Depuis l'âge de douze ans, je pouvais pas entrer chez un épicier sans chourer quelque chose, juste pour le geste, n'importe quoi. À l'arrivée chez ses parents, notre pote nous avait pourtant fait tous promettre de ne toucher à rien. « Pas de problème ! T'inquiète ! » On avait passé l'après-midi à piquer des trucs, des machins, rien de valeur, des gamineries. Pour ça, on me vire de la pension.

Je retourne au lycée public La Boucherie à Saint-Denis, à côté de la Basilique. Là, ce fut la fête au village. Alors mon père me recolle en pension, à Joinville cette fois.

Désormais, le lundi je me lève à six heures. Avec mon gros sac, je me tape une heure et demie de transports pour rejoindre l'internat. De fait, je suis trop content de mon sort. À chaque repas de famille, c'est le même cirque : « Alors l'école, ça va ? »

D'une saloperie, mon père élude : « L'école ? Il sait même pas ce que c'est. » Et d'ajouter : « Demande-lui ce qu'il veut faire plus tard, tu verras ce qu'il va te répondre. »

En vrai, je ne savais pas. Enfin si, je savais, mais je ne voulais pas le dire. Au fond de moi, je me voyais bien être... Baretta. Flic et gangster. Drogué dans une chambre de bonne.

Mon père avait honte. Plus les années passaient, plus ça marchait pour lui. Il s'est retrouvé chez Olivetti, travaillant pour l'armée. Lui, le type arrivé avec son CAP de carreleur, finissait reproducteur topographique pour l'armée française chez Olivetti !

Dans une pessimiste vision, persuadé qu'il est déjà trop tard pour moi, il me voit clochard. Contrairement à lui, je ne suis pas du tout inquiet. Je sais lire, écrire. J'aime l'histoire un tout petit peu plus que le reste. L'anglais m'indiffère. N'ayant jamais dépassé la troisième, je n'ai jamais non plus disserté. Pourtant, j'aime bien l'explication de texte, la rédaction. « Racontez telle histoire... » J'adorais cela. Et j'avais, d'ailleurs, toujours un truc à raconter. Mes rédactions étaient criblées de fautes d'orthographe, mais amusantes. J'obtenais une misérable moyenne...

Cet été-là, sur les toits de la cité Allende, on s'était mis à la colle à rustines, ce fut la mode dans les banlieues. Les gardiens nous envoyaient les flics. Du coup on partait sur Paris, sniffant notre colle à même la main. Ça a pris de telles proportions que la colle à rustines a été interdite à la vente aux moins de seize ans sur tout le département. Chez moi, je me défonce dans les toilettes. Mon père ne voit rien. De toute façon, il fait tellement pas attention à moi que, le jour où je fume mon premier joint, fin 1980, il ne s'en rend même pas compte. Il faut dire que dans la famille on est tous allergiques à la poussière et au pollen. Souvent, mon père rentrait les yeux rouges et embrumés comme s'il avait lui-même fumé : c'était l'allergie au pollen. À cause de ce facteur, mon père ne se rendra jamais compte que j'ai ou non fumé un joint. Elle avait bon dos, l'allergie...

Mon premier pétard a été terrible. On était sur le toit, encore. Le vent là-haut, ça nous changeait des escaliers et des cagibis où on partageait nos butins. L'endroit nous était interdit, donc on s'y plaisait. Depuis pas mal de temps les gens fumaient devant moi. C'était l'époque des cônes géants :

— J'ai fait un sept feuilles...

— Moi un dix feuilles...

Un beau jour j'ai craqué. J'ai essayé, j'ai fumé. Au début, ça fait rien, ça fait vraiment rien.

Puis je rentre chez moi. J'étais devenu spécialiste intra muros du retour silencieux. On ne m'entendait jamais pénétrer dans le salon ni ouvrir mon lit pliant. Ce soir-là, en me couchant, je sens bien qu'il se passe un truc spécial... Soudain, tout mon corps bouge et ondule, mes jambes courent, mes bras moulinent. Ça a duré un bon bout de temps, je n'ai d'ailleurs pas recommencé tout de suite. Ensuite, tu fumes en écoutant de la musique et c'est une autre étape. Puis le lendemain, tu recommences, tu vas fumer chez des gens, ça tourne, ça tourne, tu finis au café à jouer au flipper, complètement foncedé, rigolant comme un idiot toute la journée. Grand chambreur, tu ne vois plus passer le temps.

Au centre de notre cité, il y avait des jeux pour les enfants. Et une cabane. Tellement grande qu'on pouvait y tenir à trente. La journée, les gosses venaient. Nous, on s'y retrouvait tous les soirs pour fumer des joints, avec descente de flics à la clef, mais où aller ? Dans ma cité, trois entrées d'immeubles étaient tenues par mon père, un oncle, une tante. Ça faisait beaucoup. Donc tu bouges. Mais toute la cité jase. La gardienne se répand, tout se sait. Sauf dans la petite cabane. Là, au moins, on était tranquilles.

À un moment donné, tu en as trop marre, tu rentres dans le truc, tu t'en fous. Pour toi, ce qui est bon c'est de se retrouver en dehors du contexte familial, de respirer avec les potes. J'ai mis longtemps à réussir à pénétrer en boîte de nuit. Pas grave. Ne serait-ce que se retrouver dans la rue, taper le trip avec mes potes, c'était déjà énorme. À un moment, tu te marres tellement que tu t'en fous de te faire savater en revenant parce qu'il est tard.

La bande n'existe pas. La bande, c'est super variable. C'est jamais les mêmes mecs, tout le monde a plus ou moins son truc...

Moi, déjà, il faut que j'arrive à sortir de chez moi pour les rejoindre, les autres. Ce qui n'est pas tous les jours facile. Par contre, habitant au rez-de-chaussée, je prends l'habitude de me sauver par la fenêtre.

Au début, je suis voleur. Je pique des intérieurs de voitures, puis carrément les voitures. On écoute de la musique, on essaye de rentrer en boîte. En vain. Alors on danse dans la cité. Jazz funk, jazz rock, d'un seul coup, cette musique funk devient la nôtre. Les grands sortent de cure de désintox, de prison. Eux sont à fond dans Barry White, James Brown. En âge d'aller en boîte, en concert, ils ont vu Bob Marley au Bourget. Ils nous racontent des histoires qu'on écoute les yeux écarquillés. Ils nous racontent le grand cycle de la banlieue, les voitures et la danse. On rentre là-dedans à fond. Il faut s'habiller. Comme des gonzesses, on se prête des fringues entre nous. Certains revendent de la drogue, nous, c'est le fruit de nos larcins.

En grandissant, mon pote d'enfance Kamel se met à faire du business à sa manière. C'est l'époque des premiers survêtements Tacchini. Un pote lui ayant prêté un survêtement Tacchini, Kamel va voir plein de gens dans la cité. Son discours est bien rodé : « Tu as vu mon survête ? Classe ! J'ai un plan à la fabrique... tu me donnes un billet, je te ramène un survête... » Le problème, c'est qu'il opère dans sa propre cité, Kamel. Il a seize ans, il est obligé de repasser par là. Très vite l'opération miraculeuse s'écroule. Des parents furieux viennent sonner chez les siens : « Votre fils nous a pris 200 francs pour un survêtement, on aimerait savoir ce qu'il en est... », ce genre. Il y avait presque la queue devant chez Kamel.

Puis Kamel se met à traîner au Freetime des Champs-Élysées, métro Franklin-Roosevelt, où se retrouvent les petits feujs. Ils nous rachètent tout notre butin, fringues, scooters, shit... Kamel devient pote avec une bande de chalalas. Kabyle, embrouilleur-né, petit aventurier, pas méchant, il découvre avec stupéfaction leur monde parisien, visite l'immense appartement d'un de ses nouveaux potes et décide illico de changer de prénom. À Paris, Kamel se fait désormais appeler David.

Un jour, Kamel m'emmène chez ses nouveaux copains parisiens. Là, prévient-il, il faudra l'appeler David, « surtout tu ne le dis à personne dans la cité ».

Évidemment je préviens tout le monde dès mon retour qu'à Paris, avec ses potes chalalas, Kamel a changé de nom. Du coup il se fait prendre la tête dès qu'il sort de chez lui. Toute la cité rigole. Faux pas, chambrette, engrenage normal. Avec ses nouveaux potes, Kamel/David est princier. Pour faire le nabab, il distribue du shit à la ronde. Je lui demande où il a eu tout ça, sans obtenir de réponse.

En fait, en sixième, j'allais à l'école avec le frère de Kamel, un grand troisième. On faisait le chemin ensemble. Un jour le frère me dit qu'il comprend rien à son business. Il coupe son shit, il vend son shit, il arrive pas à faire le moindre bénéfice.

— J'ai l'impression qu'un de mes deux frères se fout de ma gueule, conclut le grand.

Là-dessus, il n'avait pas tort.

Au départ, Kamel voulait juste tirer des meufs et faire le beau. Mais très vite ses besoins s'accélèrent, il lui faut de plus en plus de thune, les choses vont trop loin.

Un jour se déroule une partie de belote chez un voisin de l'immeuble de Kamel, au quatrième étage.

Ce mec-là est un grand. Pour tuer le temps, lui, Kamel et deux autres types d'en bas ont décidé de faire une petite partie de belote. Ils ne misent presque rien, pour se marrer. Tout en jouant, le grand parle sans doute un peu trop. Il évoque une transaction importante qu'il doit faire le lendemain matin, à la première heure, un bon paquet de blé à la clef. Les assistants sont à l'écoute. La partie s'achève sans histoire. Tout le monde s'écroule et dort sur place dans l'appartement. Au milieu de la nuit, Kamel se réveille, fouille les affaires du grand. Repérant un paquet de pépettes, il en subtilise la moitié. Il monte son butin chez lui, au sixième, redescend se coucher au quatrième, comme si de rien n'était.

Le lendemain, tout le monde se lève. Le grand remarque immédiatement que sa liasse a diminué.

— Il y a un problème, dit-il aux trois autres.

— C'est pas moi !

— Ni moi !

— Ni moi !

Ok, c'est personne. Le grand doit partir pour son affaire. Il regarde les trois petits et décrète : « Tant que je ne saurais pas qui c'est, vous allez souffrir tous les trois. »

En fait un des trois ne dormait pas. Il *sait* que c'est Kamel. De terreur il ne tarde pas à balancer au grand.

Le grand revient voir Kamel : « Je sais que c'est toi. Tu vas me rembourser... »

Kamel proteste, jure, se démène, continue à nier en bloc.

— Ok, dit le grand. Tu reviendras me voir et ce jour-là, tu me diras que c'est bien toi qui as fait le coup...

De ce jour, la vie de Kamel vire à l'enfer. Des petits trucs quotidiens, des riens. Un gamin qui passe en courant, Kamel est devant l'immeuble, hop, le gamin lui balance un petit coup de bombe lacrymo. Le lendemain, ce sera une méchante savate. Tous les jours, dès que Kamel descend de chez lui, l'air de rien, quelqu'un l'attend, il lui arrive quelque chose. À force de se prendre de la bombe lacrymo, Kamel a des croûtes sur le visage. Me doutant que c'est lui, je lui parle. Kamel proteste. Refuse d'avouer. Garde l'argent. Et puis un jour, il commet l'erreur, énorme.

Kamel rentre à la cité avec un sac Burberry. Trop de gens le voient, tout le monde comprend.

Le mouvement s'accélère. Peu après, une équipe de gars déterminés ramasse Kamel devant son immeuble. Ils l'ont emmené dans un appartement de la même cité. J'étais pas là, mais un type de l'équipe m'a tout raconté.

— Au départ on lui a dit de se foutre à poil. S'il avait protesté il y aurait sérieusement goûté.

Kamel se désape. Ils lui tendent une bouteille de Coca.

— Mets-toi ça dans le cul !

Il obtempère.

— Dans la bouche maintenant !

Les grands font des photos Polaroïd.

Toute la cité a vu les photos, toute la cité a parlé de cette histoire qui a tourné pendant deux mois. Kamel est parti en urgence faire son service militaire en Algérie et là aussi il a dégusté pendant un an et demi.

Il n'y a pas si longtemps encore, à Saint-Denis, quand des gamins voyaient une bouteille de Coca cassée par terre, ils avaient ce mot : « Tiens, Kamel a pété. »

En cité, tu n'as pas le droit au faux pas.

C'était ça l'histoire de la cité. Prendre ce qu'il y a à prendre. Dès le matin ça commençait : « Hey, tu fais quoi aujourd'hui ? » Si le mec t'aime pas, il te répond pas. Par contre, il va en chercher un autre, pour l'emmener à tel endroit. Sur un coup. Dans la cité, il n'y a pas de règle. Il y a juste des histoires dans tous les sens. Parfois un mec qui avait fait trop d'embrouilles quittait les lieux, pour s'engager dans l'armée. Dans la cité, un seul mot d'ordre, si je peux t'enculer demain, je t'encule demain. Pas de règles. Pas de loi. Pas de respect, que des semblants d'amitié. Comme des charognards entre nous.

Au vu de l'ambiance qu'il y avait à la maison, tout cela était normal, une vie pimentée, excitante.

Et puis la danse est arrivée et ma vie a changé.

4

Danse au Trocadéro

Cet été-là, sur le parvis du Trocadéro, j'ai vu des Américains breaker, notamment un type nommé Sugar Pop qui a fait une démonstration d'une demi-heure. J'ai pris une claque monumentale. Révélation du hip-hop. Nous sommes trente jeunes de banlieues diverses à faire attention à ces deux Américains avec un gros poste, en train de danser. On hallucine.

Du coup, je continue à voler, mais j'arrête de revendre du shit en bas de chez moi. J'ai envie de bouger. Soudain, on va à Créteil parce qu'il y a des mecs qui dansent là-bas, on veut les voir, on se déplace partout, Paris, banlieue. Mon père croit que je suis en classe, il est sincèrement persuadé que je fais ma troisième troisième. Mon père était allé pleurer au lycée : « Reprenez-le, s'il vous plaît, une dernière fois. »

Ils avaient accepté.

Sauf que je n'y vais pas vraiment.

Chaque matin, je pars avec mon sac d'école. Je le planque, saute dans le métro et je fonce à Trocadéro.

Sur le chemin, je passe par La Samaritaine pour voler une paire de gants blancs. Puis Trocadéro et exhibition. Dans cette première équipe de danseurs, il y a des types d'Actuel Force, des Requins Vicieux. Nous ne sommes pas dans une logique d'agression, de force. Uniquement de danse. On fait des trucs mortels. De temps en temps, on va faire des exhibitions en province. On prend un train Corail jusqu'à Deauville, Biarritz. Bien sûr, on voyage sans billet, en cas de contrôleurs, on se planque dans le wagon réfrigéré ou autre. Arrivés dans les villes, on danse dans la rue. Les gens n'ont jamais vu ça. Une fois, à sept, on ramasse trois mille balles en cinq jours. Fierté.

À l'époque, mon père commence à se douter de quelque chose. Quand il arrive à m'attraper, il y va. Mais il n'y arrive plus à tous les coups. Pendant ce temps-là, on écume les banlieues pour trouver des danseurs. Un jour, on nous parle d'un gars d'Aulnay-sous-Bois qui danse super bien. En route pour Aulnay. On trouve le mec dans une espèce de boum. Le type nous défie, ça part en bagarre, direct. On choure ce qu'on peut, on défonce tout le monde, on se casse. On a deux trois costauds avec nous, et en plus on humilie nos rivaux à coups de pompes dans la gueule. On finit par être très recherchés.

Alors on change de nom toutes les semaines. C'est toujours le même qui se prend la tête : cette semaine, on s'appelle plus Royal Flush System, cette semaine, on s'appelle Ozone. On s'en fout du nom, on n'a qu'à s'appeler Superquinte, n'importe quoi.

Notre système de danse est primitif. Un an durant, nous répétons les pas repérés lors de la première exhibition des Américains. À partir du moment où tu sais bouger sur le rythme, tu inventes tes propres trucs. Et puis des Américains pointus repassent régulièrement par le Trocadéro.

Pour faire mes tournées, je commence à fuguer de chez moi. L'entraînement devient intensif, et c'est là que je rencontre Bruno (qui ne s'appelle pas encore Kool Shen).

Notre aventure draine plein de gens. L'équipe qui travaillait les poches des voyageurs dans les escalators de Saint-Lazare commence à venir au Trocadéro. Pendant qu'on danse, les gars font les poches des spectateurs. Nous, on fait la quête, on repère les touristes friqués, on les suit, plusieurs fois il y aura dépouille. Partant vers la délinquance, je rentre chez moi épisodiquement. Je prends ma raclée, mon père repart le lendemain, tandis que je vole vers mon business...

Un soir, je suis avec Kool Shen, sous un porche dans une cité. On est en train de danser sur la musique du poste, gants blancs, à fond dans notre truc quand d'un seul coup une forme bondit des buissons et me savate sauvagement devant tout le monde : mon père. Depuis une heure, il nous espionnait, nous guettait.

Souvent, j'avais vu des fils se battre avec leur père, des filles avec leur mère. Moi, mon père me corrige avec sa ceinture, puis une planche en bois qu'on utilisait pour bloquer la fenêtre. Ces bagarres ne m'intéressent pas. J'ai toujours eu de la répulsion pour ça. Fermant ma gueule, j'ai longtemps vécu sous la loi de mon père.

Pendant toute cette dernière année de collège, ma vie s'organise autour du jour et de la nuit. Journée au Trocadéro. Nuit avec Chino, mon pote, à faire des conneries. Vol de bécane, vol de bagnole, notre grande spécialité est l'intérieur de voiture. Pour les scooters, on travaille à deux. Moi, je vole un scooter, lui fait le bouchon derrière. Il protège ma fuite en bloquant d'éventuels poursuivants. Ensuite, on fonce vers sa cave à Aubervilliers. Sa gardienne finissait par s'étonner : « Vous avez combien de scooters, monsieur Chino ? » Ambiance suspicieuse.

Par le biais de la danse, on se crée un cheptel. Dont une fille qu'on appelle Miss TGV, parce qu'elle a des seins énormes, comme des sièges de train. C'était ma favorite. J'ai mis du temps. Les gonzesses sont venues tard dans ma vie, mais ensuite, c'est parti. Ma première gonzesse était une gamine de la cité, une petite meuf. C'était super platonique. Je l'ai ramenée chez moi, elle a pas voulu, bien sûr. Pour couronner le tout, on nous voit sortir tous les deux de chez moi et quelqu'un va prévenir ses parents. Informé, mon père réagit au quart de tour : « Quoi ? Tu as ramené quelqu'un à la maison ? Ça va pas ! ? » Toujours ce décalage... Donc il ne s'était rien passé, mais j'ai eu tous les ennuis ; ensuite je suis passé à Miss TGV, un peu plus au fait de la chose que moi. Après ça a été l'ouverture. Je me masturbais pas mal depuis l'âge de dix ans. C'était plus facile quoi qu'il arrive.

Je n'ai pas toujours de thune... Quand j'en ai, j'achète immédiatement des fringues. Acheter une paire de baskets permet d'en voler une autre. Ou de tirer un survêtement. On essaye d'aller en boîte. Là, il y a des problèmes pas possibles. La boîte à la mode à Paris, c'est La Scala, le haut de la casserole, le high class. Inutile de dire qu'ils ne voulaient pas nous voir dans cet endroit à la mode dont on entend régulièrement parler par des grands qui y sont allés, même que c'était plein de meufs super bonnes... Nous, on a droit au Club Phil' One à la Défense. Une boîte où, tu aurais fait une enquête, tu aurais pas déniché une seule meuf dedans. Enfin si, trois gonzesses caillera, des mecs comme nous ! Et nous à 300 lascars. Sinon, restent les boums, d'une cité à une autre.

Problème de shit aussi. Quand on me donne du shit à refourguer, je me fais de la thune. Problème quand c'est moi qui en achète en gros pour faire du business avec, je fais n'importe quoi. Je grille tout, j'en donne aux meufs. N'importe quoi ! Très franchement, jusqu'au jour où j'ai signé en maison de disques, la thune pour moi, c'était n'importe quoi. Aujourd'hui encore, j'ai peur d'aller à ma banque, de savoir combien j'ai sur mon compte. Ma relation à l'argent est super bizarre.

J'ai affaire à la police extrêmement tôt. Cité Allende, ça vendait pas mal de toutes les drogues possibles, il y avait eu beaucoup de cas d'overdose, ça tournait grave. Ma première mobylette, je l'échange contre deux barrettes de shit. Le mec me file « ma » mob. Je ne sais absolument pas comment la conduire. Je pousse, elle démarre toute seule, je tombe par terre... Trois fois, puis j'ai réussi et je l'ai enfourchée. Le bonheur sur ma première mob ! D'un seul coup, plus rien d'autre n'existe. Je découvre la vie en liberté...

Tous les bons souvenirs, les bons moments, c'est toujours en dehors de chez moi.

Un dimanche je vais danser au Bataclan. Embrouille dans la boîte. Je suis avec une bande de potes, l'affaire se tasse rapidement. Mais quand je sors à 20 heures, tout le monde s'éparpille. Je me fais coincer seul dans le métro. Je prends une chaussure dans l'œil et une bande de six types me tombe dessus. Ils me donnent vraiment une raclée d'anthologie. Je rentre chez moi dans un état pas possible. J'ai été piétiné. Lèvre ouverte, luxation, arcade sourcilière déchirée. Je me traîne.

— T'étais où ? tonne mon père.

Je lui raconte un bobard : je me suis fait agresser au métro Saint-Denis-Basilique.

— Qu'est-ce que tu foutais là-bas au départ ?

Éternelle question paternelle. Et il me refout une rouste terrible. Je ne peux même pas me réfugier chez moi puisque quand je me prends des coups sur la gueule dehors et que mon père les remarque, je m'en reprends une couche à la maison...

Parfois, je vais me faire soigner chez des gens et en rentrant je dis toujours la même chose quand il me questionne sur mes blessures : je suis tombé.

Jamais aucun soutien de sa part.

Tu as été attaqué ? Ils sont où ? C'était qui ?

Non, c'est plutôt une bonne danse. Donc mon père me met des coups et je ne réagis pas. La violence familiale monte d'un cran.

5

Electric Boogie en Italie

À seize ans, je fais tellement n'importe quoi à l'école que même quand je n'y vais plus, tout le monde s'en fout.

Je ne suis pas majeur, mais comme je danse plutôt bien, je finis par dénicher un mec qui propose de nous emmener danser en Italie, à Milan, pour une semaine. Dès avant le départ, on s'était préparé super scrupuleusement. Nous sommes quatre à partir, Tony, Evans, Maurice et moi. Deux d'entre eux n'ont pas de passeports. Ils s'en font donc « prêter » par des potes. À l'époque, le contrôle pour l'Italie commence à Dijon. Les douaniers montent dans le train et vérifient ensuite les passeports tout le long de la descente vers Milan. Appréhension générale. Moi, depuis mes vacances aux Antilles, j'ai mon passeport perso, tout va bien. Au final ça passe pour mes acolytes parce que les types sur les photos des passeports « empruntés » sont super jeunes et bien foncés. Voilà comment on se retrouve tous en Italie à faire deux ou trois spectacles à la Kundalia, la plus grosse école de danse moderne de Milan.

À l'époque, pré-hip-hop, on parle d'Electric Boogie. Un type de l'école a une idée : « Et si vous donniez des cours ? » On accepte. On va rester super longtemps. En fait, c'est un an et demi que je vais passer en Italie. À danser.

Parfois, le week-end, on a des plans télé, on passe sur Télé Cinque, TV Lombardie, des chaînes régionales du Sud. De fil en aiguille on se retrouvera à signer des autographes dans la rue. Normal : on passe dans des jeux ultra populaires, le genre de jeu où tu as un type d'un certain corps de métier qui mime son boulot. Le candidat doit reconnaître le métier en question. S'il n'y parvient pas, il doit à son tour faire une imitation. Des jeux bien couillons.

Nous, on s'en fout, on danse derrière. Le soir on sort, parfois on décroche des parades pour des défilés de mode.

Les journées sont bien remplies et on gagne de la thune. Je signe mes premiers autographes dans des boîtes, on est suivis par un petit cheptel de meufs et c'est d'ailleurs là, en Italie que je vais niquer ma première femme, une institutrice de trente ans qui me courait après et dont j'ai totalement oublié le prénom. Ce n'était pas une pin-up, mais elle avait un charme certain qui me parlait beaucoup. Il faut comprendre que souvent, le directeur de l'école de danse nous emmenait dîner chez des gens, ou des clientes de l'école de danse. On nous exhibait comme des bêtes de foire.

Sans en avoir rien à faire que je sois mineur, l'institutrice rencontrée à Milan, où nous passions une semaine, me débauche. C'est vite fait, c'est le début du séjour, je parlote à peine italien, je tricote beaucoup. De toute façon, on n'a pas trop communiqué, avec l'institutrice. Je venais lui mettre son coup, elle me parlait, j'essayais de capter ce qu'elle me disait puis au bout d'un moment, je me barrais. C'était étrange.

Nous sommes quatre. Plus tard, on sera rejoints par dix autres danseurs du groupe Actuel Force. Puis on sera carrément sponsorisés par Sanyo, Tacchini, du lourd, on ira jusqu'au Carnaval de Venise.

Mais au début, forcément, c'est la galère. On se retrouve à dormir dans des hôtels bizarres, tous dans la même chambre. Les relations sont tendues, il nous arrive de nous battre, mais pour le boulot on est toujours là. Dès que la musique retentit, on oublie nos ressentiments et on part au quart de tour.

Au fil du temps, les choses s'améliorent. Pour la nourriture on est défrayés. On a de quoi s'acheter nos fringues nous-mêmes. Quand on ne fait pas de petits voyages, on tourne autour du Duomo de Milan. Nous faisons nos démonstrations sur la place. Et dans la rue, j'apprends vite l'italien. Puis les choses s'accélèrent, nous commençons à donner beaucoup de cours. Ayant mis au point un échauffement à moi, je donne des cours de stretching. C'est un petit peu de la flûte, mais c'est tellement nouveau que ça passe, ça le fait, les Italiens de l'époque délirent sur notre truc, ils sont heureux. En Italie, en ce temps-là, les choses se passent bien, le pays accueille plein d'immigrés d'Afrique du Sud. Par un heureux hasard, les Italiens sont curieux de notre culture... On danse sur Herbie Hancock Headhunters, le « Planet Rock » d'Afrika Bambaataa, certains disques de jazz rock, notamment ceux du guitariste Dennis Coffey. Il n'y a pas de disques de hip-hop, mais on trouve déjà des petits trucs, des breaks de batterie sur des albums de jazz rock ou de funk assez pointus. On a nos cassettes fétiches, c'est ainsi que j'avais récupéré deux tapes de Radio WBLS New York, bandes sur lesquelles j'avais repéré deux ou trois passages impeccables pour danser. On passe les cassettes sur un gros poste radio. On vit de manière perpétuelle avec la musique. Le truc d'Evans, c'est de breaker mais avec des rollers au pied. Ça ne sert pas à grand-chose, mais pour l'époque, c'est énorme. Ce qui me choque en Italie, c'est à quel point les jeunes sont à fond dans leur variété locale, tous ces Eros Ramazotti, Richard Cocciante, Adriano Celentano, etc.

Mais en même temps, les Italiens sont fascinés par l'exotisme que nous représentons et qui joue en notre faveur. Évidemment, dès cette époque, certains Italiens avaient ramené des disques, des plans de New York City, ils commençaient à se brancher.

Mais notre niveau les estomaque.

Comme on s'entraîne dans la rue, on pose une casquette par terre et on en profite pour ramasser de la thune.

Pour ma part, c'est vraiment la première fois que je quitte la France sans mon père. En fait, plus que des vacances, j'ai l'impression de palper l'infini tous les jours car je vis de la danse !

Au final, notre groupe de danseurs est invité au Carnaval de Venise. À dix sur un char affrété par la Kundalia !

Des renforts d'Actuel Force arrivent de France, on nous looke de la tête aux pieds. Le deal est qu'on doit danser quatre fois par jour, durant toute la semaine du Carnaval. Première exhibition à huit heures du matin. Les conditions ne sont pas confortables. Le directeur de l'école de danse est marié avec une Antillaise qui nous donne les ordres du patron en français. Clairement, ce type est un escroc. D'accord, il nous trouve des plans boulot à gauche, à droite. Mais combien sommes-nous réellement payés pour nos prestations ? Nous ne l'avons jamais su. Ensuite, nous sommes tous des gamins mineurs travaillant au noir. L'histoire n'est donc pas claire.

Voilà pourquoi un jour, à Venise, on en a marre. On danse matin, midi et soir, mais les prestations durent presque deux heures et ça fait beaucoup. Au bout de trois jours, on n'en peut plus. En plus il faut cavaler dans tout Venise, passer d'un endroit à l'autre et comme si ça ne suffisait pas, il nous faut porter des baskets toutes neuves, celles du sponsor. Un danseur, c'est comme un footballeur : on n'aime pas trop changer nos pompes pour un grand spectacle. Très vite, on remet nos vieilles pompes pour danser, ce qui crée un litige.

— Il faut danser avec vos nouvelles chaussures Tacchini.

— Ouais, mais elles font mal aux pieds...

À partir de là, ça s'envenime.

Je vais voir le directeur et je lui pose le problème en termes simples : clairement, au vu de la cadence infernale que l'affaire prend, si on ne peut pas danser avec nos vieux souliers, on arrête tout. Vu l'exploitation, c'est le minimum. Tout de suite le type me parle comme une merde :

— Comment ça, tu vas pas danser ? Mais tu te prends pour qui ?

Je lui dis ok, c'est bien, tu m'as exprimé ta pensée, demain on ne danse pas. Tournant les talons, je sors de son bureau, direction l'ascenseur. Courant derrière moi, le directeur me colle un gigantesque coup de pompe dans le dos. Je me retourne, il me saute dessus. Je l'attrape par les bras, je lui balance deux gifles monumentales, monte dans l'ascenseur et rentre à l'hôtel.

Fonçant chez les carabinieri, hagard, le type leur sort son histoire d'agression par son employé.

Problème : il est mineur, l'employé.

La plainte du type le fout lui-même dedans. Arrangement : on oublie ce qui s'est passé, on tire une croix sur toute l'affaire mais on t'expulse sans condition. Évitant le placard pour agression, je rentre direct à Saint-Denis. Je n'avais pas parlé à mon père pendant un an et demi.

À mon retour, mon père ne me pose aucune question. Il se conduit comme si j'étais sorti une heure avant et que je venais juste de rentrer. On avait touché pas mal d'argent en Italie et une couturière m'avait cousu mes économies dans une doudoune Monclerc. Tous mes billets en matelas. Arrivé chez moi, j'éventre la doudoune, les billets tombent sur le lit. Il y en a beaucoup, environ cinq cent mille anciens francs. La lire de l'époque étant une monnaie de singe, ça fait un énorme paquet.

À mon retour en France, je continue à danser, bien sûr, mais ce n'est plus pareil.

Avec mon père, à Saint-Denis, le sujet revient toujours sur le tapis : « Mais enfin, danser, c'est un truc qu'on fait le week-end. La semaine, on travaille. »

Sa logique à lui. Le week-end, il te laissait le choix, les dominos ou rien. Moi je préfère passer mes journées à m'entraîner. D'accord, je me lève pas dès l'aube pour foncer à l'ANPE chercher un job. Par contre, si on a une salle à Châtillon, ou à Créteil, on fonce dès la première heure s'entraîner avec Kool Shen. On embarque un rouleau de lino qui tient la longueur du wagon de métro. Éberlués, les gens nous regardent. On va où, on fait quoi ? Pour la danse, on est au garde-à-vous à n'importe quelle heure.

J'ai presque 18 ans. L'argent ramené d'Italie partant très vite, je me mets à traîner avec les bandes de Saint-Denis.

À nouveau sans le sou, je vole des scooters, des intérieurs de voiture, puis carrément les voitures elles-mêmes. On fonctionne en équipe. Ça n'ira pas jusqu'au braquage, jamais. On voulait juste des pépètes pour sortir le soir. On claquait tout et on recommençait le lendemain. Débrouillard, je n'ai jamais échafaudé plus.

Un beau jour, je me fais attraper. L'affaire se passe dans le septième arrondissement, juste en bas de chez celui qui va devenir mon manager, Seb Farran. Cette nuit-là, je me fais serrer à voler un intérieur de voiture. Un boulot terminé proprement, le matos avait été jeté dans le coffre d'un comparse qui était parti vers la cité, mais on avait laissé nos outils dans la voiture. C'est en revenant les chercher qu'on se fait pincer. Les flics n'ont jamais retrouvé le matos, mais ils nous ont surpris avec des outils. Mon copain étant majeur et moi à deux mois de l'être, je prends tout sur moi, normal. À Saint-Denis, nous avions le téléphone, mais mon père n'a pas voulu venir me chercher. Les flics m'ont envoyé en foyer quatre jours. Puis ils ont dû aller convaincre mon père de venir me chercher. Ce fut la dernière fois qu'il eut ce déplaisir.

À partir de là, mon père a commencé à me parler de devancer l'appel.

Un soir, on s'apprête à dîner comme d'habitude, dans un silence morbide. En arrivant à table, je trouve un papier posé sur mon assiette. Je lis, c'est un formulaire pour devancer l'appel. C'est presque négligemment que mon père décrète : « Ah oui, tu me signeras ça. »

J'ai pas envie.

Là-dessus, mon père est formel : « L'important, ce n'est pas ce que tu as envie de faire, c'est ce que je te dis de faire. »

Bien sûr, je traîne des pieds. J'ai oublié de signer, je vais le faire (coup d'œil de tigre paternel). J'improvise d'autres excuses, je ne sais plus où est le papier... Jusqu'au jour où je me prends une grosse taloche. Mon père sort le fameux papier de sa poche : « Tu signes, tout de suite, là, maintenant ! »

J'argumente, n'importe quoi, justement, j'ai peut-être enfin trouvé un boulot...

— Signe !

Je signe.

Peu après, je reçois une convocation pour les trois jours. Je n'y vais même pas.

Un dimanche matin, on sonne à la porte. Mon père ouvre et se trouve face à trois gendarmes. Ils se présentent.

Pour mon père, la situation est insultante. La police n'a pas à sonner chez lui, que vont dire les voisins, c'est honteux. Explications des flics. Je sais déjà ce qui va se passer dès qu'ils seront partis.

En attendant, me voilà insoumis. Si je ne me présente pas, ça va devenir ultra tendu. En ce beau dimanche, simple avertissement : il faut que je me rende à la gendarmerie dans les meilleurs délais, on m'indiquera où aller faire mes trois jours. À peine la porte fermée, malgré mes dix-huit ans, je m'en prends une bien réelle.

En fait je suis assez tranquille au niveau des trois jours, j'ai un plan secret. Un plan que je me réservais pour l'occasion, l'exhibition d'une hernie inguino-scrotale.

Une hernie inguino-scrotale, ça ne fait pas mal, mais c'est ignoble à voir. Tu as un testicule normal et l'autre gros comme ton poing parce que, en fait, l'intestin est descendu dedans. Pour le coup, c'est tout pimpant que j'arrive à Vincennes. Et là, quel spectacle ! Tout le monde essaye de couper au service. Tu as un mec qui marche tordu en deux par une imaginaire polio, tu en as un qui se balade en bottes de caoutchouc, mais en règle générale, tu sens de loin les gros simulateurs.

Visite médicale. « À poil ! »

J'obtempère.

Incrédule, le major m'examine : « C'est quoi ça ? »

Je n'en sais rien, moi...

Questions : « Vous avez ça depuis combien de temps ? »

Un an.

Mon père m'a éduqué comme ça : on va chez le docteur quand on a mal. Mais alors très mal. Comme je ne parlais de rien avec mon père, je n'allais pas attirer son attention là-dessus. Le major va chercher un autre toubib qui lui-même va en chercher un troisième. Inoubliable séquence : je suis debout, super content de moi, et j'ai trois médecins penchés sur mes couilles. Je me dis que ça va marcher, et d'ailleurs ça marche.

— Je suis obligé de vous réformer. Ici ce n'est pas la Croix-Rouge, on ne peut pas vous garder. G4. Problème physique.

Je suis super content de moi. Reste une petite formalité, juste une queue à faire pour qu'on me tamponne le papier inapte et je me casse. Dans mon enthousiasme, je double les mecs dans la queue. Un, deux, trois, quatre, je ne sais plus, allez, vite, on se casse.

Un des types dans la file commence à faire des histoires, et on finit par se battre. On nous sépare. Moi, je suis sûr de mon coup, réformé ! Quand un gradé m'adresse la parole, j'explose :

— Pour moi, t'es un facteur, reste à ta place et ne me donne pas d'ordres.

Le gradé :

— Vous êtes dans une caserne ici, monsieur. Discipline !

Je brandis mon formulaire :

— Ta discipline, tu te la mets au cul !

Le gradé :

— Je vais m'occuper de vous, moi, faites la queue comme tout le monde, vous allez voir.

Quand j'arrive avec mon papier, on me le tamponne, me décrétant apte à servir sous les couleurs.

Je te dis pas le retour à la cité !

Crétin ! Abruti ! Oui, je suis tout cela, effectivement. Mais tout n'est pas perdu, je suis toujours malade. Autour de moi, tout le monde échafaude des plans, tu peux faire ceci, cela...

Attendant le départ à l'armée, je passe trois mois à faire des conneries ultimes, glissant régulièrement à travers les mailles du filet. Après, on sort en boîte, à l'Observatoire notamment, grand rendez-vous des chalalas lors d'après-midi dansantes pour les seize-vingt ans. Il y a là deux ou trois Renois comme moi et je vais naturellement leur causer. Je drague une négresse qui me jette en l'air à chacune de mes avances. Un jour, elle me prend pour un con : « Tiens, mets-moi mon manteau au vestiaire. »

J'obtempère, comme un bon petit chien. Arrivé au vestiaire, je remarque un petit bruit de métal. Glissant la main dans la poche du manteau, je trouve les clefs de la fille. Je fais quoi ? Je mets le manteau au vestiaire et je pique les clefs. Avec un copain, on va chez la fille. On rentre chez elle. Il faut dire qu'elle se la racontait, style « je suis une fille de bonne famille ».

En fait, elle vit dans une petite chambre de bonne. On décide de s'occuper d'elle. Je cague dans un sac en plastique. Puis je fous un peu de merde dans les poches de ses vêtements dans le placard. Et je cague dans son lit, aussi. Puis on remet tout soigneusement en place, sans rien toucher, juste tout refermé soigneusement parfumé. Voilà, c'était ça notre truc. Faire des plans garnements plus qu'autre chose. Et imaginer ce qui arrive à la fille après. Ayant un cerveau super fertile, je visualisais toute la scène, comment elle allait rentrer dans son lit et découvrir… l'horreur… le caca… aaahhh. Ça me plaisait. Vicieux.

Ensuite, à chaque fois qu'on voyait la fille, on piquait des crises de rire. Ça l'énervait :

— Pourquoi vous rigolez ?

— Pour rien, pour rien.

Si elle a compris, elle ne nous l'a jamais dit.

C'était une bonne époque. On piquait des voitures qu'on allait refourguer à des manouches sur Montreuil. Mais un beau matin, je reçois la convocation de l'armée. Comme je crochète notre boîte aux lettres, je la subtilise dans la boîte. Mon père ne sait donc rien. Et l'armée, aussitôt oubliée, me sort de la tête.

Quelques jours plus tard, c'est à la boulangerie qu'on m'arrête. Les Kelton, direct. Allez hop, dans le train, direction l'Allemagne, direction Saint-Wendel.

6

« Couille de loup »

Je suis dans l'armée de terre, cuirassier au premier régiment des Cuirassiers de Saint-Wendel. Saint-Wendel : une vallée avec des bases stationnées aux quatre coins. Américains, Anglais, Français. Six mille habitants en ville et le week-end, huit mille mecs arrivent. La ville, je ne la vois pas tout de suite car je passe mes deux premiers mois consigné à la caserne pour insoumission.

À l'époque, quand tu fais ton service en Allemagne, tu dois faire onze mois et demi. Je vais faire du rab, beaucoup de rab. M'inscrivant rapidement dans le top ten des fauteurs de trouble, ce sont carrément dix-neuf mois que je vais passer là. Inutile de vous dire que mon père est tout content de cette situation, voilà, son fils est à l'armée, super.

Un bon moyen de savoir ce qu'était la France en ce temps-là, c'était ça, c'était l'armée. Tu te retrouvais avec des types venus de partout, Marseille, Strasbourg, Cherbourg. Moi, dans ma chambrée, j'étais le Parisien de base, le citadin de merde. C'est à l'armée que je découvre le gars Chassard. Chassard est cantonnier dans un petit village. Il a environ seize ans et a un jambon dans son placard, il fume des Gitanes maïs. J'apprends ce qu'est un cantonnier.

Quand il rentre au pays le week-end, le samedi il s'occupe des fosses et le dimanche il fait le jardin des petites vieilles. Une vie classe. Jamais le gars sort. À dix-sept ans ! Le type dans le lit à côté de moi s'appelle lui aussi Didier. Il est instituteur. Comme moi, il est super réfractaire à l'armée.

Très vite, ça va être les deux Didier contre le monde entier.

Côté distractions, on a le choix entre les bistrots ou les bordels, c'est l'Allemagne. Mais quand on sort le week-end, c'est serré, l'armée nous donnant cinq cents francs seulement par mois. Pour subsister, je me remets à faire les sacs à main des filles dans les pubs. Éberlué, Didier me regarde. Il me voit faire et ça lui semble super facile. Il hallucine. Il essayera même un jour de faire comme moi. Évidemment, ça se passe super mal. Il se fait griller. Les Allemandes hurlent, cassent des bouteilles. Un groupe de teutons super énervés veut nous sauter dessus. On part comme des dératés en course à pied. Notre base est à un kilomètre et demi de la ville, en haut d'une montée. On court ventre à terre quand on voit les gyrophares se mettre à clignoter en bas. Les Allemands ont appelé les keufs à la rescousse ! On coupe à travers champs. Deux flics allemands dans une condition physique exceptionnelle nous coursent. Je trace comme un dingue, mais Didier se fait rattraper. Il hurle : « Didier ! Didier ! Putain, attends-moi. » Je fonce à travers champs. Le flic derrière moi lance sa longue matraque, il me cueille en pleine course. Faisant un vol plané, j'atterris tête la première dans un champ de blé qu'on vient de couper, tiges bien costaudes, bien drues. C'est là-dessus que je tombe bouche grande ouverte. Le flic me saute sur le dos, me plaque de tout son poids derrière le crâne. Après nous avoir savaté un petit coup, on nous embarque dans les voitures.

Première garde à vue dans une prison allemande. De ma vie je n'ai vu un endroit aussi propre. Les murs sont blancs, le sol est peint en gris. Il y a un socle pour dormir avec dessus un oreiller à pressions. On le lave et le change tous les jours. Je reprends le moral. On est bien, j'aime ce genre de détail, je me promets de revenir plus souvent. Puis la gendarmerie française vient nous chercher et on y a droit, forteresse, etc.

Au final, mon palmarès militaire se lit ainsi : 130 jours de trou, quatre semaines de forteresse et des tours de consigne à plus savoir. En forteresse, on se retrouve à un millier en comptant les gardiens, littéralement la lie de la terre, toxos, voleurs. Quand tu sors de la forteresse, on te fait faire des travaux d'intérêt général, donc tu te retrouves dans les décharges allemandes, on te fait casser des pierres que tu sais pas pourquoi, nettoyer des chemins vicinaux. Tout ça dans la région de Baaden-Baaden, avec pas de ceinture, pas de lacets, condition GAV, c'est qu'on craint les suicides, en forteresse.

Il y aurait de quoi : chaque jour on te répète que tu es une merde. Moi, on me fait passer pour malade, parce que toxico.

En plus j'ai un sergent-chef qui, chaque matin, constatant mon état lamentable dès l'appel m'accueille de la même façon.

— Morville ?

— Oui chef...

— Vous êtes une couille de loup.

— Oui chef.

Tous les matins. C'était son truc. Et il reprenait :

— Et vous savez pourquoi vous êtes une couille de loup, Morville ?

— Non, chef.

— Parce que vous êtes une couille de loup, Morville, une couille de loup !

Tous les matins.

Tout le monde rigole.

Un jour, en manœuvres, je me suis retrouvé dans la jeep du sergent qui m'avait surnommé « couille de loup » pour quatre heures de route. On était tous les deux, et soudain le gars commence de s'intéresser à moi. Quelque part, j'ai bien senti qu'il essayait de m'engrainer, de me prouver que l'Armée c'était le top pour moi, « tu sais, après ça te permettra d'être mieux en société ».

Puis le sergent s'est mis à parler de lui, comment il pensait arrêter dans deux ans, ouvrir une épicerie, en fait des plans dont t'aurais pas voulu pour ton pire ennemi. La route défile, le sergent parle. Au début ça te fait chier, puis tu l'écoutes, bien obligé. C'était un gars normal, et c'était ça qu'il me proposait, sa vision du monde réel. Pour ce sergent, les vrais hommes étaient là, à l'armée et pas ailleurs. Avec une philosophie basique à faire peur, bien grave (« en cas de conflit, vous verrez à qui on fera appel », ce genre). Pauvre gars, à la fin du voyage, j'avais même plus de haine contre lui, non, j'avais envie de lui pisser dessus.

Pendant les trois premiers mois, l'appelé fait ses classes. On l'évalue à coups de dictées, rédactions d'évaluation, etc.

Moi je m'amuse. J'écris avec deux doigts pour tracer mes lettres encore plus bizarrement. Je hurle de rigolade aux réponses que je leur mets.

En parallèle, j'échafaude un petit business. Quand je réussis à regagner la cité pour un rare week-end, j'en profite pour ramener du teushi. En gros, je fais mon business à l'armée. En fait, je carotte grave. Des gars veulent de l'héro ? J'en fabrique, moi, de l'héro à base de brique rouge que je gratte et mélange à un peu d'aspirine écrasée pour lui donner l'aspect du Brown. De vrais plans d'enculé ! Si on vient protester de la qualité du produit, je m'énerve :

— Dégage, va te plaindre en haut lieu si tu veux !

— Rends-moi mon fric !

Bagarre.

À cause des deals, il y a un gros passage dans notre chambrée. Je revends parfois du shit, parfois de la banane séchée sous alu, forcément ça énerve des mecs. Dénoncé, je suis grillé.

Je rentre le soir, furieux. Dans la chambrée on est huit. Je sais que ça ne peut être qu'un des sept autres qui m'a balancé. Je leur promets une raclée à tous jusqu'à ce que je sache qui a fait le coup.

Je suis une vraie terreur. De jour en jour, j'en tabasse quatre. Pas besoin de désigner les nominés, tout le monde a compris le danger.

Du coup, j'agresse :

— Tiens, Machin, fais-moi mes rangers.

Le type refuse. Je bondis :

— Quoi tu veux pas ? En plus, je suis sûr que c'est toi, la salope qui m'a balancé !

— Arrête Didier, j'ai rien à voir...

— Fais-moi mes rangers !

Ça finissait toujours en bourre pif.

Un jour, toute la chambrée me saute dessus. Ils m'immobilisent. Leur coup est bien manigancé, ils avaient prévenu le chef de peloton... Je suis immobilisé au sol, ceinturé, bloqué, deux par bras, deux par jambe. Le chef de peloton arrive. On m'emmène au trou, fou de rage. Retour à la forteresse.

J'avais le don pour énerver les gradés. Leur casser les couilles. Dans un premier temps, je me plains de cors au pied. Impossible de mettre des rangers, impossible de faire des exercices comme tout le monde. En fait j'exagère la douleur. Le but étant de rester en baskets pour éviter manœuvres et exercices. Quand tu te balades dans une caserne, tu croises des gradés partout. Tu les salues, bien sûr. Moi c'est systématique :

— Mais qu'est-ce que vous foutez en baskets, vous ?

— J'ai un avis du docteur...

— Foutez-moi le camp.

Déjà je les horripile. En plus, depuis mes histoires de vente de teushi, je suis un drogué notoire. Le drogué fait peur aux militaires. Indésirable, on ne sait pas trop où le foutre. Au mess ? À la lingerie ? Au jardin ?

Moi, mon truc, vu qu'on se lève à cinq heures, c'est de passer la journée à dormir, un peu n'importe où. Je me fais régulièrement réveiller à coups de pied au cul, « c'est pas un hôtel ici ! »

Un beau matin, ils en ont eu marre de me voir en baskets : « Vous êtes là depuis quatre mois, quatre mois en baskets, vous planez mon vieux, direction le docteur, tout de suite, faites-vous enlever ces cors ! »

Le toubib prend son scalpel, m'enlève mes cors, gratte au bistouri. Et là, je me dis : « Putain, la semaine prochaine on part en manœuvres... Je vais me taper une semaine à Müntzingen. » Müntzingen ! 35 degrés l'été, moins vingt degrés l'hiver. Müntzingen, la petite Sibérie européenne, en pleine Forêt-Noire...

Le médecin tourne la tête. Je flanque mon pied sur son scalpel. Le pied traversé par la lame, je pousse un hurlement terrible.

Le médecin gueule : « Ah vous êtes encore bien, vous. » Normal, il me croit défoncé. Je m'en tire avec un vaisseau coupé. C'est en chaussons que je reviens à la caserne.

Ok, les gars, vous avez pas voulu me réformer, vous allez en baver.

C'est la totale que je leur fais.

À Müntzingen, on dort sous la tente. Simulacre de guerre. Froid total. En dépit de ces conditions polaires, interdiction formelle de dormir avec les rangers, risques d'engelures. On se pelotonne en caleçons longs, on grelotte.

J'échoue au mess. Là, sous une tente, on gère le bar, les confiseries, etc. On tient la comptabilité, enfin pas moi. Moi, je fais la vente. On a la bouffe avec nous. Luxe total, on a à notre disposition d'immenses marmites avec réchaud à gaz pour cuire les patates. La nuit, quand tout le monde dort, on fout du carton au fond des bassines, on va chercher des blocs de glace à la rivière, on les jette dans les bassines et on se fait un royal bain chaud qu'on déguste en fumant un joint pendant que le reste du bataillon se caille les miches au fond des duvets. Bien partis, on va échanger de la bière française contre du schnaps aux Américains. Super soirée ! On déguste les barres de Nuts de l'administration militaire, on fume du shit, on picole, on déconne.

Parfois quelqu'un vient vérifier la comptabilité.

— On s'est trompés, on plaide.

Ça passe, tout passe. Les militaires sont des saucisses, des robots. Sortis de leur caserne, c'est des coupeurs de nouilles. Ils sont tellement inexistants et perdus en dehors de leur fonction militaire qu'on les endort comme on veut.

Je multiplie les problèmes physiques. Quand je n'ai pas mal aux pieds, j'ai mal aux dents. À force, me voici tricard à l'infirmerie. Ils ne veulent plus me voir. Manque de bol, un jour je me retrouve avec un abcès énorme. Le vrai truc. Je n'aime pas les problèmes de dents. Je préfère me faire casser une dent en prenant une patate que d'aller chez le dentiste. Mais cette fois-là, j'ai vraiment mal. Je tombe sur un aspirant. Un bleu de mon âge qui sort de Polytechnique et ne se prend pas pour une merde. Notre rapport est tout de suite bizarre.

— Encore vous !

C'est la première fois que je le vois...

— Je vous connais de réputation, Morville

— Écoute, j'ai pas le temps, j'ai mal, soigne-moi s'il te plaît...

Là-dessus, le type me tient tout un discours tarabiscoté comme quoi je suis pas un homme... Le type me fait mal à hurler tout en continuant sur sa lancée...

Je m'énerve :

— Toi, si tu veux, tu sors dehors, je te défonce ta gueule.

Le dentiste m'envoie une phrase super déplacée.

Je lui balance une baffe direct.

Restant par terre à mes pieds, tout gémissant, il refuse de me soigner. Pendant une semaine je reste couché, alité avec juste des cachets antidouleur.

Je suis un tire-au-flanc. Repéré. Tout le monde s'attache à mon cas, me casse les couilles. On me traite de débraillé. On me renvoie au trou.

Je reprends mon boulot de cambrioleur. En fait je tape les casiers de mes petits camarades dans les autres chambrées. Bien sûr tous les casiers sont fermés au cadenas. Donc il faut une pince.

Pour faire ce genre de connerie, tu trouves toujours des complices. Allant au parc à chars avec deux comparses, nous localisons une pince-monseigneur. Problème, c'est une pince à char, haute d'un mètre cinquante, elle pèse une tonne. Le parc à chars est séparé de la caserne par une route nationale, ce qui n'arrange rien. Faisant main basse sur la pince-monseigneur, je la planque dans mon pantalon, une ficelle passée autour du cou maintient la pince sous mes vêtements. Avec cet énorme truc planqué dans mon pantalon, je peux à peine marcher. Pas grave, je feins d'avoir un coup dans le nez. Me portant à moitié, trébuchant, mes complices me ramènent à la chambrée. Le week-end, tout le monde rentre à la maison. Sauf les consignés, moi et mes comparses.

Avec la bande, totalement opérationnels, on sort la pince. On se met à deux pour couper les cadenas, un troisième rafle tout dans le casier. On les vide totalement ! Ensuite on va faire le tri dans un coin isolé, on garde ceci, cela, l'appareil photo on garde, tout le reste on jette. De vrais plans d'enculé. En vrai tu fais pas des trucs comme ça... Plus tard, on retrouvera des amas de trucs balancés, il y aura des embrouilles interminables entre appelés qui veulent récupérer leurs affaires, « c'est à moi, non, à moi ! ».

En attendant, en pleine nuit, on rentre dans une chambrée. Noir total. Heureusement, aucune chambrée n'est jamais fermée à clef. On s'excite tellement sur les placards et leurs cadenas avec notre pince-monseigneur géante qu'on ne remarque pas un mec qui dormait dans un coin de la chambrée. Le gars se réveille, nous voit. Sans dire mot, il attend dans l'ombre.

Cette nuit-là, nous sommes réveillés par des gradés qui nous attrapent par le col et nous jettent de nos lits : « Debout ! Où est votre butin ? Et la pince ? »

Ils nous emmènent direct à la Prévôté, à la gendarmerie. À cinq heures du matin, on réveille les gendarmes qui accourent au rapport, les yeux bouffis de sommeil. Investigations de folie. On nous met tout un tas de trucs sur le dos, en gros tout ce qui s'est passé de louche dans le camp depuis six mois. Comme on est trois, il y en a forcément un qui se déballonne, on me désigne comme l'instigateur. Retour à la case forteresse de Baaden-Baaden.

Je me souviens particulièrement bien du voyage, parce que je fais cent cinquante kilomètres dans un train civil assis entre deux gendarmes, en survêtement, avec les menottes. Avaient-ils besoin d'aller jusque-là ?

En dix-neuf mois, je vais tout faire à l'armée, sauf cuirassier. Dommage, les chars ça m'intéressait. Un tank qui passe, c'est impressionnant. Après les manœuvres, on me laisse nettoyer les chars crottés. J'ai le droit de balayer autour, pas de monter dedans, jamais.

Bon, faut pas exagérer, de temps à autre j'arrive à décrocher un week-end. Dans ces cas-là, Kool Shen ou Chino viennent m'attendre Gare de l'Est avec un sac de bombes de peinture. Mais parfois, quitter l'Allemagne est difficile. Un vendredi que j'essayais d'attraper le train vers Sarrebrück, une bande d'Allemands adeptes de la chaîne à vélo et la lame de rasoir m'expédie à l'infirmerie, KO et tailladé.

Quand j'arrive à Paris, je ne mets pas les pieds à Saint-Denis du week-end. Pour quoi faire ? Pour que mon père me tape dans le dos d'un air jovial complice :

— Alors, ça se passe bien à la caserne ?

S'il avait su ce que j'y faisais...

— T'es pas rentré depuis deux mois ?

— On était en manœuvres...

— Et tes galons, t'en as pas encore ?

Mentant comme un arracheur de dents :

— Tu te doutes bien qu'ils les filent pas aux Renois !

Mon père hoche la tête. N'importe quoi... J'avais surtout pas envie de lui raconter quoi que ce soit. Ses petits accès jubilatoires qu'il avait face à ma situation désespérée me cassaient les couilles.

Alors mes week-ends, je préfère définitivement les passer dans le métro, du vendredi au dimanche soir, je peins. Je peins tout le week-end, je dors dans le métro, le graff est mon bol d'air. À minuit, j'attrape le dernier train pour Sarrebrück. Un train de militaires aussi, c'est quelque chose. Ça pue, les mecs arrivent bourrés comme pas possible, certains voyagent debout avec des tonnes de bière. Tout le monde se murge sauvagement la tronche.

7

Des potes et des flingues

C'est pas que triste tout le temps, on va pas faire miauler non plus, il y a de bons souvenirs, aussi.

Un soir, dans une boîte de Saint-Wendel, je tombe sur un militaire américain, GI, qui s'avère être le fils de Ron Carter, le contrebassiste de Miles Davis qui joue sur le fameux « So What » original...

Drôle de rencontre.

On discute. Ce GI est allé à Paris, il connaît des potes à moi, notamment Solo, du groupe rap Assassin.

— Tu connais Solo ? !

Devenant instantanément potes, on se retrouve le week-end. L'Américain est engagé, il sort donc tous les soirs. Mais il est stationné beaucoup plus loin que nous, sa base est à vingt bornes de Saint-Wendel. Un soir en boite, en plein week-end, Carter veut absolument rester en ville pour se faire une meuf. Problème, ses potes se barrent. Moi, je lui dis :

— Écoute, il y a personne à la caserne, c'est le week-end, viens dormir chez les Français.

— T'es ouf, je suis militaire américain...

— Oui, mais t'inquiète, viens dormir à la caserne, pas de soucis.

Le mec va faire ses affaires avec la meuf, puis je lui passe un treillis à moi. Nous faisons la même taille... Et je le ramène à la caserne. Il rentre sans aucun problème avec moi.

L'Américain hallucine.

Au réveil, il remet son treillis français et je l'emmène déjeuner avec moi à l'Ordinaire. Puis on visite le parc à chars. C'est ouf, je sais. Je fais visiter à un militaire étranger les installations françaises ! Combien de cachot je risque ? Carter trouve notre bouffe dégueulasse. Par comparaison, explique-t-il, les GI vivent dans un cinq-étoiles. Ils ont des coiffeurs top classe, tout ce qu'il faut.

Ça avait tellement bien marché la première fois qu'on a osé recommencer et en plus, ce coup-là, on ramène deux meufs à la caserne. Les filles apprécient. Comprennent pas bien le coup du trou dans le grillage, mais apprécient tout le reste. C'était ça ou le bordel. Le problème des bordels de Saint-Wendel, c'est qu'on arrivait là-dedans comme des banlieusards de souche, de vrais cafards. On touchait les filles, lâchait de grosses réflexions lourdingues, n'importe quoi. En un clin d'œil, on s'est retrouvés interdits à vie.

— Toi oui, toi tu passes, oui, toi non !

Les videurs avaient l'œil.

Tricard dans les bars, les discothèques et les bordels. Restait la cabane de frites, et ce fut ça.

Une fois par mois, pendant une semaine, mon peloton est en disponibilité opérationnelle, s'occupe de la caserne, des tours de garde et de tout ce qui est sécuritaire. Et donc du dépôt de munitions. Un dépôt de munitions, c'est pas un bâtiment isolé. En cas d'attaque, une bombe bien placée détruirait tout. Donc, on éclate les munitions dans divers endroits sur un périmètre de deux kilomètres. Ça se passe dans une vallée, c'est clôturé, barbelé, défendu.

Par nous !

Vingt-quatre heures durant, on se retrouve à huit, à se relayer de deux heures en deux heures. On fait des rondes. Tous les deux cents mètres il y a un pylône. Déjà, je trouve le harnachement militaire super ridicule, fusil, pelle à la taille, munitions, masque à gaz, etc., tous les deux cents mètres un talkie-walkie est accroché au poteau :

— Mobile One à chef de poste ?

— Chef de poste à Mobile One ?

— Tout va bien.

Toute la nuit, tous les deux cents mètres !

En plus il y a des tranchées. À l'intérieur du périmètre tu es en France, à l'extérieur en Allemagne. Donc pas le droit de tirer sans les sommations obligatoires, « halte ou je tire » répété trois fois.

Juste à côté du poste de garde, il y a un hangar avec une jeep. En pleine cambrousse, parfois, on voit des animaux. Mais on monte la garde avec vigilance, parce que deux ou trois fois il y a eu des manifs d'Allemands pas contents de l'occupation, ce qui est tout à fait compréhensible selon moi.

Pour lutter contre le froid, on se cotise, on achète cinq litres de schnaps qu'on boit à la régalade. Toute la nuit on se planque cul dans la jeep et on abrège le tour de garde.

— Mobile One à chef de poste ?

— Vous êtes où, Mobile One ?

— Cinquième pylône, tout va bien.

En fait on est écroulés raide bourrés dans la jeep, tout près du poste de garde. Car il fait froid. Tellement froid... Tellement on caille, on est obligés de marcher. Cette nuit-là, je suis de garde avec un Rebeu de Dijon, une vraie belette. Pour passer le temps, je commence à l'engrainer :

— Qu'est-ce que tu dirais, on tire à pile ou face, celui qui perd tire un coup en l'air. Juste un. Juste pour les faire flipper.

Un truc avec les engagés, ils adorent le concept de guerre. Le combat leur manque, l'odeur de la bataille toute proche les excite. Parfois, à la cantine, on regardait la télé, dès qu'il y avait un problème quelque part dans le monde, les engagés se frottaient les mains : « Ah ! C'est pour cette année... » La moindre embrouille en Afrique, ils rêvaient d'y aller, c'était leur truc et sûr que ça l'est toujours.

Cette nuit-là, dans la jeep, on tire à pile ou face, ça tombe sur la belette. Il veut pas, « nan, arrête, pas moi ».

On retire à pile ou face. « Si c'est moi, je le préviens, je tire tout de suite... »

On lance, ça retombe sur lui. J'avais même pas trafiqué le truc, rien ! Le gars me refait son cinéma. Je le secoue, « arrête, tu me prends pour un con ou quoi ? T'as pas de parole, t'es pas un homme, t'as pas de visage... »

Au final, le type tire. Bang ! Le coup part dans la nuit et comme il avait mal fixé son étui à baïonnette, ça fait une étincelle de folie.

Ça rate pas :

— CHEF DE POSTE À MOBILE ONE, QUE SE PASSE-T-IL ?

— Chef, chef, on a vu quelqu'un...

— Vous êtes à quel pylône ?

— On est dans la tranchée...

C'est en trombe que le gradé arrive au volant de sa jeep. Freinant dans un hurlement de pneus, il dérape, se gare, bondit à côté de nous dans la tranchée. Prévoyants, on a planqué le schnaps. On est orientés vers l'intérieur du dépôt de munitions. Tout de suite, je couvre mon pote : « À la limite, c'était peut-être une bestiole, dans le noir, on n'est pas sûrs et certains... »

En s'approchant, le gradé a immédiatement senti l'odeur du schnaps. Il se relève. « Venez là tous les deux... faites-moi sentir votre haleine ? Suivez-moi mes gaillards... »

On nous ramène à la caserne. On réveille à nouveau les gendarmes à cinq heures du matin. Morville ! Quelle surprise !

Choisissant de me foutre la paix, ils cuisinent mon copain. Évidemment, l'autre craque et raconte tout.

Retour à la forteresse.

Encore au trou. Au poste de garde, il y a deux cages de quinze personnes, je suis dans l'une d'elles. Le drapeau est là, dans un coin. J'ai envie de pisser. On me fait attendre. Manque de bol, ce midi-là, à l'ordinaire, on a piqué des bouteilles de vin en plastique. On a mis des bouts d'orange dedans, on a fait chauffer le tout : vin chaud. Maintenant j'ai une horrible envie de pisser. Je suis plié. Le mec de service refuse de me laisser aller aux toilettes.

— T'as qu'à pisser là.

Je n'en peux plus. Je pisse entre les barreaux. Hurlant, le mec de garde me donne une demi-heure pour tout nettoyer. Je prends le balai et sans me rendre compte de la signification de mon acte, je prends le drapeau et j'éponge le sol avec. Les autres prisonniers me regardent, bouche bée. « T'es dingue, Didier, t'es malade, arrête ! »

J'appelle un appelé en disponibilité opérationnelle. Je lui raconte. Le mec est super emmerdé. Je le supplie de m'aider.

L'appelé me rend ce service inouï, il lave le drapeau, le replie, le remet en place.

Et comme chaque soir, c'est un drapeau à peine plus humide que d'ordinaire qui sera hissé et salué par toute la compagnie.

Ni vu ni connu. Je l'ai échappé super belle.

Chaque fois qu'on m'amène chez le colonel, il est super embêté, en a marre de moi...

— De toute façon je n'ai rien à vous dire. Direction Baaden-Baaden, vous connaissez le chemin.

Jamais une seule fois il ne m'a demandé si j'allais me calmer, ce que je voulais faire, rien.

Dans le journal de la caserne, une feuille de chou qui sort tous les deux mois, il y a un Top Ten des appelés qui font du rab. Je suis très vite numéro un. Mon palmarès est remarquable : instigateur de bagarre générale, insoumission, agression de gradés, vente de drogue, la totale.

On me colle au mess, pas une bonne idée. Quoique... Je suis bourré dès onze heures du matin, en plus je parle trop mal aux officiers, « ta gueule toi », carrément. Quand on fait l'appel, et il y en a deux par jour, un le matin au réveil, un après la bouffe, je réponds présent le matin, mais je ne suis plus là à treize heures. On me croit déserteur, non, je réapparais sur les coups de dix-huit heures.

— Vous étiez où ?

— Ben... À la lingerie...

La lingerie ! De gros ballots de draps, de treillis dans une pièce immense, gigantesque. En fait je vais m'écrouler au fond, je dors sans vergogne dans les ballots de linge sale. Un jour une énorme machine vient chercher le linge sale, on me trouve ronflant sur les ballots. Comme plus personne ne sait quoi faire de moi, changement de stratégie : « Tiens, vous allez balayer là-bas. Vous saurez faire ça ? »

Ouais, ouais, je vais voir.

Pareil pour le permis de conduire, ils refusent de me le valider, carrément. Il est clair pour eux que j'ai dû soudoyer l'examinateur avec du shit. Avec leur logique militaire, alors qu'ils ne veulent plus rien avoir à faire avec moi, ils vont me garder dix-neuf mois au lieu de onze ! C'est dire la connerie du truc.

Un beau jour de corvée à la décharge, je surprends les appelés en train de bouffer des asticots et prendre des paris, genre « et moi je te parie que j'en bouffe trois ».

Tout de suite, je deviens bookmaker de ce truc. Je ne bouffe pas de vers de terre, mon talent c'est la tchatche, l'engrenage.

— Allez mec, cinquante balles si tu le bouffes... tu te rends compte ce soir ? La sortie que tu vas faire ? Tiens, je rajoute dix balles de ma poche... il va le faire !

Le plan des asticots a assez bien marché, mais pas longtemps non plus. Les types avalaient les vers de terre sans les mâcher. Ensuite, ce que les vers faisaient dans leur estomac... Notre passe-temps a duré jusqu'à ce qu'un type ait l'estomac perforé.

J'ai un arsenal de conneries faites à l'armée. Certaines personnes kiffaient l'armée, moi pas, pas une miette. J'étais réfractaire à tout, surtout à la discipline, au fait qu'on soit tous habillés pareil, qu'on nous parle comme des chiens tout le temps.

Qui est-ce qui fait tourner une caserne ?

Les appelés, pas les engagés.

De quel droit on nous parlait comme ça ?

De quel droit ils essayaient d'apprendre des trucs à mon pote Didier l'instituteur ? De toute façon, écœuré d'avoir été dégradé suite à l'affaire du sac à main, celui-ci s'était remis à l'héroïne, la vraie. Et ma hernie ?

Je l'ai gardée pour la bonne bouche.

Personne ne s'occupant de ma hernie, un beau jour que j'avais pas du tout envie de retourner à la caserne, j'ai échafaudé un truc super ridicule avec mon pote Chino. J'ai feint de m'écrouler dans les escaliers de la gare de l'Est. Comme je suis militaire, Chino m'emmène au Val-de-Grâce. Je raconte mon histoire. En fait, on annonçait une grosse fête à Paris et je pensais qu'on allait me garder en observation au Val-de-Grâce, d'où je pourrais m'éclipser pour la teuf...

Raté.

On m'opère derechef, le lendemain de mon admission. Et je me tape un mois de convalescence au Val de Grâce. Mon voisin s'est éclaté la trachée en moto, il râle dans son lit. Mon bon plan tourne au calvaire. Heureusement, mes potes passent me voir. On fume des joints. Comme j'ai un drain, rire n'est pas conseillé. Au final, je souffre le martyre.

Au passage, je comprends mieux pourquoi au moindre problème physique lors des trois jours on réformait les appelés : les réparer coûte un fric terrible à l'armée française.

Ma couille leur a coûté une petite fortune.

Fortune dépensée pour un mec qui ne leur a jamais servi à rien !

Le jour prévu pour ma libération est passé depuis des mois. Toujours stationné à Saint-Wendel, je me retrouve dans une caserne où je ne connais plus personne. Ma classe est rentrée à la maison depuis plus de six mois et je tire neuf mois de rab. J'en ai marre. Connaissant tous les trucs, tous les plans, les ayant tous pratiqués, je suis assommé par la routine.

Le jour de mon départ, je me retrouve tout seul au poste de commandement. Le type doit me signer un papier pour me laisser enfin partir. Il va le faire... Coup de fil. Le gradé se lève, sort du bureau.

Coup d'œil à la ronde. Un râtelier de fusils-mitrailleurs !

Je suis pris d'une envie de choure terrible... Coup d'œil à droite, coup d'œil à gauche. Je glisse un fusil-mitrailleur dans mon sac. De retour, le gradé me gratifie d'un speech assommant genre sortie de prison. Je grimace et m'en vais. Voilà, c'est fini, terminé.

Sauf qu'il y a une énorme grève des chemins de fer. Plus de train Saint-Wendel/Sarrebrück, plus de train Sarrebrück/Paris, l'auto-stop est interdit en Allemagne. Sans une thune, bloqué pour deux jours, je suis obligé de retourner à la caserne.

Que je trouve en totale effervescence.

Car, branle-bas de combat, il manque un fusil-mitrailleur...

Indifférent à ce bordel, je demande à dormir une dernière nuit à la caserne. Soirée. Un gradé vient me causer d'un air finaud : « Au fait Morville, t'es au courant qu'un fusil-mitrailleur a disparu ? » Je joue l'incompréhension totale. Un coup de nez. Immédiat. Ce soir-là, avant de me coucher, j'enlève le fusil-mitrailleur de mon sac et je vais le balancer dans la nature.

Bonne pioche.

En pleine nuit, je suis réveillé par des lumières... Les mecs sont en train de fouiller mes affaires. Coup de bol absolu. S'ils avaient trouvé le fusil-mitrailleur, je repartais pour des mois de forteresse.

Je pars le lendemain.

Je m'étais fait chier comme jamais, à l'armée. Alors comme j'adore faire des blaguounettes, j'ai transformé mon séjour en Salon de la Blaguounette. Le moindre petit prétexte me servait à foutre le bordel total. En fait, jusqu'au dernier moment, j'avais confondu armée française et colonies de vacances.

Ce qui rassure, c'est que pour l'armée française je suis resté un point d'interrogation monumental.

Parfois, j'y pense. J'imagine ces gens me voyant aujourd'hui, quand je passe à la télé. Est-ce qu'ils me reconnaissent ? Qu'est-ce qu'ils peuvent bien penser de Didier Morville, surnommé Couille de Loup, qui a fait carrière avec le groupe Nique Ta Mère ? Qu'est-ce qu'ils pensent aujourd'hui de cette attitude « j'emmerde tout le monde » dont j'ai fait mon gagne-pain ?

À mon retour d'Allemagne, je suis dans un état d'esprit totalement rebelle. Soudain je me rends compte que c'est nous qui faisons tourner le pays, mais qu'on nous prend pour de la merde. À l'armée, j'ai rencontré le racisme.

— Comment ça se passe *chez vous* ?

— Je suis né ici...

— Oui, mais *chez vous*...

— Je viens des Antilles, c'est français.

— Oui, mais *chez vous*...

Les mecs me prenaient pour un idiot.

En plus il faut comprendre un truc : avant de faire l'armée, je buvais à peine, je ne fumais pas comme un dingue. Bon, j'avais essayé la colle à rustines à douze ans, mais c'était resté une petite expérience de gamin. Avant l'armée, je n'avais même jamais pris une cuite.

À mon retour de l'armée, de ce côté-là, j'étais un autre homme. Acide, alcool, tout !

Plus tard, j'ai écrit un morceau intitulé « Quelle gratitude devrais-je avoir pour la France ».

Là-dedans, je définis exactement le truc.

Vingt mois d'humiliations. Humiliation sur humiliation.

Tout ça dans l'espoir de réveiller ma fibre patriotique ?

Ils ont surtout réussi l'inverse.

8

Graffiti artiste (section vandale)

À la base, Bruno Lopez/Kool Shen habitait dans une résidence, moi dans une cité et il y avait juste une avenue entre nous deux. Le père de Bruno était ouvrier, sa mère avait été meilleur agent assureur de France pendant des années. Une famille de matheux.

Je rencontre Kool Shen par le biais de mon vieux pote Kamel. Un jour, Kamel me parle de ce mec, Bruno Lopez, qui habite la résidence voisine. Bruno danse et il a un poste de radio boom box pour s'entraîner, c'est mortel.

Bruno a le poste, nous avons les cassettes.

L'histoire commence comme ça.

Ensuite, il réussit à dénicher un grand bout de linoléum pour qu'on s'entraîne dehors, devant la cité. Inutile de dire que nos prestations en plein air déclenchent moult chambrettes. Dès que nous passons avec notre lino, on nous envoie les Scuds.

— Hey, vous allez où, comme ça, les frères Beat Street ?

— Tiens l'immeuble, il va tomber !

À l'époque, quand tu venais de banlieue et que tu faisais des choses atypiques, tu avais intérêt à être sûr de toi.

La peinture graffiti arrive à nous via un livre de géographie. À l'époque, Kool Shen connaît un mec qui va au lycée Paul-Éluard, en secondaire. Dans son livre de géographie, au chapitre États-Unis, il repère une petite photo d'un train de banlieue repeint de graffitis et tagué par des hip-hopeurs new-yorkais. Tout a commencé par cette illustration de la taille d'un timbre-poste...

Avant mon départ au service, on voit les premiers graffitis apparaître sur les murs de Saint-Denis. Ça se passe rue de la Ferme. Trop classe ces graffitis ! On finit par localiser le bombeur. Tout de suite, on discute.

— Nous, on est les danseurs machin...

— Mortel...

On est tous pleins de reconnaissance d'autant que l'artiste nous semble un extraterrestre. Il a les clefs du métro pour aller taguer des fresques la nuit sur les trains !

Dès cette époque, je me lance, style vandale. Je tague à tout va, pour faire ma marque partout. Adorant les défis, je colle mon truc dans des endroits impossibles. Je grimpe, j'escalade.

Dans un premier temps, je signe Kate 67. Kate est un prénom de gonzesse, 67 est un chiffre sacré, celui de mon année de naissance et de mon adresse, 67 avenue Stalingrad. À la maison, je bosse un nouveau logo sur des feuilles volantes, il y en a partout. Un soir en rentrant, mon père les regarde fixement. Comme d'habitude, on mange en silence. Soudain, il explose : « J'ai vu ta marque. Partout ! Métros, bus... Tu te fous de ma gueule ou quoi ? »

Il a vu mon nouveau nom : Joey.

Où ai-je lu cela ? Au temps de l'esclavage, aux États-Unis, Joey était le prénom le plus courant du nègre de maison, par opposition au nègre des champs. Jonone, le graffiti artiste new-yorkais qui traîne avec nous écrit son nom et lui greffe des superlatifs « Jo Plus », etc. J'ai toute une ribambelle de superlatifs que j'accole à Joey. Au final, pour le contraste, je garde Joeystarr. Joey est un nègre de maison, il va devenir une étoile. Ça se passe dans sa tête. Je mets deux « r » à starr. Deux « r », comme dans Ringard Récidiviste, ou Ringard Récalcitrant ou Regarde le Renoi.

Cette marque, mon père croyait que c'était juste pour la dessiner sur des feuilles de papier au salon...

Dès mon retour de l'armée, il était revenu à la charge, « maintenant, te voilà un homme ».

Nouveau prétexte pour me faire passer tous les examens possibles, EDF, GDF, PTT, tout pour devenir fonctionnaire. Ces examens, je les boycotte. J'y vais mais je dors, je fous rien, j'ai pas envie. Un matin, il m'envoie à la Grange-aux-Belles, à Colonel-Fabien. C'est un concours EDF, il y a des pupitres partout. En fait, cette salle je la connais. Tous les dimanches, on y a dansé. Sauf que c'était sombre comme une discothèque, alors que là... j'hallucine.

Désormais j'attends que mon père se barre pour rentrer à la maison. Je passe mes nuits dehors. On marche. On se fait porte de Châtillon/Saint-Denis à pied. Avec Kool Shen on vandalise les murs à coups de bombe. Pures expéditions.

Partant à fond dans le graf, je vends du shit, raquette des acides, survis d'expédients. Quand j'ai faim, je vole à bouffer ici ou là, si je dois me déplacer dans Paris, je pique un vélo. De retour à Saint-Denis, je le refourgue. En fait, je ne manque de rien. Je vis au jour le jour, sans me préoccuper du lendemain, et aujourd'hui encore c'est ainsi.

De quoi demain sera-t-il fait ?

Je n'en sais rien et c'est pas plus mal.

Très vite, on a les clefs du métro pour aller taguer la nuit, les clefs des portes cochères pour monter sur certains toits.

Kool Shen fait des fresques. Je l'aide. Quand j'ai rencontré Kool Shen, il ne buvait pas, ne fumait pas. Moi je marchais déjà à la bière et aux joints. Un soir, on est à la gare de Saint-Denis, remontant les rails pour se taper des wagons. « Comment ça se fait que t'as jamais froid ? », il me demande. Lui, il se caille avec trois paires de gants, les doigts gelés. Moi, je sautille comme une biche, tout speed. Je dis à Kool Shen que c'est naturel pour moi de pas avoir froid... et, grosse connerie, je lui explique que c'est le bedo qui me tient chaud. Me croyant, il commence à fumer, il part dedans, il ne s'est plus jamais arrêté. Sans jamais rien lui vendre, c'est moi qui l'ai mis dedans.

Le gros problème du graff, ce sont les bombes. Attention : on parle des tout débuts du mouvement. À l'époque, personne ne se méfie, les bombes ne sont pas sous clef dans les boutiques de bricolage, tu rentres avec un sac, tu achètes une baguette en bois à trois francs cinquante et tu ressors avec un sac plastique bourré de bombes.

Une des plus belles réussites de notre palmarès sera la braderie du BHV. Premier challenge : se glisser derrière une caisse pour pécho un sac de braderie. Oui, CQFD, si tu as le sac, tu as déjà fait des achats. Une fois que tu as réussi à pécher un ou plusieurs sacs sans te faire griller, tu te balades discrètement, tu l'ouvres ici ou là, tu le remplis, tu sors au culot.

On parle de cent cinquante bombes dans l'après-midi ! Bien sûr, on avait des potes très forts, des gars qui venaient en chaise roulante, avec le pote en costume qui pousse le faux estropié avec couverture sur les genoux. On peut se vanter d'avoir inventé des stratagèmes de dingue. Un jour on rentre carrément en camionnette dans un Castorama !

Toute journée commence de la même façon. Il faut trouver des bombes, manger. Un type arrive : « Hey, on a repéré un Casto à Pontoise... »

On y va, en train. Et c'est loin Pontoise, pourtant. On écume les boutiques. On se procure la liste des Bricorama, on étudie notre coup, on déboule à deux équipes, une qui fait n'importe quoi à un bout du magasin pour attirer l'attention, pendant que l'autre dépouille tout. Si ça devient vraiment trop difficile, une seule technique : remplir un sac à ras bord, passer les caisses en courant. Basket !

Écumant les marchands de couleurs, on réussit à piquer un compresseur et un aérographe dans la vitrine de Duprop Temple. Chez moi, on monte un atelier, on peint à l'aérographe le dos de vestes en jean qu'on revend ensuite sur le XVIIIe. En pleine réunion de famille, la question fatidique fuse : « Il fait quoi, ton fils, maintenant qu'il ne va plus à l'école ? » Mon père soupire : « Il écrit sur les murs. »

Il a honte.

Sans cesse, il faut lui expliquer la présence de bombes de peinture chez nous, sur le thème « Je les ai pas achetées, je les ai juste échangées. » Mon père s'énerve : « T'as échangé ça contre quoi ? » Passant ma vie couvert de peinture, je rentre dormir à six heures du matin. Très vite, à force de chourer des bombes, je deviens klepto.

Je commence alors à traîner avec Spank, un spécialiste qui réussit à sortir 50 vinyles de la Fnac sous son tee-shirt, sans le moindre problème.

À l'arrivée du CD, on trouve le moyen de se fournir en magasin. Tu viens, tu regardes tes CD. En fait, en même temps que tu fais semblant de t'intéresser à la pochette, avec deux doigts et une lame de rasoir, tu découpes le code-barres et le système antivol derrière le CD. Le moindre petit coup d'œil autour de toi, tu es mort. En fait c'est à ça que les surveillants repèrent les mecs qui chourent dans la foule des acheteurs. Si tu regardes à gauche, à droite, t'es mort. Ensuite, tu déposes le CD sur une petite pile dans un coin tranquille. Tu vas faire ton tour, tu reviens, tu prends tes CD. Évidemment, au moment de sortir, tu sais pas si ça va marcher. Et tant que tu n'es pas à cinquante mètres du magasin, tu ne sais toujours pas si tu es bon. J'adore ce genre de rush.

Comme je dis dans « Paris sous les bombes » : Paris était notre aire de jeu. Pas besoin d'aller au cinéma pour se faire des sensations. On a tout fait. Les catacombes, les attaques de Castorama, voyager sur le toit des trains. On ne s'est jamais dit qu'on pouvait se tuer. J'ai vécu trois ans comme ça. Des journées de bagarre, vol, alcool, psychotropes.

Parfois on défonçait une ligne. On commençait à Stalingrad, on s'arrêtait plus jusqu'à Saint-Denis. On a commencé à faire des tags dans les wagons, même aux heures de pointe ! On poussait un peu les passagers, pardon, pardon, on sortait notre bombe et on y allait. On écrivait notre cri de guerre : « NTM ». Au début, les gens rigolaient. Après, beaucoup moins. Mais quand on a commencé à faire des tags, personne ne savait ce que c'était. On expliquait aux vieilles dames ce qu'on fabriquait.

— Ah, c'est bien, ça met de la couleur...

Après c'est devenu beaucoup plus rock'n'roll, mais au début la dynamique est énorme. Assez pour inquiéter la RATP qui, après moult pourparlers, imagine de nous installer des panneaux dans certaines stations, juste pour nous, juste pour faire nos tags. Et nous, bien sûr, on venait taguer à côté. À ce moment-là, je commence à foutre du détergent dans l'encre, pour qu'elle reste indélébile. Même quand ils essayent d'effacer mes tags sur les parois des wagons, la trace NTM reste, indélébile ! Le plastique est rongé, bouffé...

Un jour les graffitis sont devenus à la mode. On a commencé à les exposer dans des galeries, des musées. Nous, ça ne nous plaisait pas. Je n'y suis jamais allé, à leurs cocktails. Le graffiti c'est dehors, le graffiti c'est la rue.

Je suis à fond dans mon trip de graffiti artiste, que peu comprennent. Tout le monde nous demande pourquoi on fait ça, pourquoi on écrit sur les murs. Si on ne comprend pas, je m'en fous.

Sale coup, on m'a volé mes papiers. Du coup, je suis « obligé » de revoir mon père, parce qu'il faut que je récupère une fiche d'état civil. On ne s'est pas parlé depuis des mois... Il me demande ce que je deviens. N'ayant pas envie qu'il sache ce que je fabrique, je lui raconte plein de conneries, « ouais, je suis sur un plan, je travaille avec une meuf, elle est styliste, je suis son assistant ».

— C'est quoi, styliste ?

— Ben elle habille des gens pour faire des photos...

— Tu appelles ça un métier ?

Fin d'une des dernières tentatives de communication avec mon père.

Bien sûr, on a déjà des potes qui font du rap, le groupe Assassin notamment. Régulièrement, ils nous demandent ce qu'on pense de leur truc et, à la vérité, je n'en pense rien. Si des mecs font ça super bien en anglais, pourquoi essayer de le faire en français ? C'était ça, mon opinion, à l'époque.

On va tout de même voir Assassin en concert au Globo, mais franchement on préfère se battre dans la fosse qu'écouter, un soir je balance même une chaise sur scène pour rigoler, ce qui me vaut une belle engueulade de Solo.

De fait, on est la Section Hooligan d'Assassin. On vient mettre de l'ambiance, mais ça part systématiquement en couilles. Au début ça les arrange, mais soudain on devient un peu trop destroy pour leur goût.

Sinon, à fond dans les Beastie Boys, je fais partie du commando de hip-hopeurs français qui bousille la salle lors de leur premier concert au Grand Rex de Paris avec Run-DMC, le 19 mai 1987 ! Ce soir-là, première fois de ma vie au Rex, je suis donc en première ligne au milieu d'une foule houleuse avec mon pote Papa Lu, à frimer, chambrer, blaguer, casser. Puis notre pote Jahid essaye de piquer la chaîne en or d'un Run-DMC, et à partir de là tout part en couilles.

Je me souviendrai toute ma vie de ce concert...

Je revois un énorme machino renoi, avec des dreadlocks à la Bob Marley et des bras comme mes cuisses. Il empoigne une barre en alu de deux mètres de long qu'il fait tourner follement pour chasser les lascars... Et tu as tous ces petits Renois qui gazent le machino avec leurs bombes lacrymogènes... Une scène totalement hilarante, jusqu'à l'irruption de la police.

C'est l'époque où je n'arrête pas de me savater dans la rue. Un soir, je me fais choper complètement bourré en face de la basilique de Saint-Denis, où il y a une petite statue. Quand les flics sont arrivés, on avait repeint la statue, on l'avait renversée et j'avais la braguette ouverte... Ce soir-là, ils m'ont arrêté froc sur les chevilles.

Côté musique, je n'écoute pas que les premiers efforts des rappers new-yorkais. Dans ma cité, j'ai grandi avec un cousin nommé Jeff de Paris. Lui a toujours joué du reggae. Il avait récupéré une salle de patronage, il passait son reggae, je kiffais. De ce côté-là, j'ai été pas mal éduqué par LKJ, le poète Linton Kwesi Johnson et d'autres. J'étais même allé le voir en concert à la Mutualité.

Et c'est ici que se produit une rencontre définitive, importante. Ça se passe dans le métro. Je suis avec Kool Shen, on rentre à Saint-Denis par la ligne Treize. La dernière rame ! Avec personne ou presque à bord ! On charge à la bombe. On y va, Kool Shen et moi, ce train qui nous ramène chez nous, on le repeint !

À une station monte un mec de Saint-Ouen, la station avant la nôtre. Ce mec, c'est Jhonygo. Pas un intello, plutôt un boxeur, panthère noire ras du front, un gars qui rigole jamais. On ne l'apprécie pas vraiment. Avec un pote nommé Destroy Man, Jhonygo a sorti le premier maxi français rap de l'histoire, « On l'balance ».

Un disque nul.

Mais voilà qu'au fil des stations, dans l'odeur d'essence des bombes, Jhonygo se met à nous tenir un discours de naze. Tout y passe. Déjà il nous demande si on croit en Dieu.

— Pas plus qu'à mon slip, je lui réponds. Le gars s'adresse à nous d'une façon super condescendante. Il nous casse les couilles sous prétexte qu'il a fait un 45-tours. Mais ce mec c'est quoi ? Rien. Alors que nous, on contrôle.

On est des Graffiti Kingz. Moi je contrôle la ligne 13, cette autre aussi, qui c'est ce mec ? Quand il rappe au terrain vague de La Chapelle, tout le monde rigole ou s'en bat. Il veut quoi ?

— Quoi que vous fassiez, prêche Jhonygo, si vous ne croyez pas en Dieu, vous ne laisserez pas de trace.

— Regarde mec, elle, là, ma trace, NTM, t'as vu ?

— Oui, pontifie Jhonygo, vous pouvez écrire sur les murs, mais vous ne laisserez aucune trace.

Et là, le gars se met à nous expliquer que, contrairement au graffiti, le rap est une branche du hip-hop réservée à une élite. Alors là... Jhonygo avait réveillé un monstre, en Kool Shen et en moi, de manière simultanée.

Nous échangeons un seul regard par-dessus nos bombes :

— Écoute-moi bien, je te dis juste une chose... Si moi je prends un micro un jour, toi, prends une chaise.

On est rentrés à Saint-Denis avec Kool Shen. Le soir même, dans la cuisine de ses parents, on a commencé à écrire des conneries.

Le premier texte s'appelait « Par ma voix/Par ses scratches ». Les trois premiers morceaux parlaient de graffiti. On inventait des trucs genre : « On a tellement la grosse tête/Que dans notre couronne/on pourrait mettre toutes vos têtes ». Le quatrième morceau écrit ce jour-là s'intitule « J'ai le toucher Nique Ta Mère. » À partir de là, tout ce qu'on va écrire sera édité.

Tout commence là.

Jhonygo avait créé l'accident dans nos têtes. NTM, groupe de rap, était né.

Même si au début ça ne s'appelle pas toujours NTM !

Suivant les gens avec qui on se retrouve, on change de nom. On a fait plusieurs coalitions, on s'est appelé Da Red Chiffon (on se mettait souvent chiffons, ça nous faisait marrer), Line B Kingz (les Rois de la Ligne B) avant de finir par opter pour NTM. Avant, nous étions une coalition de six ou sept personnes sous le nom de 93MC, MC voulant dire alternativement Mafia Crew ou Mon Cul.

Cette coalition a donné 93 NTM.

Et là, on s'est vite retrouvé à 70 lascars. Notre spécialité : faire des descentes de barjots dans les hangars, tendre des guet-apens aux maîtres-chiens, les savater, les ligoter.

Dans la rue, on bombe le torse, on marche menton vers les étoiles.

Notre force, c'est que quand NTM montera sur scène, grâce à nos trois années de graffiti intenses et sauvages, tout le monde connaissait le nom, même si personne n'avait mis de visage sur l'histoire.

Un jour, plus tard, beaucoup plus tard, on a revu Jhonygo, cette fois-là accompagné de son pote Destroy Man. On les a bien allumés.

À l'époque, NTM était maillot jaune du rap en France, et Jhonygo et Destroy Man lanterne rouge. Dans sa bêtise, Jhonygo avait lancé une machine qui l'avait totalement broyé, terminé, annulé.

9

Le grand départ

J'ai dix-neuf ans, j'ai fait l'Italie, je suis revenu de l'armée, je suis à fond dans le graffiti.

Un soir, en rentrant, mon père explose au prétexte que je ne suis pas allé passer je ne sais quel concours : « Quand je te dis de faire quelque chose, c'est pour que tu le fasses, sinon tu prends la porte, et bla-bla-bla. »

Je lui explique : « À l'heure d'aujourd'hui, je suis en âge de prendre mes décisions ; si je ne vais pas à un truc, c'est que je n'ai pas envie. » Mon père le prend super mal. Il essaye de m'envoyer deux baffes que j'évite. Je lui explique : « Ça ne servira à rien. Je n'y suis pas allé parce que je n'avais pas envie. »

Sauf que mon père ne veut même plus discuter, il veut se battre.

Je ne suis plus un gamin. Je suis en âge de me battre, en bonne condition physique mais… impossible.

— Je pars, je lui dis.

— C'est ça, tu t'en vas, me dit mon père, tu te barres…

Ma décision étant prise, je n'ai rien à ajouter. Empoignant un sac à dos avec deux ou trois trucs dedans, je pars. Plutôt aller dormir dans le métro que continuer à vivre ça…

En fait, à l'époque, je connaissais déjà une meuf qui aurait bien aimé que j'habite chez elle. Malgré d'autres options, je revenais néanmoins toujours à l'appartement paternel, comme un chien perdu qui rentre chez lui. Refusant d'envisager une autre solution, je croyais sans doute que je pourrais toujours habiter là. Mais le jour où je suis parti, c'était définitif.

Où aller ? Pour devenir quoi ? Je ne savais pas, mais démerde oblige. À l'époque, je vis déjà dans une logique au jour le jour. Dans un premier temps, je suis donc allé dormir dans le métro. J'y suis resté des semaines et j'en ai profité pour peindre mes plus grosses pièces. J'ai fait la station La Fourche. J'ai utilisé chaque panneau où il y avait le nom de la station pour le recouvrir d'une des lettres de mon prénom, J, O, E, Y, Joey. J'ai fait ça tout seul. Super content.

Au bout d'une semaine, j'ai eu besoin de me laver. C'était un peu galère d'aller chez des gens pour emprunter leur salle de bain. Je me souviens de Nathalie, qui habitait porte de Saint-Ouen. Elle aimerait que je m'installe avec elle. J'accepte, bien obligé.

D'emblée, je pose mes conditions : « Faut pas que tu me gaves. Moi, la nuit, j'ai besoin d'être dehors, de faire mes trucs dans le métro... »

Elle s'inquiète, je rentre tout abîmé, mes habits déchiquetés, ou avec un coup de couteau dans la cuisse. On va vivre ensemble quelques mois. Comme je néglige Nathalie, elle ira voir ailleurs, signal de notre rupture finale.

10

14 juillet sous acide

Parti de chez mon père, je suis à fond dans le Graffiti, section vandale, puis acide. Passant mes journées dehors, je rencontre plein de gens, les spliffs tournent, l'alcool coule. Graffiti artistes, nous traînons partout, notamment dans les catacombes. Un lieu de rencontre ouvert à tous et à tout, un endroit souterrain où l'on rencontre des gens différents. Dans les catacombes, je découvre des gens qui prennent de l'acide. Lors de ma première descente sous terre, je m'étais emmerdé. La deuxième fois, sous acide, je trouve tout génial. Ma période acide commence.

De fait j'ai un petit business personnel. Pas question de payer mon shit, je rackette des mecs dans le XVIIIe. Parfois les types touchent d'autres produits ; ça peut être de l'héro, de l'acide. Au bout d'un moment, je prends tout ce qui traîne. L'acide, c'est comme les raclées avec mon père : j'en ai pris tellement, je ne me souviens pas de la première fois. Impossible de me souvenir de mon premier trip. Par contre, je suis sûr d'avoir gobé des acides pendant quatre ans et ça ne rigolait pas du tout. On se faisait des records de temps sous acide. À l'époque, on trouve sur le marché tout un arsenal de produits : Red Windows, White Windows, Micropoint, certains acides ressemblent à des crottes de nez et la tentation est immense de gober les acides et revendre tes propres crottes de nez à des amateurs trop confiants. Au bout d'un moment, tu prends tellement de produit, tu ne le sens même plus. Et comme tu ne manges plus, ça devient un peu n'importe quoi. Dans le métro, aux heures de pointe, j'hallucine parfois, j'ai l'impression que tout le monde me court après. J'aurais sur l'acide nombre d'anecdotes...

Je me souviens particulièrement d'un mémorable 14 Juillet sous acide. Tout commence chez une amie à moi. Je viens de toucher une plaquette, j'ai donné rendez-vous à toute une bande. C'est la fête nationale, on peut sortir se balader dans la rue sous acide. D'ordinaire je suis assez tendu, mais parfois ce genre d'expédition débouche sur un truc mémorable. Une nuit, il m'est arrivé d'escalader une église pour aller taguer mon nom tout en haut du clocher, sous acide. Ça ou se battre avec des contrôleurs dans le métro... Sous acide je fais des trucs dingues.

Bastille, fête nationale. Quatre ou cinq potes débarquent. Dont un qui a passé toute la nuit à prendre de l'héro. Assis en slip devant la télé, le gars passe son temps à se gratter. Je sors les plaquettes. Il en veut. Tout le monde en veut. On gobe. La petite bande me demande de rester avec eux, de ne pas les plaquer en plein trip. J'accepte bien volontiers. Spécialiste de l'hallucination paranoïaque, même à l'envers, j'ai l'impression de gérer dix fois plus que les autres. Très vite, on commence à tout redécorer dans l'appartement. On fait tomber des trucs, on renverse des meubles... une décision s'impose : quitter l'endroit pour aller chez moi. J'habite alors rue Mouffetard, dans un appartement dont la porte ne ferme pas et qui est rempli de vélos que je vole ici ou là.

J'ai toujours eu la passion des vélos. Chaque soir, je fais mon marché autour de la Sorbonne et il est rare que je rentre sans un modèle nouveau, vélo hollandais, vélo de course, etc. Il m'arrive d'en revendre certains, mais ce n'est pas le but premier. Je collectionne les vélos pour le kif. En plus quand tu fais des tags et que tu es à vélo, tu passes réellement inaperçu et tu vas vite. Dans le cadre d'une recherche de style, je change de vélo tous les jours et m'offre de longues balades à bicyclette dans le quartier Latin. J'ai un look taché, je suis discret, mais chaque jour je frime sur un nouveau vélo.

Déchiré à l'acide, notre groupe tente de rallier la rue Mouffetard. Ce n'est pas facile. Nous sommes partis de Bastille à pied, des pétards explosent partout et comme nous sommes raides, nous nous tenons tous bras dessus, bras dessous, de crainte qu'un membre du groupe, bouche grande ouverte, parte à l'aventure et aille se perdre dans la grande ville. Ce n'est pourtant pas leur premier trip, mais cette fois on a pris des Gorbatchev extra forts...

On marche à cinq en se tenant les uns les autres. Les rues sont noires de monde, ça explose de partout, des gens courent, s'appellent, crient, rigolent. Je gère difficilement mon groupe. Souvent, on nous bouscule, je m'énerve contre des passants maladroits, tout le groupe s'arrête, il faut les remettre en marche les uns avec les autres, puis leur parler, les calmer, les réconforter, etc.

Nous échappons à quelques embrouilles en partant à toute vitesse et quand nous arrivons rue Mouffetard, tout le monde est à fond, en plein trip cosmique. Mes gars foutant un bordel terrible dans la rue, je les monte chez moi.

Une fois dans la place, un membre du groupe n'arrête pas de me fixer d'un regard meurtrier.

— Tu nous as fait prendre de la merde, tu veux nous tuer, ressasse-t-il depuis le début de l'après-midi (et ça durera sur ce thème la plus grande partie de la soirée).

— Vas-y, arrête s'il te plaît !

Le gars recommence. Un autre veut sortir. Il est sûr et certain que la maison va exploser. Panique, parano, attaque de chauves souris géantes. Un autre m'explique que si je passe un trait imaginaire qu'il voit très clairement tracé là, sur le sol, je suis Hors la Loi. Si je reste bien à côté du groupe, je suis Dans la Loi. « Car il y a des Lois... » babille-t-il.

Un peu pris par la situation, j'ai totalement oublié que j'avais rendez-vous avec un mec qui doit me vendre un flingue. Le mec se pointe.

— On fait ça sur le palier, je propose.

Le mec ne veut pas sortir l'objet sur le palier. Dans la pièce, il nous montre le flingue. Un des défoncés à l'acide, justement celui qui nous parlait de la Loi non-stop, le voit. Se précipitant, il attrape le flingue et le jette par la fenêtre, du quatrième étage. Le revolver tombe dans une cour qui ne communique absolument pas avec notre immeuble.

Toutes les conditions d'un cauchemar acide sont réunies.

Prise de tête instantanée avec le défoncé qui m'interdit de sortir de mon propre appartement.

Je les sors tous, et on descend chercher le calibre. Arrivé en bas de l'escalier, je me rends compte qu'un de mes gaillards est en caleçon, blouson et socquettes.

— Pourquoi t'as pas pris tes sapes ?

— T'inquiète, elles vont venir, elles suivent toutes seules...

On en est là.

Dissensions dans le groupe : quelqu'un me trouve trop normal. Se demande dans une attaque paranoïaque carabinée si je n'ai pas « rien pris » et si je ne suis pas en train d'essayer d'éliminer le reste de la bande... qui veut donc se barrer. Trop heureux, je les chasse : « Cassez-vous ! »

Je garde le vendeur d'armes et on va voir la concierge avec une histoire toute chelou de serviette tombée par la fenêtre, « s'il vous plaît, peut-on aller dans votre cour madame, ma serviette est tombée... ? »

La dame nous accompagne. Dès que je pénètre dans la cour, je vois le gun par terre. Regardant partout, la concierge ne voit rien, elle cherche un linge. Discrètement, je ramasse le flingue et le glisse dans ma ceinture.

Merci, de rien, pas grave, ça sera tombé ailleurs, etc.

Je remonte et me mets à la fenêtre pour voir où en sont mes potes. L'un d'entre eux court après une petite fille dont les parents semblent quelque peu interloqués. Je redescends. Mon pote est karateka. Sur le coup, il est parti dans un trip de Bouddha je ne sais quoi. Quand j'arrive, il est agenouillé sur le trottoir de la rue Mouffetard et il bredouille des incantations, suppliant que le trip s'arrête au plus vite.

Je lui demande d'arrêter ses conneries. Des passants sont partis chercher les condés, peut-il se calmer ?

— Tout ça, c'est de ta faute ! Va te faire enculer !

Ah c'est comme ça ? Je remonte chez moi.

Une copine passe un peu plus tard.

— J'ai rencontré ton pote en bas...

— Ah oui... il faisait quoi ?

— Rien, il se battait avec un sens interdit.

— Bon, ça va.

Le type a fini à moitié à poil dans l'entrée d'un hôtel, de là on l'a emmené aux urgences où il a juré, un peu tard, ne jamais recommencer un truc pareil.

Je me renseigne sur le reste du groupe : tant bien que mal, tous sont rentrés chez eux. Sans nouvelles du mec qui avait pris de l'héro la veille et qu'on avait laissé dans l'appartement de Bastille après avoir gobé, je passe le voir le lendemain. Il s'était gratté le corps jusqu'au sang dans son délire, se raclant comme un dingue.

Parfois, pour varier, on gobait dans les catacombes. On soulevait une bouche d'égout du côté d'Alésia ou de Mouton-Duvernet, on descendait et on gobait.

Les catacombes sont un super espace de jeu, sans police ni loi, à part la nôtre.

Sous terre, les mecs ont trouvé un super long tunnel de deux cents mètres de long. Ils descendent avec leurs mountain bikes et font des courses de deux-roues dans le tunnel, sans aucune lumière, pédalant dans le noir sous acide. Quand ils ne se rentrent pas dedans de plein fouet, ils se prennent le mur !

D'autres fois, on descend sous acide pour dépouiller des mecs. Un jour, on tombe sur un Renoi et un Français munis d'une splendide lampe torche Maglite. Une pure lampe ! Juste ce qu'il nous faut ! Tous défoncés autour d'un feu de fortune allumé dans une salle, on mate le duo. Chourer leur Maglite semble la seule chose à faire. Le Renoi est costaud mais nous sommes quatre et nous avons un manche de pioche...

— Tu me donnes ta lampe ?

Le Renoi se lève, sort un couteau suisse. Ses paluches sont tellement énormes, on dirait qu'il tient juste un petit coupe-ongles. On lui saute tous dessus en même temps. La lampe piquée, on se barre, les laissant dans l'obscurité.

D'autres fois on gobe chez mon pote Didier. Puis on marche jusqu'à Bobino, pour la soirée Zoopsie de Marthe Lagache. Une fois là-bas, on reste cinq minutes. Tout le monde nous parle, s'inquiète de notre état. Il faut dire qu'on transpire énormément. De guerre lasse on repart. Heureusement, nous avons toujours un copain avec nous. Peintre homosexuel, Naf subit avec une grande philosophie nos blagues nocturnes. Naf gobe avec nous, tout en sachant parfaitement qu'il sera notre tête de Turc le reste du trip. La suite est connue : crampes abdominales, maxillaires bloqués, attends faut que je respire...

Un jour un copain passe. Pas de chance, nous n'avons rien pour nous mettre en l'air. Le type a un plan.

— J'ai un plan...

— Ah ouais ?

En fait on achète des cigarettes pour asthmatique qu'on fait longuement infuser avant de boire le breuvage. Galère !

Ce jour-là, nous avons rendez-vous quelque part. Or ces cigarettes te déshydratent effroyablement. Assis dans le métro, j'ai la bouche atrocement sèche. Ma langue colle au palais, je me sens raide défoncé, encore pire que sous acide. Et ça dure, en plus... C'est interminable, pas agréable. Langue collée au palais, incapable de parler, je me retrouve en train de marcher dans le métro. Est-ce dû à l'hallu ? Soudaine crise de panique. Sentant que je ne vais plus pouvoir respirer, je détale à toutes jambes. Mon pote me suit en vociférant : « Arrête, Didier, arrête, stop... »

Le sketch est comique. Trouvant un robinet dans le couloir du métro, je réussis enfin à humecter ma langue. Ce jour-là, j'ai une vraie peur et je n'ai jamais refait la moindre tentative avec les cigarettes pour asthmatiques.

Un jour, sans autre explication, l'afflux d'acide cesse.

On n'en trouve simplement plus, nulle part. L'ecstasy surgit bientôt, mais ce produit me casse les couilles. Je trouve l'ecsta trop gentil. Il y a là-dedans un truc tactile, un genre de faux bien-être chimique qui me déplaît souverainement.

Je n'ai jamais pris de drogues pour être bien. Dès cette époque, j'en prenais pour me finir.

Je suis allergique au pollen et à la poussière. Un truc de famille que j'ai appris à gérer. Mais souvent, en boîte, des gens m'ont cru défoncé alors que je faisais simplement une crise d'allergie.

À un moment j'ai fumé de l'héroïne. Un truc dont je connais tout le danger. Si tu fumes une cigarette à l'héro trois jours d'affilée, tu seras super mal le quatrième. Pas en forme. J'ai eu mes périodes *Trainspotting*, sueurs froides à danser le smurf au lit, mais je ne me suis jamais shooté.

Tout jeune, dès l'âge de six ans, quand mon père m'emmenait me faire une piqûre, il fallait cinq infirmiers pour me tenir. Un rappel de tétanos ? Je flippais tellement que l'infirmière me plantait sa seringue dans l'os, dans un nerf... Ensuite, je ne pouvais plus bouger le bras pendant deux semaines.

Les aiguilles, c'est resté strictement médical pour moi. Le cérémonial du shoot m'a toujours effrayé et pas intéressé.

Et savez-vous pourquoi on appelle le crack comme ça ?

Parce qu'en chimie changer la molécule d'un produit se dit « le craquer ». Le crack s'obtient à partir de cocaïne. Mais on fait bouillir la coke avec un autre produit et ça change la molécule.

D'où le *crack*.

Durant ces années graffiti, je tire sur la corde.

Ça tourne toujours et il y a toujours quelqu'un de chargé. Pourtant, je viens d'une cité où pas mal de gens sont morts d'overdose. J'aurais dû recevoir le message. Eh bien non, ça ne m'a pas parlé.

Chaque jour, je retrouve ma bande entre 14 et 16 heures, à Stalingrad. Puis je rentre chez moi vers la Sorbonne. L'héro ne me fait pas dormir, l'héro me rend speed. En plus ça suspend le temps. Tu fumes ta cigarette et tu passes deux heures superbes, temps suspendu, à ne plus penser. Pour quelqu'un comme moi, arrêter de penser fait du bien. Comme des vacances.

11

Les débuts de NTM

La constitution du groupe Suprême NTM remonte à l'été 1989. Tout se fait très naturellement. Notre pote Franck (DJ 'S') a plein de disques, il est évident qu'il va devenir le DJ. Nous écrivons nos premiers textes dans la cuisine de ses parents. Le soir, à l'heure où nous avions l'habitude de partir peindre des trains, changement de programme. Nous continuerons à taguer toute la nuit, mais désormais nous écrivons avant.

D'emblée, nous sommes contents de nous.

Nos textes s'en ressentent : « On est les meilleurs, les plus forts. Vous n'êtes que des crevards. Pas besoin d'aller au cinéma, à nous deux réunis on est Stallone, Schwarzenegger et Dolph Lundgren », ce genre.

Nous n'avons pas de flow, mais une dynamique. Nous hurlons des textes posés sur des BPM super rapides, à la mitraillette. À l'époque, je connais un type nommé Massadian qui tient une boîte, Chez Roger Boîte Funk. Solo d'Assassin me l'a présenté.

— C'est Joey, il a un groupe... Ils s'appellent les Nique Ta Mère.

Massadian me demande si ça nous intéresserait de donner un concert gratuit pour la Carte Jeune. Pourquoi pas ?

Quand je rentre à Saint-Denis annoncer ce plan aux autres, ils sont dégoûtés.

— Arrête, on va pas monter sur scène, ça va pas, t'es dingue ?

À l'époque, je gobe pas mal d'acides. Moi, il me fait bien délirer, ce concert. Pourquoi on le ferait pas ? C'est une expérience comme une autre. Je réussis à convaincre Kool Shen. DJ 'S' met longtemps à accepter d'y aller. Pour lui, le rap est un truc qu'on fait chez nous, à la maison, voilà, c'est tout.

Il faut savoir que nous avons commencé la musique avec cette ambition : soit on cartonne, soit c'est la honte. On venait pour tout brûler, pas pour faire de l'entre-deux. En danse, nous étions dans le top ten. En graffiti, nous étions dans le top ten. Si on faisait du rap... Il fallait qu'on soit dans le top ten.

À cette époque, le rap est un minuscule mouvement exclusivement américain. Là-bas, ils ont GrandMaster Flash, Beastie Boys, Run DMC, LL Cool J, T. la Rock, KRS One, Melle Mel, Eric B et Rakim et c'est tout ! Personnellement, j'ai mis longtemps à démordre de ma théorie « faire du rap en français ne sert à rien, les Américains le font mieux que nous ».

D'ailleurs, quand j'écoute « Fight For Your Right To Party », ce morceau des Beastie Boys, j'entends des tranches de ma vie racontées dans leur musique.

Toute cette jeunesse qui gobe des trucs, traîne dans les catacombes, se castagne éventuellement, tout est contenu dans ce morceau. *It's time to get ill.* Des textes qui nous parlent. *On va se ruiner, c'est l'heure.* Tout à fait ça.

Notre oreille de l'époque n'est pas celle que nous avons aujourd'hui. Nous recevons tout en vrac et chacun se démerde. À nos débuts, nous rappons super vite. La vitesse est le palliatif à notre incompétence. Nous décidons de passer à l'arrache, hardcore. Pour moi, le hardcore c'est ça, faire avec ce qu'on a. C'est notre approche.

Juillet 1989. La veille du premier concert, nous préparons nos musiques chez Solo. Solo a un peu de matos et surtout il a un pote suisse qui est un petit peu programmateur, spécialité qui ne court pas les rues à l'époque. Nos instrumentaux préparés, nous répétons nos textes dessus. Et moi, je n'arrête pas de gober des acides.

Lorsque nous arrivons pour le concert le lendemain, la salle est pleine à craquer, un millier de curieux sont venus. Sous-acide depuis 72 heures, je n'ai aucune pression, je suis même un peu ailleurs. Kool Shen et DJ 'S' ne sont pas dans leur assiette, mais nous sommes rassurés par la présence à l'affiche de nos potes d'Assassin. Cet élément nous met en confiance. Tous les groupes de l'affiche se retrouvent dans les loges. Il y a Little MC, Lionel D, et soudain l'organisateur pose la grande question : « Qui commence ? »

Recul général, dénégation, pas nous, pas moi, non !

Je prends la parole :

— Nous, on va commencer, on va ouvrir le bal.

Les autres sont écœurés :

— Qu'est-ce qui t'arrive, Didier ?

— On va ouvrir le bal.

Assassin se greffe juste derrière nous.

À notre arrivée sur scène, je suis complètement ailleurs. Et ce soir-là, le soir donc du premier concert de NTM, tout me vient, naturellement. D'emblée, je trouve tous mes trucs, mon jeu de scène, mes cris d'arrache : « Pow Pow Pow ! Le 93 est là ! 93 ! »

Bien sûr, la cité est descendue en force, tous nos hooligans sont là. Par la force du graffiti, NTM rassemble déjà beaucoup de gens massés devant la scène. Nos potes tiennent les trois premières rangées. Comme dit Kool Shen : « Quand tu n'as pas grand-chose, représenter les tiens c'est déjà quelque chose. » Ce soir-là, cette phrase est vraie. Chaque mention du 93 arrache des hurlements d'approbation à la petite foule. Je suis devant, défoncé, gonflé à bloc, hurlant, ravi, surexcité.

Du haut de la scène, j'aperçois l'infini.

Kool Shen est un peu derrière. Il a bu du whisky pour se mettre en confiance et il découvre que ça ne marche pas du tout. Coincé derrière, DJ 'S' fait son boulot.

Dès le premier concert, nous avions trouvé nos rôles. De fait, cette première scène a eu l'effet d'une drogue. Que recherchent généralement les toxicos ? À retrouver les sensations de la première... Par la suite, chaque fois que je suis remonté sur scène, c'était ça. Impossible d'oublier ce premier concert. En ouvrant le bal, nous avons foutu le feu direct. Arrivant derrière nous, Assassin, plus confirmé, continue sur notre lancée. La suite est catastrophique et l'ambiance retombe. Nous en sommes conscients et notre fierté est immense. « On leur a mis la leçon mon frère. »

Dès notre premier concert. Classe. Euphorie.

Nous avons déjà notre danseuse, Lady V. Elle deviendra la meuf de Kool Shen. Excellente, Virginie avait souvent gagné les concours de danse de Sex Machine, époque « Enfants du rock ». Travaillant en maison de disques, sa mère Pat est venue la soutenir. Le lendemain du concert, elle attire sur nous l'attention de Sony Music, qui aimerait nous rencontrer.

Bien sûr, à l'époque, nous sommes dans une logique réfractaire, nous méprisons le Top 50. Sans savoir de quoi nous parlons, nous sommes contre toutes les structures.

Après cette première scène, on commence à nous inviter à faire des freestyles sur Radio Nova entre 20 heures et minuit. Nos irruptions chez Nova sont toutes bâties sur la même structure, comme un cérémonial : virer tout le monde du studio, on est des pros, pas le temps de jouer avec vous, confisquer les micros, taper le freestyle et se casser direct. Attaque surprise.

Au bout d'un moment, quand NTM arrive, tout le monde sort du studio. Nous en énervons beaucoup. Sans le savoir, nous sommes un groupe conceptuel, nous défendons l'idée du Grand Nord, de la Voix du Nord, avec un axe Assassin 75018/NTM 93. Devenus légendaires, ces freestyles se dénichent encore parfois aujourd'hui sur Internet.

Rockin' Squatt et Solo, les rappers d'Assassin, ont trouvé une possibilité d'enregistrer un titre pour figurer sur la première compilation de rap français, *Rapattitude*, chez Labelle Noire. Pour enregistrer, on va à l'Ircam, Institut de recherche et coordination acoustique/musique. Le nom nous sidère nous-même. En vrai, on y va en loucedé. Gros Benny le producteur connaît Laurent, objecteur de conscience qui fait son service dans ce bâtiment d'État, l'Ircam. Le jour, Laurent fait de la maintenance. Le soir, quand tout le monde est parti, nous venons faire des prises. L'Ircam est un immense complexe souterrain sur six étages. Certains studios sont assez immenses pour accueillir un orchestre symphonique. Comme nous venons de nuit, nous ne voyons rien, tout est éteint. Le gardien fait sa ronde, passe. C'est le moment. Nous entrons avec notre pote et nous cavalons dans le noir dans les immenses couloirs jusqu'au studio. Nous répétons l'opération deux nuits de suite pour graver le titre « Je rap » qui est une des révélations de la première compile rap française : « Expliquant à chacun/ Que ce domaine est le mien/Car je vais et je viens/ Sur les aléas du tempo/Sans aucun accroc/Normal pour un pro/ Je rap... »

Notre premier concert ayant fait grand bruit, on nous propose une autre date à Ornano. Nous sommes encore associés à Assassin, il n'y a aucune concurrence entre les deux groupes, tout se passe bien. Cette fois, il est plus facile de décider les autres. On joue, on refout le feu. À Ornano nous sommes payés le même cachet qu'à l'Élysée Montmartre, c'est-à-dire rien. Mais après le show, un dénommé Philippe Ascoli vient me voir. Il bosse chez Remark Records/Polydor. Il a trouvé le concert génial. Me laissant sa carte, il me demande de passer le voir. Les autres sont effarés par la nouvelle. Une maison de disques nous convoque !

La suite est croustillante.

Rendez-vous est pris avec Ascoli. À l'époque, je suis le manager du groupe, ce qui ne veut strictement rien dire. Toutefois, je sens que nous avons un truc imparable dans les mains. Côté Business, je suis moins sûr de mon coup. On nous aurait donné mille francs cash chacun, on aurait tous signé avec joie.

À mesure que le rendez-vous avec Ascoli approche, nous nous prenons la tête pour faire une maquette. La chose mérite d'être signalée car c'est la première et dernière fois de notre histoire que nous en ferons une, de maquette.

Le principe, en l'absence de tout matos, c'était ça : DJ 'S' prend deux mêmes disques, il pose une espèce de beat. Kool Shen et moi enregistrons avec deux micros, en live. Si l'un des trois se trompe une minuscule petite fois, c'est raté pour tout le monde, il faut tout recommencer. En deux jours, on arrive à pondre trois morceaux sur une cassette dont nous sommes extrêmement fiers. Nous arrivons chez Ascoli qui met la cassette dans son lecteur et écoute gravement en hochant la tête derrière son beau bureau. Ses premiers mots sont rassurants : « Franchement c'est super bien. » Sourire. Et là ça se dégrade : « Par contre, ça vous intéresserait si je vous proposais un parolier ? »

Je me lève en continuant à discuter : « Tiens, fais voir la cassette... »

Il me la rend. Basket ! Nous partons tous les trois en courant. D'un trait, sans même nous concerter. Ascoli a essayé de nous revoir, nous ne sommes jamais revenus.

C'était quoi cette connerie de parolier ?

Quelle raison d'être là si NTM n'écrit pas ses propres textes ?

Peu après, premier rendez-vous chez Sony. Pat Sullé est là, bien sûr. Philippe Puydauby, qui nous reçoit, est formel : « J'ai l'impression de revoir Trust. » Là, nous nous faisons humbles. J'ai grandi en écoutant AC/DC et j'avais l'album de Trust, *Antisocial*, chez moi. Puis le gars commence à nous parler contrats. Nous n'y comprenons rien.

Marc Miller dirige un label distribué par la maison de disques Carrère. Lui aussi souhaite nous rencontrer. Instruits par l'expérience Ascoli, nous débarquons au rendez-vous mains dans les poches, sans la fameuse cassette de maquettes. Au départ, nous avons une seule question à poser à toutes ces maisons de disques : « Est-ce que nous allons être bien promotionnés ? » Marc Miller nous parle campagne d'affichage. Je ricane : depuis deux ans, on trouve le logo NTM sur toutes les rames de métro, notre nom s'étale déjà sur les murs de Paris. De quoi nous parle donc cette maison de disques ?

Ce rendez-vous aura un seul intérêt. C'est ce jour-là que nous rencontrons le jeune Sébastien Farran, qui deviendra plus tard notre manager. Stagiaire chez Carrère, Seb a quatre ans de moins que nous, sa culture est rock. Mais il nous a entendus une nuit sur Radio Nova lors d'un de nos fameux freestyles. Après un second rendez-vous, on discute avec Seb qui nous déconseille carrément de signer chez Carrère.

Ayant conscience que je ne peux tout gérer seul, je vais voir un certain Frank Chevallier, alors attaché de presse chez Jean-Paul Gaultier et mari de Nina Hagen pour lui demander s'il peut nous manager. Il veut bien essayer.

Frank Chevallier est un géant de 1,98 mètre. Blonds et longs, ses cheveux lui tombent sur les fesses. Notre manager vient de la mode. En décalage total avec le milieu hip-hop, il va en baver. Je le respecte parce qu'il sera toujours là, jusqu'au moment où il passe la main parce qu'il souffre trop. Dès le début, pourtant, Frank Chevallier kiffe notre énergie, notre pêche, il nous respecte, il est sérieux… Mais il n'a pas les bons vêtements.

Il se fait constamment chambrer par notre entourage qui lui mène la vie dure. Dans un premier temps, il nous branche sur les soirées Zoopsie à Bobino, puis Nina Hagen nous réclame en première partie de ses spectacles. Et c'est ainsi que la chanteuse d'« African Reggae » devient marraine officielle de NTM ! J'en suis rempli de fierté. C'est aussi grâce à Nina Hagen que nous ferons une de nos premières télés, « Mon Zénith à moi », le 18 février 1990.

Seul Canal Plus ose nous appeler Nique Ta Mère. Quand nous faisons d'autres émissions, sur le service public notamment, les présentateurs sont terrifiés. Ils prétendent à l'antenne que NTM serait les initiales du Nord Transmet le Message.

Nous refaisons l'Élysée Montmartre en avril 1990. Cette fois, la vedette est Cash Money, champion du monde des DJ de l'époque. Depuis notre première expérience, nous adorons ouvrir le bal. Pour bénéficier de la dynamique, tout le monde veut passer juste après nous. Juste avant le concert, l'organisateur vient nous parler dans la loge : Cash Money a annulé, il ne viendra pas. Mais il ne faut pas le dire, il faut dire qu'il va arriver, que personne ne fonce à la caisse demander le remboursement...

— Je ne travaille pas pour toi. Les mecs qui sont là, dans la salle, ils ont payé leur place. Si t'as un truc à dire, vas leur dire toi-même.

Ce soir-là, c'est direct que j'attaque en montant sur scène :

— On vous ment ! Cash Money ne viendra pas (hurlements de rage, cris de dénégation, etc.). Mais, par contre, nous NTM, on est là et on va vous faire le show !

Comme la première fois, on casse tout. Assassin passe derrière nous. Ce sera la dernière fois. Juste après ce concert, alors que toutes les maisons de disques veulent nous rencontrer, nous signer, alors que le buzz est énorme, la hype mortelle, nos potes nous annoncent qu'ils s'exilent aux États-Unis. Espéraient-ils trouver un meilleur contrat là-bas ?

Pendant qu'Assassin traîne à New York, nous continuons sur notre lancée, donnons des concerts au bas des cités, trouvons un tourneur, Dominique Misslin (La Générale), faisons de vraies dates...

NTM avance à une vitesse folle. Durant cette première époque, nous faisons quelques premières parties : La Souris Déglinguée à l'Olympia et Deeelite à la Cigale. Chacun de nos shows, fût-ce dans le plus minuscule et pourri des endroits, a sa mise en scène. Pour la première partie de La Souris Déglinguée, 30 avril 1990, nous faisons notre grande entrée sur la scène de l'Olympia en tenues militaires polaires, sur une musique de « Carmina Burana ». Nos délires jettent les gens en l'air.

Après le concert de Deeelite, *Libé* écrit : « Quand de petits banlieusards volent la vedette à Deeelite. »

Je me souviens très bien de notre cachet de ce soir-là : trois cents francs chacun.

Quand Frank Chevallier arrête judicieusement, Seb Farran reprend le flambeau. Seb négocie notre premier contrat avec Sony et c'est, pour l'époque, un très bon contrat. Nous signons en juillet 1990. Notre pourcentage est très avantageux, et l'avance me pétrifie : comme Kool Shen, je reçois un chèque de 20 000 francs. Quand on me donne ce chèque, je le glisse dans ma poche sans avoir réellement l'intention de revenir. Dans ma tête, j'ai fait un casse, tout va bien, salut les mecs, vous ne me reverrez pas. Plus cartésien, Kool Shen saura me convaincre qu'il y a un disque à faire.

Très vite, nous entrons en studio pour enregistrer trois titres, « Le Toucher Nique Ta Mère », « Le Monde de Demain » et « Le Pouvoir ».

La première fois où je mets le pied dans un studio, ma première réaction est de regarder le cadre de l'entrée, puis la taille de la table de mixage et de me demander avec stupéfaction comment un truc aussi grand a bien pu passer une porte si petite. Mon regard est totalement décalé par rapport à ce que nous venons faire. Toutes mes connaissances techniques se limitent au vieux quatre-pistes que possède DJ 'S' à l'époque. Attention, là, on arrive dans le professionnel ! Au final, on livre sans encombre les bandes du premier maxi. Le problème de la pochette se pose.

J'avais rencontré Jean-Baptiste Mondino sur un plateau, à l'époque où je faisais le coursier. Flashant tout de suite sur mon look, il avait fait quelques Polaroïd. Pour notre premier maxi, je fonce le voir. Il nous fait notre verso de pochette comme ça, gratuitement. Il prend notre photo à l'arrache, pendant la séance de quelqu'un d'autre et il nous donne le tirage, total classe, comme ça, cadeau.

Impossible de décrire la tête des gens de chez Sony quand on leur amène une photo gratuite de Jean-Baptiste Mondino pour notre premier maxi. Le recto propose notre logo, dessiné par Mode2, énorme graffiti artiste. Très vite, le disque marche.

Depuis que nous avons signé chez Sony, nous ne nous fréquentons plus de la même manière, Kool Shen et moi. Depuis mon départ de chez mon père, je ne vis plus à Saint-Denis. Nous qui avions été trois ans durant tout le temps ensemble, cul et chemise, soudain n'avons plus cette relation des gens qui habitent le même quartier, le premier levé appelle l'autre.

Sortant de la rue, l'adaptation à mon nouveau métier n'est pas toujours évidente. Je suis artiste Sony, mais ça ne m'empêche pas de continuer mon business, la débrouille. Et rien d'autre. Je n'ai jamais voulu être un grand voyou. Je cherche juste à tromper l'ennui.

À l'époque, avant le portable, se retrouver avec Kool Shen est toute une histoire. Généralement je profite de mes affaires à La Courneuve pour aller sonner chez lui à Saint-Denis. S'il n'est pas là, je vais sonner chez DJ 'S'. Et si DJ 'S' ne répond pas, je repars pour la semaine vivre mes aventures dans la capitale.

Sony a sorti notre premier maxi, je suis retourné vaquer à mes occupations. Je ne vois pas les autres pendant trois semaines. Un soir, dans une soirée au Rex Club, par le plus grand des hasards, je tombe sur Kool Shen.

— Ouais, t'étais où ? Ça fait deux semaines qu'on te cherche partout...

— Pourquoi ?

— Ben parce que ça fait deux semaines qu'on est premiers au Top ! On a vendu plus de 30 000 disques en deux semaines.

30 000 disques vendus ! Je me souviens de la contenance du Parc des Princes : 25 000 personnes. Du coup, effectivement, le chiffre annoncé par Kool Shen me semble colossal.

Pour un groupe de rap, c'est énorme. MC Solaar n'a pas encore sorti de disque... le terrain est vierge.

Contraste : à l'époque, je vis entre un appartement qu'on me prête et le métro où je dors encore souvent. De même, quand on nous annoncera disque d'or, je n'aurai aucune idée de ce que représentent ces 100 000 acheteurs par rapport aux 63 millions d'habitants de la France.

Problème avec les premiers chèques : n'ayant ni adresse ni banque, je ne peux les encaisser. Longtemps, ma relation aux banques sera bizarre. Je flippe d'y aller, le montant de mes chèques m'effraie. De fait, Seb et sa mère m'ouvrent un compte au CIC en bas de chez eux, dans le septième arrondissement. À ma première visite à la succursale, une petite vieille me prend pour un employé de la sécu. Je lui explique que je suis client comme elle. Tout le personnel me regarde bizarrement.

L'un de nos premiers promoteurs, JP Plunier (qui deviendra des années plus tard manager de Ben Harper), nous engage à prendre des cours de chant.

Nous sommes morts de rire : qu'est-ce qu'on en a à foutre des cours de chant ?

Il nous affirme que c'est important, capital, qu'il faut avoir une technique de respiration. Preuve : grâce à une méthode de souffle circulaire, Plunier est capable de souffler cinq minutes sans s'arrêter dans un coquillage. Nous allons chez lui, du côté de Villiers, dans un immense appartement bourgeois. Il nous explique le principe. Nous le chambrons sans arrêt. Ça va nous servir à quoi, ce truc ? Au final, nous prenons trois cours qui nous serviront énormément. C'est longtemps plus tard que nous comprendrons la respiration par le ventre et que le principe des leçons nous reviendra.

Je me mets à vivre avenue Charles-Floquet, au pied de la tour Eiffel. Je reste un an chez Seb Farran et sa mère,

Caroline Tiné. À l'époque, Seb n'écoute que du rock, Stones, Beatles, etc. J'arrive avec mes disques à moi, ragga, reggae, hip-hop. Seb se met au reggae. Aujourd'hui, beaucoup le connaissent sous le nom de Terror Seb, un des meilleurs DJ de Paris. Dans le civil, c'est Seb Farran, mon manager.

Tout de suite, la mère de Seb est super cool. Elle me trouve formidable. Un week-end, tout le monde s'en va et je reste seul chez les Farran-Tiné. Je vaque dans l'appartement avec ma belle copine de l'époque. Ma copine se balade à poil dans le salon. Retour de la famille. Ma copine glapit, fonce se rhabiller, disparaît. Je suis gêné, tendu. On passe à table. En plein dîner, Caroline me félicite sur la beauté de ma meuf. Quelle famille ! Ça existe des trucs comme ça ? Je tombe des nues.

Notre premier concert en province est un tournant. Il a lieu à Poitiers, dans une salle mythique nommée le Confort Moderne. Nous arrivons pour un festival avec Treponem Pal en tête d'affiche. Il y a vingt spectateurs dans la salle, au plus. Heureusement, nous sommes tout de suite suivis par une caravane de dingues, une troupe de hooligans des cités. Descendu en force de Saint-Denis, notre contingent se monte à trente personnes. Certains ont piqué des bagnoles pour faire le voyage. Les 93 MC sont là, avec des mecs de Saint-Denis, des amis d'amis, etc. Nous ne les connaissons pas tous, mais pour eux c'est important d'être avec nous. NTM est un groupe « de chez eux » qui va faire son truc « là-bas ». Il est essentiel pour eux de faire cette virée, d'autant qu'à l'arrivée il y a à boire, à manger, c'est stylé, une journée gagnée. La moyenne d'âge de nos fans est de dix-sept ans, Kool Shen et moi en avons vingt-trois, nous sommes les plus vieux.

Pour accompagner notre spectacle, nous avons moitié de nos instrumentaux sur disques, moitié sur une bande quart-de-pouce. Pour passer les bandes, nous avons récupéré un lecteur magnéto prêté par Solo. À peine arrivés dans la loge, nous constatons que tous les groupes qui sont passés au Confort Moderne ont écrit leur nom sur les murs. Cette situation réveille les graffiti-artistes qui sommeillent en nous. Nous décidons de laisser un énorme tag NTM sur le mur principal. Pour écrire plus haut que les autres, un de nos potes monte sur le magnéto quart-de-pouce. Il casse le pignon qui maintient la bande magnétique lorsqu'elle tourne. Comment allons-nous faire ? DJ 'S' couche le quart-de-pouce sur le flanc, il tient la bobine de la bande avec sa main. La bande défile. Évidemment, en plein concert, nous verrons surgir entre nous la bande, échappant au quart-de-pouce. Ce petit accident ne nous dérangera même pas.

De toute façon, NTM est né dans l'accident. Rien ne s'est jamais passé normalement. Il y a toujours eu des couilles, des pépins, des problèmes.

Ce jour-là, sans bande-son derrière nous, nous haranguons la foule, pas d'importance, on s'en fout, et on termine a cappella, juste les deux voix. Dans les coulisses, croyant à un nouveau concept, on nous félicite chaudement. Peu de nos supporters restent pour Treponem Pal qui termine devant une salle vide.

Dès lors, un rituel s'institue : dès que NTM joue en dehors de Paris, nous sommes suivis par une trentaine de personnes. Ce sont des expéditions épiques. Les types partent à cinq caisses bourrées, ils arrivent à trois, laissant deux voitures sur le bas-côté de la route, mais dès qu'ils sortent des bagnoles c'est l'explosion de joie, les cris.

12

Authentik

En novembre 1990, nous entrons en studio pour enregistrer notre premier album. Et exactement comme on le raconte dans le premier petit intermède de l'album de Suprême NTM, *Authentik*, on procède pour commencer au « test des micros ». J'ai toujours adoré ces instants entre les chansons. Très humains, ils permettaient aux auditeurs de palper l'atmosphère du studio.

L'enregistrement du premier album est émaillé d'une kyrielle d'incidents tragi-comiques. Nous allons au studio avec Kool Shen, mais de préférence nous amenons notre bande avec nous, danseurs, choristes, copains, etc. Nous ne voulons pas nous sentir seuls face à la machine et cette volonté de bande génère un certain nombre d'incidents cocasses. Des enceintes studio monitors tombent sur la table de mixage, etc., etc.

Bien sûr, la maison de disques est inquiète.

Sony se demande si les novices NTM vont réussir à boucler un album. Du coup, on nous colle un réalisateur, Fred Versailles, qui gère réellement les séances, nous fait avancer. D'autant que nous arrivons mains dans les poches, avec quatre titres, le reste étant écrit dans le studio, sur place. Toute l'affaire prend plus de temps que prévu, mais NTM fonctionnera toujours comme ça : « Réservez le studio, on se démerde. »

Sans attendre la sortie de l'album (qui paraît le 27 mai 1991), NTM démarre en mars la tournée *Authentik*, dans les banlieues. Cette tournée durera dix mois.

Je me souviens particulièrement du concert de Mantes-la-Jolie. Une association nous a fait venir, mais la municipalité ne veut pas nous voir dans sa ville. Normalement, nous devions jouer dans le gymnase, qui est mystérieusement fermé et plus personne ne retrouve la clef. Mais les gars sont là, ils veulent vraiment nous voir. Notre matos est posé en plein milieu du terrain de rugby, démerdez-vous. On installe le son et on décide de jouer à même la pelouse, sans scène, sans estrade. Avec un groupe électrogène, aucune sécu. Le concert doit commencer à vingt heures. Bien sûr, à l'heure dite, personne ne veut nous allumer les lumières du stade. Derrière les grilles, des grappes de mecs furieux nous demandent si on va jouer, quand ça va commencer.

— On n'a pas de lumière ! On ne peut pas jouer dans le noir !

Les B-Boys cassent la grille du stade, rentrent des voitures qu'ils garent en demi-cercle et nous réussissons à donner un concert entier à la lueur des phares. Carton. Rarement nous avons connu telle ambiance de folie furieuse. Je revois encore ces gens, deux ou trois cents lascars déchaînés, hurlant, dansant, grimpés sur les bagnoles. Nous découvrons des terres vierges.

NTM donne les premiers concerts rap en Alsace-Lorraine. Dans les salles, les B-Boys sont en sous-nombre. À La Laiterie de Strasbourg, on en trouve quatre tous les trente rockers. Mais le bouche-à-oreille nous aide.

Beaucoup de ces premiers concerts sont épiques. Parfois ils sont juste comiques. Je me souviens particulièrement d'un « gala » à HEC. À l'époque, je ne sais absolument pas ce que recouvrent ces initiales. Mieux informé, Kool Shen m'explique. Dès mon arrivée à la salle, en bon banlieusard, je comprends que nous sommes en territoire inconnu. Mais qui sont ces gens avec ces drôles de têtes ?

Au niveau son, HEC nous fournit de minuscules micros-cravates qui empêcheraient n'importe quel rapper de se prendre au sérieux. Pas nous. À l'époque, nous avons un spectacle de vingt minutes. Nous tiendrons une heure, refaisant trois fois le même enchaînement de quatre titres. Les étudiants sont hyper ultra contents.

Nous jouons, équipes de banlieue en territoire inconnu.

Heureusement que notre spectacle est délirant, heureusement que sur scène il se passe des choses. Parce que dans la salle... ça manque de filles.

Sans nous arrêter à ces détails, nous mouillons le maillot, donnant jusqu'à quatre concerts par semaine. Seb Farran nous suit partout. Lorsque le camion Louez Valem arrive pour nous emmener en tournée, mon ego en prend un coup.

— Vous pouviez pas trouver un camion avec un nez rouge et des grandes oreilles tant que vous y étiez ?

Nous sommes empilés derrière et mieux vaut avoir énormément d'humour pour tenir les six ou sept heures de voyage. La pilule passe bien parce que nous sommes fous de joie de sortir de Paris. On croirait une colonie de vacances : « Et en plus on est payés ! ».

Nous traçons sur les routes de France.

Au début, NTM est un groupe qui n'a que des tournées hivernales. L'été n'est pas pour nous. Par contre, on joue en hiver dans des villes bien grises avec un public de lascars déchaînés.

Dès notre arrivée dans les coulisses des salles, beaucoup de gens changent d'attitude. Certains se mettent à parler verlan, un verlan ridicule parce que c'est la première fois qu'ils essayent, d'autres se mettent à jouer aux durs, etc.

Nous avons une telle aura que tout le monde veut être de notre bord, à notre portée. Dans un premier temps, c'est énervant. On a l'impression que ces gens se foutent de notre gueule, qu'ils se sont déguisés en rappers d'opérette, jogging flambant neuf et casquette, alors qu'à l'arrivée ils ressemblent surtout à des profs de gymnastique... Mais au final on constate que c'est un vrai bonheur pour eux de recevoir un groupe de rap, ils se mettent en quatre pour nous, se démènent...

Cette réalité, nous l'avons vécue toute la durée de NTM. Quel est le rythme des premières tournées ? On part pour un mois et demi, au rythme de cinq concerts par semaine. Nous avons une activité énorme. Nos rapports avec les organisateurs sont cocasses, les incidents toujours possibles.

Un jour, on arrive en banlieue, à Trappes. Dès l'installation de la scène l'après-midi, un comité d'accueil constitué d'une bande de jeunes vient nous prévenir que Nique Ta Mère ne passera pas ici, pas chez eux.

— Ah ouais ? C'est ce qu'on va voir...

Nous avons deux danseuses avec nous.

Pendant le soundcheck, une des filles va aux toilettes et se prend un coup de pied dans le ventre. On appelle Saint-Denis : « Venez, ça va être tendu. » Notre bande débarque en force. La première partie est assurée par une troupe de danseurs de smurf locaux. Parmi eux, un certain Jamel Debbouze fait ce soir-là ses débuts sur scène. Concert. On commence à jouer. Une cannette arrive vers moi. Je l'attrape au vol. La posant délicatement sur la scène, je demande à DJ 'S' d'arrêter la musique. Je fais un speech : « On est là. On est pas venus se gaver sur vos gueules, on est venus vous représenter. Ici il y a trois, quatre connards qui comprennent pas. Pas grave, on est venus jouer pour les autres et celui qui n'a pas de couilles, qui lance une cannette et qui va se cacher derrière les autres, nique sa mère. C'est pour lui qu'on s'appelle comme ça. Continue à te cacher, connard ! Les autres, vous êtes encore là ? »

Et on y va.

Ce soir-là après le concert, toutes les voitures immatriculées 93 avaient les pneus crevés. L'adjoint au maire nous a ramenés au RER en estafette.

Une autre fois, à Grenoble, on donne un concert gratuit en bas d'une cité. Tout se passe bien, sauf que deux ou trois connards pensent que le nom Nique Ta Mère leur est une insulte personnelle. Animosité. Des filles nous invitent. Travaillant toute la journée, elles ont préparé un énorme couscous pour le groupe. On va manger le couscous au réfectoire. Dans cet endroit, deux ou trois locaux nous parlent mal. Insultes. Situation hostile. Pendant tout le dîner, des mouvements extérieurs laissent présager une sortie difficile. C'est pourtant sans dégâts que nous reprenons la camionnette pour regagner notre hôtel. Je conseille à tous les gens du groupe d'éviter de sortir. Couvre-feu général. À un moment, nous allons acheter des cannettes avec Kool Shen et DJ 'S'. Nous tombons sur un de nos danseurs, Reak, tout seul dans la rue. Nous lui recommandons de ne pas traîner dans le quartier. Juste au moment où nous le quittons, coups de feu. Notre danseur s'est fait tiré dessus à la grenaille. Mais des histoires comme ça, il y en aurait beaucoup.

13

Ma mère

Depuis l'âge de cinq ans, je n'ai pas revu mon demi-frère David qui, je l'apprendrai plus tard, habite avec ma mère dans une cité voisine. Un beau jour, David ramène le premier maxi de NTM, « Le Monde de demain ». Il adore et le disque tourne sans relâche à la maison. Attentive, ma mère demande à voir ce drôle de nouveau disque. « NTM ? NTM ? » Intriguée, elle retourne le maxi, voit ma photo sur la pochette.

— C'est ton frère !

David est incrédule.

— Ça va pas ? C'est pas Joeystarr mon frère ! Au fait je voulais te dire, les NTM passent en concert à Saint-Denis, au Stade Auguste-Delaune, je voudrais bien y aller...

— Je viens avec toi !

— Mais, heu, maman...

Mon frère est effaré, lui se réjouissait déjà de cette sortie entre potes, mais ma mère n'est pas le genre de femme à qui on dit non.

Le 26 octobre 1990, ils se retrouvent tous deux dans le stade de Saint-Denis.

Cut sur nos loges où la pression monte à mesure que l'heure du concert approche.

Par une coïncidence bizarre, ce jour-là, juste avant le concert, mon pote H de La Courneuve que je n'ai pas vu depuis des mois déboule. Il me propose un rail de coke. Je refuse net. Je n'ai encore jamais fait ça avant un show.

— T'es sûr, tu ne veux rien ?

— Non, oh, bon, allez... oui !

Pour la seule fois de ma vie, je me sniffe un trait de coke juste avant de monter sur scène. Il faut savoir que, pour un chanteur, la cocaïne est une véritable saloperie. On perd énormément de timbre avec la coke. Polypes gelés, voix blanche. La coke avant de monter sur scène est le truc à ne pas faire.

Sur ces entrefaites, Lady V, notre danseuse, pousse la porte de la loge et me dit :

— Il y a une grande dame qui est là, dans les barrières, et qui pleure. Elle dit qu'elle veut te voir, elle dit qu'elle est ta mère.

— Ouais non, c'est bon, ça va, arrête !

— Attends... Elle est dans les barrières depuis tout à l'heure, elle parle de Didier Morville, va voir quand même...

La sécu est survoltée, le stade ressemble à une cocotte-minute prête à exploser. On cogne à la porte. Le promoteur hurle qu'il faut y aller MAINTENANT LES NTM.

Nous sortons des loges.

Nous nous dirigeons vers la scène.

La musique de « Carmina Burana » explose la sono.

La foule hurle d'approbation.

En passant près des barrières, je vois une femme immense, aux yeux rouges. Je la reconnais d'instinct. C'est ma mère, ma mère que je n'ai pas vue depuis l'âge de cinq ans !

Je garderai toujours cette image, moi sortant des loges et cette femme-là, sur le bord, toute droite, immense, les yeux pleins de larmes.

— Waow, ma mère !

Tous mes nerfs brillent à cause de la coke, mais je sais instantanément que c'est *ELLE*.

Je fais le show dans une ambiance super bizarre. Retrouvailles après, dans les loges. Je tombe des nues à mesure que, entre crises de rires et crises de larmes, j'apprends l'histoire de ma mère.

Ma mère n'avait absolument pas déménagé loin de nous comme mon père me le répétait. Elle n'était pas morte non plus comme parfois il l'affirmait. Ma mère a toujours vécu dans la même petite ville, voisine de Saint-Denis, faisant tout pour rester dans le périmètre où je me trouvais.

Au début, elle réussissait à avoir des nouvelles de moi par des connaissances à elle qui voyaient encore mon père. Puis plus rien. Depuis sa fameuse tentative de visite le jour de mes cinq ans, elle s'était tenue à l'écart. Elle se disait qu'elle me reverrait forcément un jour où l'autre.

Par la suite mon frère m'a tout raconté.

Ma mère pensait que si elle continuait à aller aussi souvent que possible à Saint-Denis, elle finirait bien par tomber sur moi, un jour ou l'autre. Plusieurs fois, elle avait cru me reconnaître.

Un soir même, persuadée de m'avoir aperçu, elle avait ouvert la portière, sautant en marche de la voiture de mon frère, risquant de se casser la figure.

Bien sûr, ce n'était pas moi.

À force, mon frère se posait presque des questions sur sa santé mentale.

Antillaise, habituée à vivre entourée de quarante photos minimum de ses fils, ma mère pense à nous à chaque instant. On avait enlevé son fils à cette femme, elle n'avait jamais cessé de penser à lui.

Aujourd'hui, en vertu du proverbe antillais « chyen ka pa fé chat' », ma mère et moi avons une relation fantastique, mais souvent conflictuelle.

Ma mère est une femme entière. Si la discussion prend un tour qui ne lui convient pas, elle ramasse ses affaires et rentre chez elle.

Mes frères, moi, nous sommes toujours ses petits garçons.

Deux ans après le stade de Saint-Denis, la tournée Authentik s'achève quand on nous propose le Zénith pour le 24 janvier 1992. Nous sommes fous d'un compréhensible bonheur. « Putain, on va faire le Zénith ! » Événement dans la vie d'un groupe. Sur ce coup, je ne suis même pas inquiet. Je sais que nous venons de triompher à Toulouse, Marseille, où nous avons joué dans des conditions incroyables sur lesquelles je reviendrais.

Le soir de notre premier Zénith, je cueille la salle bondée comme à coups de pied-de-biche.

Dans les loges, après le show, tous réunis, on sabre le champagne. On me verse une coupe pour fêter l'évènement... Instantanément, je sens un regard inquisiteur arrivant du côté de mon visage. Je tourne la tête. Ma mère :

— Pourquoi tu bois ?

— Ben on est contents, on fête...

— Tu peux fêter sans boire.

Fin de la communication.

Parfois, je me demande si ma mère a jamais bu un verre d'alcool de sa vie. En même temps elle est très fière de son fils Joeystarr et de mon nouveau combat pour Devoirs de Mémoires. Un beau jour de manifestation de commémoration de l'esclavage, elle nous a carrément surpris en débarquant sur l'esplanade du Trocadéro à l'improviste. Sans même savoir que je participais à ce mouvement, elle était venue. Nous avons défilé ensemble, cette manif fut un grand moment de bonheur.

J'ai retrouvé ma mère il y a dix ans, j'avais vingt-huit ans.

Nous ne rattraperons jamais le temps perdu.

À l'époque où je suis parti de chez mon père, j'étais presque soulagé de ne plus avoir de famille. Pas de comptes à rendre, à personne. Plus d'explications à donner. Débarrassé.

Retrouver ma mère a nécessité un temps d'adaptation. Il y a deux ans, on a célébré ensemble le mariage de Lady Laistee et de Seb mon manager. Ce jour-là, pour boire des coups, il m'a fallu déployer des ruses de Sioux, planquer des verres pleins sur toutes les tables, les descendre discrètement en allant chercher un Coca à ma mère, assise à une table. Dès que je suis arrivé au bar, j'ai senti son œil inquisiteur sur moi. Elle me surveillait.

J'avais trente-six ans tout de même !

Ma mère a une âme de chef.

J'ai également trois demi-frères.

L'un des trois est plus vieux que moi.

Karl est MC, il anime des soirées sous le nom de Lion Scott. Il a une certaine cote mais on a vachement de mal à se parler. Lui et moi avons eu une éducation qui ne nous facilite pas exactement les choses.

Mes deux demi-frères sont plus jeunes que moi, ce n'est pas pareil. J'ai beaucoup essayé de me retrouver en tête à tête avec eux.

Claude est monteur et réalisateur, il réussit bien, travaille sur des DVD, on réalise certains projets ensemble.

J'ai emmené David en vacances avec moi, nous nous sommes rapprochés, je lui ai expliqué des trucs. « Joeystarr est un camé », lui répétait-on quand il allait à l'école, et ça le rendait dingue. En même temps, le mec avait de l'admiration pour moi.

J'ai préféré lui parler moi-même pour qu'il ait une lecture de moi avant que les ragots et les articles des journaux puissent l'atteindre.

Je ne suis pas quelqu'un de raisonnable.

Forcément, je fais des choses dingues.

Avec mes frères, j'ai essayé de me définir au mieux. Pour qu'ils puissent passer outre les histoires. Je ne me livre pas facilement, encore moins avec les journalistes. Ça ouvre pas mal de portes à ceux qui veulent raconter n'importe quoi sur moi. La manière dont certains parlent de moi sans me connaître m'écœure.

N'ayant jamais côtoyé de stars, je n'avais aucune préparation, aucun entraînement pour ce métier.

Parfois j'arrive dans des endroits où circulent sur moi d'incroyables rumeurs.

— Ah, les gens disent ça ?

Je ne pensais pas susciter autant d'intérêt. Et puis si. Souvent, ça vient de gens qui ne connaissent rien à ma musique. Cette situation, et les sensations qu'elle procure, est bizarre. La seule chose qui me rassure dans tout ça, c'est qu'à l'heure où j'écris ces lignes, il semblerait statistiquement que dix personnes en France soient en train d'écouter ma musique. C'est bon à savoir.

Juillet 1991 : invité au New Music Seminar, NTM débarque dans un New York caniculaire qui connaît la pire vague de chaleur depuis dix ans. Dans cette fournaise, un contingent d'artistes français viennent présenter leur musique aux New-Yorkais. Il y a les Gipsy Kings, FFF, Cheb Khaled, les Garçons Bouchers... NTM passe au Palladium, sur la 14ᵉ Rue. N'étant jamais venu à New York, je devrais être fou de bonheur. Pourtant rien ne se passe normalement.

Dès l'aéroport, les douaniers nous posent les questions rituelles :

— Vous venez faire quoi, les gars ?

— Donner un concert de rap.

— *Ah yeah ?*

Le douanier convoque tous ses collègues de l'aéroport. Tout le monde rigole en chœur en nous regardant : « Ils sont français, ils font du rap. » Ça commence comme ça. Les conditions de passage au New Music Seminar ne sont pas meilleures et Pierre-Louis Berlatier, notre chef de produit chez Sony, n'y comprend rien. Dès notre arrivée à la salle l'après-midi, les videurs nous fouillent au corps et nous confisquent notre beu-her. On nous traite comme des merdes. Nous avons deux laissez-passer pour sept personnes. Bouclés cinq heures dans une loge, obligés de sortir à tour de rôle faute de passes, nous n'avons ni boisson ni nourriture. Chaque nouvelle revendication de Sony fait monter la tension. Journaliste à *Libération*, Yves Bigot assiste à tout cela. Le mec est là. Il voit les conditions effarantes de notre passage, l'ouverture des portes au public pendant le premier morceau, le set limité à une demi-heure. Prévoyant le coup, nous donnons le maximum sur nos deux derniers titres, plus rapides. Durant ces deux titres, les cinquante spectateurs réagissent enfin. Impossible d'assurer mieux : dès la fin du cinquième titre, des roadies montent sur scène et nous arrachent les micros des mains. Nous sommes consternés. DJ 'S' monte récupérer sa mixette sur scène. Un roadie la lui arrache des mains. Ne parlant pas un mot d'anglais, DJ 'S' met un coup de boule au roadie. On nous jette tous sur le trottoir.

De retour à Paris, Yves Bigot nous assassine dans un long papier. Ayant assisté à toute l'affaire, aux efforts qu'on a faits, il nous cartonne avec animosité, nous décrivant comme « le groupe de petits durs du rap “banlieue nord” qui est venu se planter en Amérique ».

On se retrouvera un jour...

À force, on nous invite jusque dans les grands festivals.

Nos premiers passages dans ces rassemblements de rockers ne se passent pas trop bien. Nous arrivons avec deux platines. Nous n'avons pas d'instruments. On nous regarde de haut, on nous dit en face : « Ah bon, vous n'êtes pas des musiciens. »

Ambiance.

D'instinct, je sors une phrase qui me fera beaucoup d'usage par la suite : « De toute façon, aujourd'hui le rock'n'roll c'est nous et on va vous le montrer tout à l'heure. »

Je ne mâche pas mes mots mais généralement, après notre prestation, les gens qui nous parlaient mal avant le concert viennent nous féliciter. Normal : sans instruments, nous faisons plus de boucan qu'eux. Notre réputation grandit. D'autant que, en position de challenge, nous avons l'impression d'être les gardiens du mouvement. Avec nos petits bras, nous défendons notre truc de banlieue face au château Rock.

Autre événement mémorable : l'arrivée du premier bus. Depuis des mois on faisait la route en camion loué chez Valem. Notre premier car-couchettes est un événement. Quand il arrive nous restons devant au moins dix minutes, bouche ouverte.

Et les cachets ? Parlons-en : dix ans durant, chaque NTM touche 700 francs par concert, c'était le salaire par tête.

Dès cette époque, nous sommes persuadés que ce que nous faisons est mortel, imparable. Je sens que notre truc n'est pas hors sujet du rock. Nous arrivons avec du lourd qui bastonne et dans mon esprit, on peut carrément concurrencer les guitares des pantalons moule-couilles.

Kool Shen fait beaucoup de foot, moi un peu de vélo. Sans plus, mais nous sommes dans une excellente condition physique et très vite, ce qui me plaît par-dessus tout, c'est de casser le spectacle pour faire un long speech aussi social qu'imprévu entre deux chansons.

Souvent, l'après-midi, Kool Shen me demande ce que nous allons dire ce soir entre tel et tel titre. Je n'ai jamais pu lui répondre. On dit que la routine tue, mais grâce à mes improvisations délirantes, je n'ai jamais eu l'impression de faire le même show tous les soirs. Car à chaque concert, je ne sais pas ce qui me prend, j'ai un truc à dire. Ça dure parfois dix minutes. Ça a rapport avec le social, toujours. Parfois, après le concert, on se dit : « C'était bien, faudrait le refaire. » Le lendemain, bien sûr, je passe à autre chose.

En studio, je m'emmerdais. S'il n'y avait pas eu le live, je ne serais jamais allé aussi loin.

14

Voyage au Japon

Je suis allé au Japon deux fois. La première est la plus drôle, c'était il y a plus de quinze ans, à l'époque de la sortie du « Monde de demain », en 1991. Mon pote Didier Rubini avait parlé de moi à une attachée de presse chez Yohji Yamamoto France. Les gens de cette maison de couture étaient dans le trip suivant : pour un défilé de mode à Tokyo, il avait été décidé de n'inviter en guise de mannequins que des acteurs ou des chanteurs.

Voilà comment je me retrouve au pays du Soleil-Levant avec Papa Lu, le producteur hip-hop. Je suis super content d'aller au Japon. Ce départ de France à l'aventure me plaît énormément. Depuis l'Italie, je n'avais jamais quitté mon pays sans un membre de ma famille avec moi. Je me retrouve donc là-bas avec un incroyable assemblage de membres de la jet-set internationale : Eagle Eye Cherry, Dennis Hopper, John Lurie, Johnny Winter...

À se demander ce que je fous au milieu de ces gens.

Ok, j'étais connu en France, j'avais fait un ou deux défilés pour des créateurs français, mais c'était du rapide.

Là, on nous emmène en avion, première classe. Des gens arrivent d'un peu partout, de Londres notamment, de

Hollande aussi. Heureusement, je ne suis pas le seul Français, je voyage avec Papa Lu et Tom Novembre avec qui nous faisons connaissance.

Dès l'avion, des gens de notre groupe se font remarquer. Deux musiciens anglais passent le voyage à se galocher. L'un des deux s'assied sur l'autre et embrasse son copain en nous regardant.

Nous ne bougeons pas.

La réception est exceptionnelle. Nous sommes logés au Aokura Hôtel, le plus grand hôtel de Tokyo avec un hall d'entrée grand comme la gare Saint-Lazare.

Les Japonais peuvent le faire.

Partir en voyage à l'étranger reste un de mes plus grands bonheurs. Pour découvrir le Japon, j'étais quasiment venu à poil, sans une thune, et voilà qu'on nous octroie un défraiement de 150 dollars par jour.

Bien sûr, je ne connais rien au Japon, mais tout me plaît. Tokyo est une ville fabuleuse. J'adore les rétroviseurs des bus remplacés par des caméras vidéo. J'adore les gens qui dorment empilés les uns sur les autres dans le métro. Dans la rue, aux heures de pointe, je m'éclate à regarder les Japonais marcher au pas de course vers leur job ou se faire des salutations super compliquées en fonction de leur rang social.

Parfois, une affichette collée au mur avec, m'explique-t-on, la tête d'un quidam qui a volé une bricole dans un magasin. Voilà des choses qu'on ne connaît pas chez nous ! Question dépaysement, je suis servi.

Nous sommes censés défiler devant huit mille personnes dans une piscine olympique vidée dans laquelle ont été installés des podiums. Première journée : les répétitions.

Dans le groupe people, l'ambiance est un peu tendue. Chaque fois que tout le monde se retrouve pour prendre un bus, aller à une répète, etc., les mêmes fameux Anglais de l'avion monopolisent la musique. À cause d'eux, on se tape du rock tout le temps.

Une fois dans les loges, plus le droit de sortir. Comme nous faisons deux défilés par jour, les organisateurs ne veulent pas courir le risque que quelqu'un manque à l'appel. Heureusement, la loge VIP est immense, totalement classe. Nous avons même notre traiteur chargé de nous cuisiner tout ce qui pourrait nous faire envie !

Le jour du second défilé, je sympathise avec Tom Novembre. On parle musique. Tom Novembre m'avoue n'avoir jamais entendu mon disque qui vient de paraître. Par un hasard extraordinaire, je suis parti de France avec une cassette de notre premier album en poche. Je sors la bande : « Je vais te faire écouter. » Un gros poste de radio posé par terre diffuse du rock.

Personne autour ?

Non, tout le monde vit sa vie... Arrêtant la musique, je glisse ma cassette dans le lecteur. Dans la seconde, notre ami de l'avion se précipite vers moi en vociférant des trucs en british.

Mon anglais en bois ne m'étant pas d'un grand secours, j'exprime néanmoins cette opinion : « *Since three days we listen to your fucking rock'n'roll, that's my turn !* » (Trois jours de rock, ça va, à mon tour de passer un truc).

Plus petit que moi, le type me met un grand coup de poitrine. Je lui retourne une baffe monumentale. Le mec recule et s'apprête à charger quand Papa Lu surgit comme l'éclair à ma gauche et lui colle une patate mémorable. Boum ! le mec part dans les tables. Je suis en train de retenir Papa Lu qui veut remettre ça quand on me tape sur l'épaule. Je me retourne... pour me trouver nez à nez avec Dennis Hopper. Qui me fait en anglais un petit speech comme quoi on pourrait « essayer de se tenir, montrer un peu de classe ». Et quoi encore ? Je demande à Papa Lu, qui parle mieux anglais que moi, d'expliquer à Dennis

Hopper que c'est l'autre qui était venu chercher la baston. L'acteur nous regarde de haut.

Je suis surpris.

Ayant vu et apprécié *Easy Rider* et *Blue Velvet* j'avais de lui l'image un peu lambda d'un vrai rebelle.

L'Anglais est resté allongé par terre.

Tom Novembre, qui était avec nous, n'a rien vu venir. La rapidité de l'action le laisse surpris. Maintenant, plein de gens déboulent de partout. Tout le monde veut savoir ce qui s'est passé...

Au final, on me demande d'accuser Papa Lu, je n'en ferais évidemment rien.

15

Nos amis de Marseille

Très vite, une rivalité va intéresser les médias, celle qui nous oppose à IAM.

Je découvre la première cassette de IAM, *Concept*, à Nice. Nous sommes en 1989. Je ramène la cassette, fais plein de copies pour des potes, je trouve ça terrible. Après la sortie de la compilation *Rapattitude*, je fais écouter cette cassette à plein de gens, notamment Laurence Touitou de Delabel-Virgin, diverses personnes de chez Sony. J'avais même pratiquement trouvé une maison de disques aux IAM. Un beau matin, Akhenaton m'appelle au téléphone et me dit : « On nous a parlé de toi... À ce qu'il paraît, tu es un escroc... »

En fait, pas dur à deviner, j'avais dû être pourri par Benny, le producteur de l'historique compile *Rapattitude*. NTM était la grosse révélation de la compile et, bien sûr, on a participé gratuitement à des shows pour promouvoir le disque. Très vite, Benny s'est mal conduit. Il nous promettait des places gratuites pour nos copains, mais ne les donnait pas. Il nous parlait mal au téléphone, voire refusait carrément de nous prendre en ligne. Un jour, de rage, j'ai pris un tabouret et je lui ai cassé sur la tête. Un mec de 120 kilos ! Suite à ces embrouilles, la réaction d'Akhenaton ne m'étonne absolument pas.

Je coupe net : « Écoute, je ne te connais pas. Je n'ai pas l'habitude de me mélanger. Je kiffe le hip-hop. Cette démarche que j'ai faite pour vous, je ne la fais jamais, pour personne. Je te dis juste il y a des plans pour vous. Je les ai trouvés sans me faire passer pour votre manager ni espérer une quelconque récompense. C'était juste que je trouvais votre truc terrible et je voulais te dire que ça intéresse des gens. »

Lorsque nous entrons en studio pour enregistrer notre deuxième album, IAM a déjà vendu 500 000 exemplaires de *Je danse le Mia*.

Artistiquement, on a toujours respecté IAM. Le problème c'est leur attitude, super démagogique, qui nous dérange.

Notre première rencontre physique avec IAM date de bien avant ce tube, ça remonte à la période suivant la sortie de notre premier album. En 1990, dans le cadre du festival Banlieues Bleues, NTM est invité sous un grand chapiteau itinérant de 4 000 places qui se pose en plein centre de Saint-Denis, au pied des cités. L'affiche est prometteuse : KRS One, Shinehead, NTM, IAM. Nous passons juste avant IAM. Dès la fin de notre set, la foule part en vrille. La sécurité du Zénith, venue pour l'occasion, est débordée. Ces gars ne sont pourtant pas des tendres mais là, ils ont affaire à une situation d'émeute. Dehors des voitures brûlent, dedans les lascars arrosent les gars de la sécurité d'essence puis les coursent en leur jetant des allumettes enflammées. État de siège. Évidemment un petit jeune d'une cité se ramasse une grosse gifle. Tous les grands frères débarquent.

KRS One annule, il ne quittera jamais sa chambre d'hôtel où il attend le retour au calme.

Shinehead par contre donne son concert. Sautant dans le public, il se fait porter par la foule, hissé à bout de bras alors qu'autour de lui tout le monde se castagne et s'envoie des jets de lacrymogènes. Pendant le set de NTM tout se passe bien. À notre sortie de scène, l'émeute repart de plus belle.

Redescendant vers la scène, je repère toute une mafia de Saint-Denis. Les gars sont remontés contre IAM, il est question de la rivalité Marseille/Paris, etc. Les gars de Saint-Denis s'apprêtent à monter sur scène pour rentrer dans les IAM dont le matériel, batterie, platine, etc., attend le show. Mais les Marseillais ont prévu le coup. Du coin de l'œil, je vois Shuriken de IAM qui sort un pistolet à grenailles de sous son sweatshirt. Je m'interpose : « Tu vas en toucher un, deux, mais à mon avis les autres ne vont pas être tendres avec toi. Range ce truc ! »

Ensuite, je vais parler aux gars de Saint-Denis. Attention, je ne suis pas leur chef ni rien, mais les connaissant, je tente de calmer l'affaire. Je sors mes arguments, « vous allez faire quoi ? c'est des mecs comme nous, des musiciens, arrêtez... »

Et ça se tasse.

IAM monte sur scène. Le concert se déroule bien et la baston recommencera après. Ce qui ne nous regarde plus.

Quelle ne fut pas ma surprise de découvrir le lendemain une longue interview des IAM dans le journal *Le Parisien*... Les propos des Marseillais étaient sans ambiguïté : « C'est suite à NTM et à cause de NTM, déclare Akhenaton, qu'on a eu tous ces problèmes pour jouer... Tout s'est très mal passé... On leur déclare la guerre sainte du rap. »

Na na na.

Pour nous c'est du flan. Viens nous voir si tu n'es pas content. Si on ne trouve pas d'accord, on s'expliquera, mais qu'est-ce que tu vas baver au *Parisien*, le Marseillais ?

Trois mois plus tard je croise Akhenaton sur un plateau télé. Je le coince avec délectation : « Dis-moi, c'est quoi ces embrouilles dans *Le Parisien* ? En plus, sur ce coup, on vous avait sauvé la mise ! »

Akhenaton le prend de haut : « Té, chez nous, ça arriverait pas. Nous à Marseille, on contrôle... »

Quand tu as Akhenaton en face de toi qui te dit ça, tu peux pas le croire tellement il a l'air d'une crevette. De fait je lui rigole au nez.

Huit mois plus tard, le chapiteau Banlieues Bleues est posé à Vitrolles. À Saint-Denis c'était plein, à Marseille il y a tout juste cinq cents personnes. Ça fait vide. Une fois de plus on joue avant IAM.

Très vite dans les loges, ça vire à la chambrette. Les IAM ne comprennent pas : on se moque d'eux, face à eux. Carrément. Ils ont la rage. Nos danseurs, les Psykopats, les cherchent. Cette ambiance de folie nous surexcite. Comme des tarés, on fout le bordel. On se met en condition. Ça va se régler là-haut, sur scène. Ils vont voir...

Le spectacle de IAM est statique, celui de NTM dynamique. Ok, IAM joue à domicile, mais ce genre de challenge a toujours été le fort de NTM. C'est notre moteur. On joue et on casse la baraque, sans aucun problème. Les IAM jouent. Et pendant le concert d'IAM, comme par hasard, ça dégénère. Le clan NTM est posé au loin, sur les gradins. C'est de cette position privilégiée que nous assisterons avec délectation à la déconfiture totale de IAM sur son terrain. Il faut imaginer des petits Renois poids mouche qui attaquent, mettent des baffes aux armoires, se font courser à travers le chapiteau... La scène est dantesque. Dans la folie générale, les mecs renversent un échafaudage sur lequel un éclairagiste tentait de faire son boulot avec une poursuite. Le gars et le projecteur tombent de dix mètres de haut. Sur scène aussi, c'est le grand bordel. IAM arrête la musique, de toute façon le public ne s'intéresse qu'à la bagarre, ça s'empoigne de partout.

Les IAM tentent de reprendre la main. La foule les insulte copieusement, « ta gueule, non, toi ta gueule ». Enragé, Malek Sultan (danseur d'IAM) arrache le micro d'un des deux chanteurs. Il s'adresse à un type qu'il a reconnu dans la foule : « Calme-toi, machin »...

C'est avec un fort accent de grillon que vient cette inoubliable réponse : « Oh, toi la danseuse, tu restes sur scène et tu fermes ta gueule. »

Je suis allé saluer Akhenaton bien bas après le concert. Chapeau, le contrôle, un partout.

De ce jour, toutes nos rencontres avec IAM ont été empreintes d'animosité. Du côté de NTM les vannes fusaient, les IAM se renfermant dans un silence orgueilleux.

Quand ils ont sorti *Ombre est lumière* en 1993, les IAM ont été invités à jouer en live à Canal Plus. Tout Paris était invité, sauf nous. Ayant mes entrées à Canal, je me pointe quai André-Citroën. On me repousse. Je m'en étonne. Des copains de la sécu me font passer par-derrière, par la rue de Saucy. Sur le plateau, pendant qu'IAM joue, je discute tranquillement avec une de mes ex, Emma. Un type de Marseille habillé en minet avec une chemise à carreaux se pointe. Avec un fort accent phocéen, il m'explique que je n'ai rien à faire là, que d'ailleurs le groupe IAM ne serait pas content de ma présence. C'est leur manager.

— Dégage connard !

Je continue à discuter jusqu'à ce qu'un énorme balaise de la sécu vienne me demander de sortir, Laurence Touitou, présidente du label d'IAM, lui ayant pris la tête. Je dois quitter le plateau. Au moment où je sors, le minet à carreaux se glisse vers moi, me met une claque et se sauve en courant. Empoignade. Mes potes sont fous de rage. Nous acceptons de sortir. Naturellement, mes potes et moi attendons les IAM devant Canal pour une petite explication. Ils nous font des gestes moqueurs derrière les vitres. Mais ils sont finalement obligés de quitter le siège de la chaîne en cachette... Les IAM tentent de regagner le Holiday Inn, place de la République. Empilés à huit dans deux coupés Mercedes, nous les poursuivons à cent à l'heure dans Paris. Les deux minibus de IAM se garent. Jaillissant hors des Mercedes, nous traçons vers eux. Le temps qu'on traverse la place, les IAM nous aperçoivent, s'affolent, remontent dans leurs minibus et repartent pleins gaz sur Magenta. On les suit. Grand tour dans Paris, retour à République. Les bus se garent. Les IAM descendent. On fonce vers eux. Surprise, des flics sortent de partout. Par un coup de chance, nous avions les mains vides. Les condés nous prennent la tête une demi-heure. Au final, une seule question : qui, sinon les soi-disant bad boys de Marseille avait envoyé les condés sur NTM ?

Nous n'avons jamais revu IAM. À chacun de nos passages à Marseille tout s'est toujours super bien passé, même quand je chantais devant 7 000 Marseillais « Paris c'est magique, Marseille en D2 ». Je kiffe Marseille et les Marseillais m'adorent.

« Y a vraiment que toi qui peux dire ça », m'ont-ils confié après.

Qu'on ne vienne pas me raconter que les gens de l'entourage ont attisé le truc.

Malheureuse affaire que cette rivalité bidon, parce que, artistiquement, ils ont quelque chose.

Sur leurs albums j'adore certains morceaux, j'en déteste la plupart. Tout n'est pas bon à prendre, mais quand c'est bon à prendre, pas de soucis, c'est super bon. Sinon bien sûr il y a leur trip pharaonique, source de bien des vannes esclavagistes. Leurs costumes de scène aussi nous ont donné l'occasion de maintes chambrettes, « il est beau ton boubou ! », ce genre.

Les IAM ont toujours été conceptuels alors que les NTM arrivaient habillés en profs d'éducation physique.

Les IAM n'ont jamais supporté notre regard.

Nos concerts chez eux se sont toujours bien passés, leurs concerts chez nous se sont mal passés. C'est difficile à gérer.

Et puis pourquoi ils se prennent la tête les Marseillais ? Ils ont tout : la montagne, la mer, la campagne, six mois de soleil dans l'année, pourquoi s'énerver sur Paris et son ciel tout gris ?

Ils n'ont jamais su sortir de ça. Et ils prennenı tout premier degré, se sentent obligés d'en faire des tonnes. Le problème des IAM, en gros, c'était celui d'une certaine province : ils s'imaginaient qu'on rigolait d'eux toute la journée. Alors que non. On se foutait d'eux quand on les voyait, le reste du temps, IAM, on s'en battait les couilles.

16

Une soirée de chiens

En 1992, j'ai mon premier appartement à la Bastille. J'en suis super fier, après des années d'errance, c'est mon premier loyer que je paye...

À l'époque, je vis avec une super belle plante, un mannequin qui a quitté son mec pour moi. Cette meuf était superbe, métisse, moitié tourangelle moitié américaine, fille d'un jazzman et d'une Française partie aux États-Unis et revenue début 80 à Tours, avec trois enfants.

Je rencontre la fille à un concert d'Assassin. Ayant bossé dès l'âge de quatorze ans pour l'agence de mannequins Élite, elle sait qu'elle est belle. Et moi, qui avais pourtant été amoureux avant, je vis avec elle un des plus beaux trucs de ma vie. Du jour au lendemain, on s'installe dans un appartement mortel, deux pièces, 75 mètres carrés en plein centre de Paris, quartier Bastille, rue de la Roquette.

Dès la visite de l'appartement, on sent qu'il est pour nous.

Il y a même un jacuzzi dans la salle de bain. C'est un petit jacuzzi deux places, mais pour moi, c'est un énorme symbole. En rentrant dans l'appartement avec la fille et le jacuzzi, j'ai le sentiment d'avoir touché le gros lot.

Le premier maxi s'étant vendu à 30 000 exemplaires en deux semaines, NTM commence à faire des télés...

Ma copine est folle de joie, ce qui me rend tout à fait heureux.

Nous allons vivre là trois bonnes années. Qui ne seront pas toujours très heureuses, elles.

Pourtant nous nous installons rapidement dans notre petite vie. Une fois ou deux, des disputes dégénèrent. Il m'arrivera de lever la main sur ma copine.

Il faut que je vous explique des choses sur moi : quand je suis bourré, je ferme ma gueule. Si je me mets la tête à l'envers, je ne rentre pas chez moi.

Mais pour des problèmes de ménage, d'intendance, diverses prises de tête finiront mal. En vrai, je crois que j'ai le chic pour rencontrer des meufs allumées, et un passé bizarre, celle-ci en a vraiment un. Sa première carrière de mannequin lui a permis de rencontrer des gens connus.

Notamment l'acteur Vincent Pérez, qui habite notre quartier. Ma copine le rencontre par hasard. Il l'invite aussitôt à dîner.

— Super, je vais venir avec mon keum !

— C'est qui ton mec ?

— Joeystarr, le chanteur de NTM.

— Oui, mais non, ne l'amène pas.

Très vite, j'ai donc pris la tête de cette fille superbe pour qu'elle arrête le mannequinat, selon moi système de prostitution agréé. Elle qui était végétarienne s'est mise à essayer de manger de la viande rouge, que j'adore. Puis ma copine, flûtiste, s'est mis en tête de chanter et je me suis dit que oui, bien sûr, évidemment, j'allais lui produire un disque.

Pour ça, on a galéré. Rencontré des musiciens. Pour elle, je deviens producteur/réalisateur. Avec mon pote Didier Rubini, on écume les conventions du disque pour dénicher des samples sur de vieux albums soul.

J'y crois grave, j'achète des platines.

L'amour c'est ça.

L'amour crétinise.

Seb mon manager me suit dans ma lubie. Il m'aide. Pour lui, tout ce que je fais est génial. Là-dessus, Seb est une seconde maman pour moi.

Le disque enregistré, je fonce chez Mondino qui a une boîte de production de clips. Je lui dis qu'il a une vraie chance, qu'il doit réaliser pour rien le clip de ma copine.

En vrai, c'est moi et NTM qui intéressons Mondino. Mais Mondino avait toujours été cool avec moi.

À ma demande, il a fait la première photo du premier NTM.

Cette fois encore, pour ma copine, Mondino accepte de produire un clip à ses frais. Seb Janiak réalise. Laurence Touitou de Delabel est intéressée. À force de prendre la tête aux gens, tout se met en place, le cheminement est bon...

Et puis ça tourne mal.

Je suis trop souvent dehors pour mes business, ma copine qui est fashion à mort ne peut plus trop recevoir ses amis parce qu'on partage l'appartement avec des pitbulls... Préparez-vous à de l'action.

En fait, toute l'affaire des pitbulls démarre parce que mon pote d'enfance d'Aubervilliers, Chino, a soudain gravement besoin d'un endroit dans Paris. Justement, sur le palier en face de chez nous, un appartement se libère. J'en parle à Chino qui se débrouille et réussit à louer. Le truc de Chino, c'est la vente de shit.

Il en vend à des gens connus qui pensent s'encanailler en venant traîner au Diable des Lombards, le restau branché de l'époque.

Un jour, quelqu'un balance Chino.

Je suis chez moi, en train de dormir avec ma meuf, quand sonne le téléphone. Chino à l'appareil : « Didier ? Va voir ce qui se passe, y a des mecs qui tapent à ma porte. »

Silencieusement, je vais jeter un œil à travers l'œilleton... Et je découvre une bande de condés furieux. Certains en planque, d'autres en train d'attaquer à la masse la porte blindée de Chino.

— C'est bien les keufs, je dis dans le téléphone de retour dans ma chambre.

Les flics savent qu'il faut aller voir en face. Après avoir arrêté Chino, c'est donc à notre porte qu'ils s'attaquent. J'ouvre, perquise, ils m'embarquent.

Premier truc : ma meuf n'est pas du tout adepte de ce genre de situation.

Ce que je ne sais pas et que les condés se feront une joie de m'apprendre au commissariat, c'est que ma meuf a une aventure avec mon pote d'enfance. Comme on est tous sur écoute, je l'entends.

Je refuse d'y croire, mais c'est vrai.

Les écoutes sont là, on me fait lire les textes : « J'ai envie de te voir, non il est là, descends, on le fera dans l'escalier. »

En fait, les flics espèrent que je vais m'énerver et balancer mon pote. Je ne dis rien. Chino est mon pote, j'irai même le visiter en prison afin qu'on puisse s'expliquer sur ce sujet.

Chino bouclé en préventive, je lui garde son pitbull, Mighty, un Bullison.

Ça tombe mal, j'en ai déjà deux à moi dans l'appartement, Storm (un Starbase) et Boogie (un Saurel). Bien entendu, les trois chiens ne s'aiment pas, mais quand je sors, j'enferme les deux miens dans le salon et je laisse celui de Chino dans l'entrée.

Ce soir-là, on dîne chez un voisin.

Une soirée de chiens

Super soirée, bon dîner, tout est cool, juste deux couples tranquilles. Fatiguée, ma copine décide de rentrer avant moi. Pas de problème, on habite la même rue, à cinq numéros de là ! Elle part. Dix minutes plus tard, coup de téléphone. Mon copain blêmit, me tend le combiné. C'est ma meuf, en crise d'hystérie totale, elle pleure, crie, hurle... « Viens, Didier, viens... ah salaud, ah non, enculé... » Un délire incohérent d'où ressort une seule chose : embrouille grave.

Me faisant un film dans ma tête, je pars en courant, ne sachant absolument pas à quoi m'attendre.

Sur le chemin, je ramasse des trucs bien lourds, que je fourre dans mes poches. En cas de pugilat, sait-on jamais, il est toujours utile de balancer une ou deux caillasses avant de passer à l'attaque frontale. Mon état s'aggrave à chaque mètre, j'imagine des trucs terribles, tout !

Arrivé à notre immeuble, je grimpe les six étages comme l'éclair. Sur notre palier, la porte est grande ouverte. Je vois du sang partout, sur les murs, jusqu'à un mètre cinquante du sol ! Ventre à terre, je traverse l'appartement pour découvrir ma gonzesse en larmes sur notre lit.

— Qu'est-ce qu'il y a ?

Elle se lève et me colle une patate terrible à travers la gueule. Je la tiens, tente de la ramener, elle gigote, tombe sur le banc de musculation, se fêle le nez... La voilà qui pisse le sang ! Je fonce à travers l'appartement. Où sont les chiens ? OÙ SONT LES PUTAINS DE CHIENS ? Raisonnant ma copine, je lui passe de l'eau froide sur la figure, mais sur la tête de ma mère, où sont les chiens ? Que sont-ils devenus ? Dans la cuisine, je trouve un bout de muscle animal, un bout de viande par terre et toujours pas le moindre clébard ! Au bout de trois quarts d'heure, je retrouve les chiens.

Ils sont empilés dans un mini-dressing, un petit placard caché derrière la porte d'entrée.

Je ne saurai jamais comment ils ont fait, mais ils se sont débrouillés pour ouvrir la porte du salon. Et se la donner sauvagement. L'un des miens avait la moitié de la gueule arrachée, on aurait dit du steak haché. L'autre avait la patte sectionnée en deux parties. Le troisième, le Saurel, avait perdu une oreille, il avait la truffe à moitié découpée. Les chiens s'étaient sauvagement battus et entre-tués pendant des heures.

L'un des miens avait vite abandonné, mais le plus petit, crème de caillera, n'avait pas lâché l'affaire. Les pitbulls sont dans un état lamentable. Ils pissent le sang. Les muscles de la patte droite de Boogie sont arrachés en lanière, on dirait qu'il a une veste à franges.

Après leur bagarre, les trois pitbulls s'étaient empilés les uns sur les autres, tremblants, désespérés. J'ai appelé un vétérinaire qui n'a pu que constater les dégâts et on a dû abattre un des deux miens. En sortant de prison, Chino m'a offert un bébé pitbull. Un Starbase du Texas, tout blanc, avec une truffe toute noire. Un bébé qui tenait dans ma main. Me croyant vacciné à vie, je ne voulais plus entendre parler de pitbulls, jamais. Je ne voulais plus aller me balader au bois de Vincennes le matin et revenir en tromé avec un chien au poil rouge de sang. Mais quand Chino m'a tendu le chiot, tout blanc avec ses grands yeux noirs, j'ai craqué.

Il était d'une beauté totale. Lui aussi je l'ai appelé Storm.

17

Fric-Frac

Quand nous commençons à travailler sur le deuxième album en avril 1992, nous sommes dans une dynamique nouvelle, une dynamique live. Nous avons notamment réussi la première tournée des banlieues.

Pour ce disque, Kool Shen et moi écrivons en même temps, mais pas ensemble.

Dans le cadre de la « préparation », on monte à New York pour chercher des instrumentaux. On va chez LG Experience. Petit frère de Easy Mo Bee, producteur très en vogue à ce moment-là, LG nous cherche des rythmiques.

Être un chanteur connu en France ne prédispose pas à jouer les King Kong dans Manhattan.

Heureusement, Kirk Yano, rocker japonais dégénéré et mixer de Public Enemy nous chaperonne. La visite des studios new-yorkais lui est prétexte à toutes sortes d'anecdotes. On se croirait au Hip Hop Hall Of Fame en permanence : « C'est là, nous dit-il, c'est dans cette cabine même que Chuck D. de Public Enemy a enregistré *Fight The Power*. »

Assez peu impressionné, je fume une cigarette piégée dans la cabine historique. Notre visite est assez ambiguë. Bruno et moi sommes un peu livrés à nous-mêmes dans New York. On voit bien que notre producteur travaille sur d'autres projets en même temps que le nôtre, et puis on est en territoire inconnu. On est là, chez Soundtrack, dans des studios dont on a lu le nom au dos de toutes les pochettes de disques qui nous ont marqués mais, curieusement, ça ne nous impressionne pas du tout.

Heureusement on apprécie LG, un type trop bien, trop marrant. LG ne dit pas un mot de la journée, il passe son temps à rouler des blunts. Si on lui pose une question, il répond d'une voix traînante. LG est un gars de Brooklyn. Un jour dans Manhattan, il a refusé de sortir de sa voiture pour une raison toute simple : c'était pas son quartier.

En studio, on bricole avec lui.

Kirk Yano aussi travaille sur le projet. Kirk a une dégaine pas possible. Kirk ressemble à Peggy La Cochonne, version mâle et japonaise. Kirk est un mec speed toujours en plein trip, et qui ne parle pas un mot de français. Nous ne parlons pas très bien anglais mais quoi qu'il dise, on lui répond « ouais, ouais ».

Bonne humeur générale.

Chaque soir, je quitte l'hôtel Méridien sur la 45e Rue et remonte faire mes conneries à Harlem. Je vais chercher du crack. Les gens ne me connaissent pas. Mon accent bizarre ne colle pas avec ma tête de mec du ghetto. J'ai plein de fric dans mes poches. Qui suis-je ? Mes interlocuteurs sont suspicieux. Se demandent si je suis pas un flic déguisé, un Serpico. De retour à l'hôtel, je fume mon truc, tranquille.

L'attitude des Américains est super ambiguë.

Pour LG, la France est un concept lointain, les Français une peuplade éloignée. Le seul truc qu'il comprenne c'est qu'on est chez Sony, donc on a de la thune, ce qui intéresse tout le monde. Mais les Américains ne nous refilent pas forcément de la première qualité.

Heureusement, à New York, il se passe toujours quelque chose. Kool Shen traîne avec son pote, moi je me balade avec Kirk, je vais fumer chez des gens super bizarres.

La routine tue, mais pas sur cette semaine-là.

Déjà il faut rentrer à Paris, nous allons commencer l'enregistrement aux studios EMI.

Taxi pour l'aéroport.

Au début des années 90, les Américains commencent leur grande phase de restriction, interdiction de fumer dans les lieux publics, etc. On monte dans l'avion. Énervé, Kool Shen ressort comme un diable pour aller fumer une dernière clope sur la passerelle. Bien sûr, il s'accroche avec des gens, remonte en grommelant dans l'avion. Dans les cinq minutes, la police débarque et commence à nous prendre la tête. Ouvrant ma gueule, je me fais jeter de l'avion avec Kool Shen. Notre chaperon de chez Sony Music est terrorisé. Le propre gars de notre maison de disques refuse d'intervenir, de descendre avec nous.

Paumés dans l'aéroport avec cinquante dollars en poche, on retourne au Méridien et il faudra attendre que Sony nous rapatrie sur une autre compagnie, American Airlines ne souhaitant plus jamais entendre parler de nous.

Pour ce deuxième disque, des gens qui bossent avec nous (Yazid, ALX de Psykopats) se prennent également au jeu de la réalisation. Impossible d'être protagoniste et spectateur. De fait nous n'avons plus aucun recul. Nous enregistrons des choses que nous sommes incapables de juger nous-mêmes. Donc nous n'allons jamais en studio seuls. Là encore, nous amenons sans arrêt des potes qui nous donnent leur avis.

Pour ce disque, nous ramenons même de New York quelques instrumentaux qui ne fonctionnent pas en studio et que nous serons donc obligés de refaire à Paris. Notre DJ a déjà préparé certains morceaux, et puis surtout nous

nous sentons bien à Paris. Nous ne nous prenons pas la tête. Tout le travail en studio repose alors sur Kool Shen. Lui s'occupe du travail de cohérence des morceaux, de la couleur des instrumentaux. Il crise, s'énerve, se couche tous les jours à six heures du matin...

Tout repose sur lui.

Je pose ma voix et repars pour des rencarts idiots.

Nous ne sommes pas à l'aise en studio. C'est d'ailleurs le seul moment où j'ai le trac en musique, au moment de poser mes voix.

Un jour de 1998, nous jouons aux 10e Eurockéennes de Belfort sur la grande scène, juste avant Iggy Pop, en pleine après-midi. Juste avant de monter sur scène, je m'étonne du calme de la foule : « Ils font pas beaucoup de bruit pour dix mille personnes... »

On m'apprend qu'ils sont en fait 35 000...

Ni chaud ni froid, je m'en fous, je suis venu jouer.

Monter sur scène devant une foule de n'importe quelle taille ne me pose aucun problème, par contre mon appréhension du studio est terrible.

Or en studio, nous faisons des choses de plus en plus mathématiques. Nous passons parfois des journées à bosser sur un couplet.

Parfois, c'est l'éclair de génie, le coup au feeling qui passe bien. Mais en règle générale, le travail de studio est fastidieux. Heureusement, Kool Shen est très inquisiteur, il travaille au millimètre. Lui cherche la bonne intonation, la bonne interprétation, la symbiose entre le flow et la musique. Problème, nous ne connaissons pas la musique, ni le solfège. Comblant nos carences au petit bonheur, nous tentons d'expliquer nos idées à des techniciens. Le premier disque avait été sauvé par notre dynamique. Pour le deuxième, nous commençons tout juste à comprendre ce qu'est le flow.

Apprenant à mettre l'intention, je ne me contente plus de hurler dans le micro. Si nous ne contrôlons pas encore complètement le véhicule, nous comprenons d'instinct qu'il nous manque des choses.

En plus j'arrive avec des rimes pas carrées, pas terminées. D'instinct, Kool Shen sent ce qui manque. C'est un perfectionniste et sans lui, il n'y aurait pas eu NTM. Ou alors ça aurait été bancal, bâclé. Pour ma part, j'arrive à tricher, j'ai le truc d'instinct, parfois je me contente de parler et ça marche. Alors Kool Shen sourit. « Tu as de la chance, tu ne l'as pas fait exprès mais ça marche », a-t-il l'air de penser.

Tout de suite il devient évident pour moi que Kool Shen et moi sommes tous deux en première ligne. Il n'y a pas un leader.

Si nous sommes carrés, tout va et tant pis si un danseur rate un pas... Je suis un débrouillard. J'arrive en retard de deux heures, mais s'il manque quelque chose, t'inquiète, j'improvise. Longtemps j'ai gardé cet esprit MJC : rien n'est carré, mais si on est tous ensemble, ça le fait.

Et puis ça détend l'atmosphère.

Kool Shen se retrouve dans le rôle du bon élève.

Il a tous ses carnets avec lui, il a ses textes bien finis, terminés, prêts à être enregistrés. Pas moi. Sans aucune notion des échéances et du coût des studios, je navigue à vue. Nous commençons à travailler sur notre deuxième disque en avril 1992, nous terminerons en février 1993. Un enregistrement trop long, un budget explosé.

Normal, Bruno est humain après tout.

Certains jours, on fume quatre joints et on raconte des conneries toute la journée. Le soir venu, on se sépare en hurlant de rire.

— On a bien bossé aujourd'hui !

— Casse-toi !

C'était pas que militaire tout le temps.

Si Kool Shen ne vient pas, je ne fais rien. Ou plutôt si, je joue l'Antillais de service.

— Qu'est-ce que tu as fait aujourd'hui ?

— Ben rien, je t'ai attendu...

En fin de semaine, Kool Shen me fait un état des lieux. Me signale qu'il a fini et terminé toutes ses parties alors qu'il manque quatre couplets de mon côté. Au lieu de m'y mettre dare dare, je me trouve une occupation aussi immédiate que super importante.

Jusqu'au moment de remonter sur scène, je suis un peu le boulet de Kool Shen. Il faut dire qu'écrire est un calvaire pour moi. Je suis toujours en train de régler plein d'histoires diverses. La vie de Kool Shen c'est autre chose. Sa vie c'est le rap, fumer des oinj' et jouer au foot.

Ma vie est différente.

J'ai à l'époque tout un panel d'activités illégales, j'essaye de faire des pépètes, je vais me rouler à droite à gauche, éventuellement je passe au studio. Je passe mes journées à faire la fête, murges et foncedé.

Un beau matin, je suis réveillé par une odeur abominable. Ouvrant un œil, je réalise que je suis en train de dormir la gueule par terre sur... un quai de métro.

La journée vient de démarrer, les gens se hâtent et foncent vers leur boulot. Moi j'ai cette traînée noire sur la gueule, j'ai dormi par terre et je me demande une seule chose : « Putain, qu'est-ce qu'on a fait hier ? »

À l'époque, j'ai des copains fric-frac qui sortent de prison pour des trucs mineurs. Ils ont tiré trois, quatre mois. Ils sortent, je les connais, on fête ça, on se prend des vraies murges. Souvent, ces mecs se réveillent le lendemain au dépôt, incapables de se souvenir de ce qu'ils ont fait pendant la nuit. Ils ont tellement fêté leur sortie qu'ils repartent direct en prison après deux jours de liberté.

J'arrive... 1990.

Document © Sony Music

« Bad et bondissant », première photo de presse de NTM.

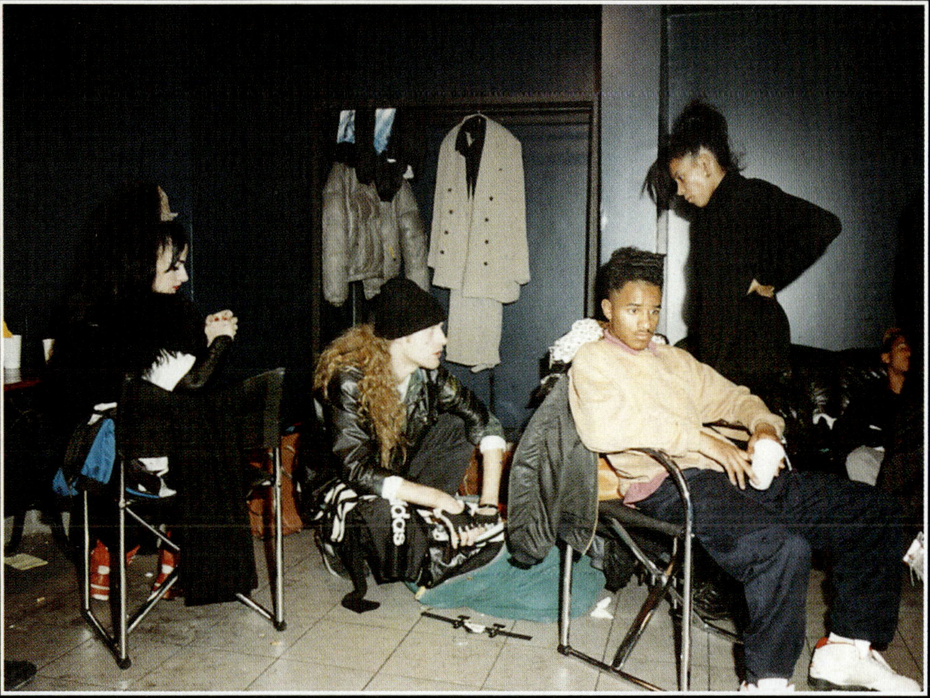

Les loges de l'Élysée Montmartre avec Nina Hagen
et Frank Chevallier, le premier manager.

Photo du verso de la pochette du « Monde de demain ».

Photo de presse, époque *Paris sous les bombes*.
Joey, Kool Shen, et au second plan les Psykopats, Animalex et Reak.

© Gaëlle Ghesquière

NTM au Parc des Princes, 15 juin 1997.

© Jonathan Mannion

© Richard Aujar

Avec Béatrice Dalle.

© Nathadread

Sound System au Tryptique avec BOSS, 18 janvier 2005.

Jeudi jour de sodomie, SkyBossFM en bas des blocs.

Pour ma part, suivant ce qu'on fait le soir, je vois des gens différents. Ça dépend. Ça dépend si on fume, si on prend des acides, si on picole. Les gens ne font pas les mêmes trucs. Moi, je ne me fixe pas. À part ça, je fais tout. Commençant à picoler à midi, je n'ai plus de libido. À l'époque, je ne vis que pour faire des conneries. Dès qu'un type explique qu'il est passé là-bas, il a vu ça, hop, plus besoin de parler. Il y a marqué : « Ouais, venez, on y va », sur nos yeux à tous. Des fois, on se prend des coups. On va traîner dans une cité de banlieue, partis à six, on revient à deux. Baston, embrouille. Impossible de dire où sont les autres. Trois jours après, t'apprends qu'il y en a un à Fleury, deux à l'hôpital. Souvent, c'est pour me reposer que je vais au studio. Je peux comprendre que Kool Shen, qui est dans la réalité du disque, ne me suive pas.

Et puis à cette époque, tous les vendredis, je suis au tribunal. Le tribunal est une humiliation en soi. Dès que tu arrives, faut tout enlever, bagues, chaîne, casquette. Et tout ça pour se prendre d'immenses leçons de morale du juge. L'avocat n'avait qu'un seul conseil à me donner : « Évite de parler. » Je venais donc au tribunal chaque vendredi pour me faire humilier. J'étais là pour des bagarres.

La bagarre ça me connaît. Aujourd'hui, j'ai appris à tempérer. Mais à l'époque, je pars très vite.

Déjà, je vis dans une sorte de super paranoïa. Je pense que si quelqu'un me parle mal, c'est qu'il se croit supérieur. Plein de choses remontent d'un seul coup. À partir de là, ça devient explosif. Ensuite, ma seule présence dans la rue provoque des attroupements. C'est quelque chose que je supporte mal. L'ennui c'est que mon vrai truc, c'est d'être dehors. Je n'aime pas raser les murs, me planquer. Pareil pour le métro. Très vite je ne peux plus le prendre. Bagarre immédiate, condés, etc. Je le regrette encore. J'ai fait tellement de conneries dans le métro... C'était un endroit maudit, il m'est arrivé trop de choses dans le métro. Une des dernières fois où je l'ai pris, je saute le portique. Planqué dans sa cabine, un mec de la RATP me parle mal. Je ressors dans la rue, ramasse un parpaing, reviens le balancer dans la vitre du guichet et me sauve en courant. Il m'est arrivé plein de trucs comme ça.

« Combattants de l'ennui » disait Antonin Artaud.

C'est ce que nous étions avec NTM. On allait combattre l'ennui, à droite et à gauche. Du jour où je suis parti de chez mon père, ma devise était : « Je ne veux passer à côté de rien. » Se faire courser par les flics faisait partie du truc. Dormir était une perte de temps. La défonce correspond bien au truc, puisque souvent elle centuple mes sensations.

La prochaine sortie du disque est le signal d'une intense activité promotionnelle. Oubliant parfois de me lever, je ne viens pas. Tout seul face à la presse, Kool Shen s'énerve. À un moment donné, nous avons nos premières engueulades. Kool Shen décide que je dois faire certains médias sans lui et notamment aller à France Inter tout seul. Sony me demande si je n'irais pas faire l'émission d'Yves Bigot. Le Bigot de *Libération* qui nous a cartonnés après le New Music Seminar ? Je n'ai qu'une seule réponse : « Et comment ! » Me voici chaud bouillant : « Underground jusqu'au trépas, ma raison d'être est là. »

J'y vais pas, j'y fonce.

À l'évidence, Bigot est passé à autre chose. Devenu animateur radio, il n'a aucun souvenir de son papier dans *Libé*. C'est en direct à l'antenne qu'il me pose une banale première question. J'attaque bille en tête :

— Je trouve ta question nulle, mais de la part de quelqu'un qui a l'air de se prendre pour un champion du monde, ça ne me surprend pas.

— Comment cela ? Le mec me prend de haut.

— Pour moi, tu es un imposteur. Tu es venu avec NTM à New York, tu as vu comment on a galéré, les conditions...

Le ton monte. En direct, Bigot tente de reprendre le contrôle de ce qui reste après tout son émission.

— Tu baisses d'un ton, je lui conseille.

Il se tasse quelque peu sur son siège. Ce jour-là, je crois avoir fait plaisir à plein de gens. La cabine des techniciens se remplit de gens au rictus appréciateur. Des gens d'Inter, des gens de chez Sony. Sans invectiver, sans gueuler, calmement, j'ai rappelé ce qu'était notre combat et les conditions de ce que nous avions vécu à New York. Je ne me prends pas pour un dieu. Mais s'il te plaît, le journaliste, si tu veux servir à quelque chose, raconte au moins ce qui s'est passé. L'émission s'achève dans la déconfiture totale de mon opposant.

18

Béatrice Dalle

Ce matin-là, Seb Farran passe dans mon quartier. On a prévu de se faire un briefing sur je ne sais quoi au café d'en bas, la Rotonde, rue de Charonne. Descendant avec ma copine, j'arrive à la table de Seb au moment où, hasard total, Béatrice Dalle se lève d'une autre table où elle buvait un verre avec quelques amis.

Je la vois.

Elle me voit.

Elle monte dans une voiture, qui fait le tour de la place et revient se garer devant la Rotonde. Béatrice redescend, revient s'asseoir à notre table. Discussion. Béatrice et ma meuf se connaissent.

Un jour, mon ex me dira : « Béatrice et moi avions discuté de tout ça dès le premier jour, j'étais d'accord pour te laisser partir. »

Comment croire ça ? En tout cas, les gonzesses ne sont pas une science exacte, la suite va le prouver.

Deux semaines plus tard, il est quatre heures du matin et nous dormons ma copine et moi dans notre chambre. Imaginer la pièce, avec juste une cheminée, un appareil de muscu, des trucs indiens partout, deux platines et plein de trente-centimètres. Mais cette nuit la sonnette insiste, ne s'arrête pas. Finissant par émerger, je me traîne jusqu'à l'interphone.

— Salut, c'est Béatrice. Je peux monter vous voir ?

— Heu... mais on dort, là...

— Pas grave, je passe juste.

J'acquiesce.

Béatrice monte chez nous.

On n'a pas de chaise. Je me recouche à côté de ma meuf, Béatrice s'assied sur le bord de notre lit. Pendant une demi-heure, elle fouille dans son sac. Au bout d'un moment, ma meuf se rendort. Je discute deux heures avec Béatrice, qui repart dans la nuit.

Une semaine après, je sors promener mon pitbull, Béatrice est là, dans ma rue. On pousse au bout de la rue de Lappe pour aller boire des coups dans un bar de bikers. On discute, on discute, plus on discute, plus on trouve tout génial.

Un beau matin, je descends de chez moi en tee-shirt. Béatrice m'attend dans un taxi avec deux billets d'avion et on part deux semaines tous les deux à New York. À New York, je l'emmène au Gramercy Park Hôtel, un genre de repaire rock'n'roll de la 21e Rue tout pourri où Sony loge systématiquement ses artistes. Heureusement que c'est l'été à New York, je suis parti en tee-shirt. Béatrice m'achète deux slips, des shorts, une casquette. Je nage dans le bonheur. Restée à Paris, ma gonzesse trouve tout ça super normal. On s'était aimés grave, elle avait compris avant moi que notre histoire était finie, terminée et elle a eu la classe de dire qu'elle était d'accord pour que je parte avec Béatrice...

Au retour de New York, Béatrice m'emmène à Cannes direct, en plein festival.

Ça commence comme ça.

Béatrice était une belle plante qui surgissait dans ma vie. Ayant vu en tout et pour tout dix minutes de *37°2 le matin*, je ne connaissais rien à son boulot. Mais pour la première fois de ma vie, quelqu'un vient vers moi respectueusement, ce n'est pas moi qui, comme à mon habitude, fais le premier pas, les démarches d'approche, tout le truc. Béatrice, je la respecte. Le problème qui s'est développé entre nous, c'est qu'on est vite devenus plus complices qu'amants. Mais on a tout fait ensemble. Ce festival de Cannes d'abord, où tout le monde a découvert notre histoire.

Puis nous avons eu notre phase week-ends de délire dans les grands hôtels. C'est au Crillon que Béatrice m'a fait découvrir Jimi Hendrix et les cigarettes piégées. Je crois que jamais je n'oublierais jamais cette première fois où, sous freebase, j'ai ré-entendu « Hey Joe » sortant de son petit ghetto-blaster dans la suite cinq étoiles...

Ensuite, moi aussi j'ai fait découvrir quelque chose à Béatrice. Je l'ai emmenée en tournée avec NTM.

Chaque départ en tournée m'était un supplice. En général, ces matins-là, c'est Seb en personne qui était chargé de me réveiller. Les NTM arrivaient de Saint-Denis avec Kool Shen et les Psykopats. Tout le groupe patientait porte de la Chapelle en attendant que Seb parvienne à forcer ma porte, me réveille, m'habille, m'amène au bus. Inutile de préciser que mon arrivée était généralement l'occasion d'un joli chahut avec cris, noms d'oiseaux, chambrettes. Le matin où je suis arrivé au bus avec Béatrice Dalle, pas un bruit n'a salué mon irruption tardive.

Béatrice, la Ferrari des gonzesses.

Quelqu'un qui peut se retrouver dans une kermesse sans rien perdre de sa superbe ni de sa classe.

Très vite, j'ai quitté l'appartement de la Bastille pour aller vivre chez Béatrice, dans son décor de folie gothique, aux Abbesses. Fallait aller chez elle pour le croire. Béatrice habitait l'appartement où elle avait vécu avec son premier mari. En arrivant là-bas, je me suis cru chez une sorcière. J'aimais bien, il y avait un bordel pas croyable, une collection d'objets délirants. Suspendu au plafond par des chaînes, un moteur de Harley, au-dessus d'une flaque d'huile.

J'avais l'impression de visiter le salon de la connerie : si tu cherches un truc pour faire une connerie, tu vas trouver. J'ai été carrément impressionné par des attelles pour paraplégiques, des testicules et un fœtus dans des bocaux de formol. Bon, l'appartement était grand, mais je dois reconnaître que les testicules dans le formol m'ont surpris au départ. Béatrice, c'était Marie-Antoinette chez les rockers. Si elle entrait dans une église et tombait dingue d'un chandelier plus haut qu'elle, elle partait avec. J'ai eu de sacrées embrouilles à cause de ses chandeliers. Béatrice avait d'autres talents. Taxidermiste à ses heures, elle avait empaillé elle-même un chien mort.

Dans un coin, elle me montre une pile de lettres, sa correspondance avec le serial killer Guy George. Arrivant du 93, j'hallucine. Chez nous, Guy George, on voulait le fumer, pas établir une correspondance. Avec cette meuf, je suis vraiment dans autre chose.

19

Rencontre avec Ardisson

Un matin, Cécile, amie culturiste avec qui je fais du sport, me téléphone. Elle a un pitbull femelle. Elle adore mon mâle Storm et me demande s'il peut grimper sa chienne. Saillie dans le jardin public au milieu de la place de la République. On avait déjà fait deux ou trois tentatives d'accouplement avec Storm, et chaque fois ça s'était mal passé. Une fois il avait découpé une chienne, une autre fois il lui avait arraché l'oreille en plein coït.

Storm, un consanguin débile profond.

Mais cette saillie se passe bien, et je rentre chez moi vers le 10 avenue de la République. Je passe devant une terrasse où trois mecs boivent des coups. Un cocker sort du café et marche vers mon chien, que je tiens comme un chat, par le cou, car je n'ai pas pris sa laisse. Je connais bien ce cocker, c'est celui du cafetier, il va se faire dévorer. Je le repousse d'une petite tape. Un des trois types se lève et commence à m'interpeller à propos de mon comportement inadmissible vis-à-vis des bêtes, et bla-bla, je ne sais quoi.

— T'es jaloux ? T'en veux une aussi ?

Le ton monte. Les insultes volent. Je m'avance vers l'insulteur. Le type, qui buvait un Ricard, prend le pichet d'eau, le brandit comme une arme, me menace.

— Pose ça tout de suite ! Je vais t'enfoncer dans le sol tellement profond que...

J'avais oublié de calculer les deux copains du type. L'un d'eux bondit sur moi, me gaze avec une petite bombe lacrymogène. C'est la guerre.

Pendant tout ce temps, ma copine Cécile se collette les deux chiens qu'elle tente tant bien que mal de retenir. C'est en quatrième vitesse que je remonte chez Béatrice. Fonçant à la salle de bain m'asperger d'eau pour tenter de nettoyer le gaz, je bondis pour redescendre m'expliquer. Dans l'entrée, deux immenses chandeliers tiennent compagnie à la porte. En saisissant un au passage, je le mets sur mon épaule, dévale. Problème : ayant assisté à toute la scène depuis notre balcon, Béatrice est descendue sans m'attendre, armée de sa propre gazeuse pour égaliser le score. Un des types lui colle une gifle dans la gueule. Embrouille !

À mon arrivée, panique générale.

Nos trois agresseurs se réfugient dans le café. Je fais irruption avec mon chandelier géant et tente de les massacrer, mais le chandelier pèse une tonne. Je reprends quelques giclées de gaz, balance le chandelier qui se fracasse aux pieds du mec. Qui commet la terrible erreur de poser sa bombe et tente de ramasser le chandelier. Je me jette sur lui pour une castagne monstrueuse. Arrivée des condés, Béatrice et moi nous faisons embarquer au poste, etc.

Acteur à la traîne, un des trois irascibles s'en va témoigner dans le mensuel *Entrevue* dont Thierry Ardisson était alors rédacteur en chef. Ardisson en personne a fait l'interview, rédigé et signé le papier.

Dedans, il nous décrit agressant un innocent badaud, les yeux injectés de sang, défoncés, Béatrice Dalle aurait sorti un cutter, j'en passe et des meilleures. En conclusion, Ardisson se demande avec un sens inné de la formule « Jusqu'où ira le couple diabolique ? »

En lisant cet article, je ne pense qu'une seule chose : espèce de fils de pute !

Huit mois plus tard, Sony déménage avenue de Wagram. Je monte voir mon label manager dans son nouveau bureau. Redescendant tout guilleret, je sors de l'ascenseur et qu'est-ce que je vois ?

Thierry Ardisson qui vient d'arriver dans les nouveaux locaux de Sony Music.

C'est sans doute sa première visite, en tout cas tous les présidents et directeurs du groupe sont massés autour de lui. Comment dit-on déjà ?

MON SANG N'A FAIT QU'UN TOUR.

Visualiser la scène : milieu de l'après-midi, beau quartier, ambiance feutrée, rayons de soleil... un groupe de gens très affables parle et surenchérit autour d'un personnage central.

Soudain, un fou furieux surgit comme un diable hors de sa boîte, pousse tout le monde, se carre bien en face du mec au milieu et lui hurle :

— TU LA CONNAIS, MA GANACHE ?

Des gens de chez Sony tentent de s'interposer. Je les cloue sur place :

— VOS GUEULES !

Puis je reviens vers Ardisson :

— TU LA RECONNAIS, MA GANACHE ?

On tente de s'interposer, je les menace tous. Ardisson est blême :

— Mais vous êtes qui ?

Moi :

— TU LA CONNAIS MA GANACHE ?

Ardisson venait d'arriver, il ressort direct et part sans demander son reste dans l'avenue de Wagram. Je le poursuis en hurlant :

— TU LA CONNAIS MA GANACHE, ENCULÉ, POUR PARLER SUR MOI ?

Ardisson s'éloigne ventre à terre en bredouillant des « mais qui êtes-vous ? » de plus en plus inquiets. Sur ses traces, je marche sur un de ses mocassins, il le perd. Je le poursuis, continuant à le harceler :

— TU LA CONNAIS MA GANACHE, ENCULÉ ? !

Je ne savais pas qu'il était si petit. Je le terrorise :

— HEY ENCULÉ, TU LA CONNAIS MA GANACHE ?

Je poursuis Ardisson cinq cents mètres, jusqu'à la place Wagram. Justement, un flic règle la circulation. Ardisson se précipite vers le condé :

— Monsieur, je me fais agresser par cet individu.

Le flic le regarde me regarde, le regarde. Sa réponse tombe :

— Démerdez-vous.

J'ai continué à suivre Ardisson en reprenant mes hurlements :

— TU LA CONNAIS MA GANACHE, ENCULÉ DE TA MÈRE POUR OSER PARLER SUR MOI ?

— J'ai rien fait ! J'ai rien fait ! gémit le présentateur réfugié sous un abribus. Une voiture passe. On lui crie de monter. Il saute dedans et disparaît à cent à l'heure.

Je reste comme un con sur l'avenue de Wagram.

Le papier d'Ardisson n'était vraiment pas correct, j'ai porté atteinte à sa superbe. À l'heure d'aujourd'hui, Ardisson m'a appelé dès que nous avons commencé Devoirs de Mémoires. Il m'a affirmé qu'il me suivrait dans cette action et m'a ouvert son plateau. Pas mal.

Je vis désormais avec Béatrice.

Comme toutes les gonzesses, Béatrice est capable de faire des trucs super bizarres. Maintenant, il est inutile de la chercher en public en croyant qu'elle va craquer ou se démonter. Soit elle te fout son poing dans la gueule, soit elle te sort un truc à rentrer sous terre. Soixante-dix pour cent de notre relation était consacrée à la rigolade. Et puis un jour c'est allé un peu trop loin dans un tas de trucs, et là c'est devenu moins drôle.

Nous sommes restés ensemble près de dix ans, pas de manière continue.

L'un partait, l'autre revenait.

La passion était toujours là.

Quand elle est allée au Liban pour visiter Sabra et Chatila, on a eu une conversation téléphonique Paris/Beyrouth qui a duré exactement huit heures. À ce point-là !

Béatrice m'a ouvert à la peinture, parlé de Vermeer et Modigliani. Il y a des gens qui parlent de ce qu'ils aiment et tu n'as même pas besoin de voir le tableau dont ils te parlent pour rentrer dedans.

Béatrice est une gonzesse qui ne fait pas semblant. À la recherche de l'absolu, elle et moi on s'est brûlé les ailes. Au début on fumait, on baisait, on rigolait. On se faisait des cérémonials, on sortait et on parlait tout le temps. J'avais l'impression de retrouver quelqu'un que je connaissais super bien depuis toujours, quelqu'un que je n'avais pas vu depuis trop longtemps.

Un jour je suis parti faire le con sur une bécane volée avec un copain à moi. Évidemment, je n'étais pas au courant qu'elle était volée, la bécane. Évidemment, on se fait arrêter. Je dis à mon pote Spank : « Si Béatrice appelle, tu lui dis rien de cette histoire, tu dis : “Didier est malade, il dort”. »

Mais dès que Béatrice a appelé Spank, elle a compris qu'il y avait un truc chelou. Elle n'a pas pris l'histoire... Sautant dans un taxi au final, elle débarque et tape à la porte de Saint-Ouen jusqu'à ce que les voisins menacent d'appeler les flics. Personne ne résistait à Béatrice, encore moins Spank.

Dans notre quotidien, on s'était mis à empiler les petits mensonges. Des mensonges de rien, des mensonges du quotidien, sauf que ça prenait des proportions de merde, au final ça devenait grave. Moi j'étais en train d'enregistrer un disque, elle de tourner un film et voilà que soudain « si Didier n'est pas là, je ne fais pas cette scène ».

Téléphone, crises, ça devenait ingérable.

Et pourtant Béatrice suivait les tournées NTM. N'importe où on jouait, elle était là. Un jour aux Eurockéennes, la sécurité est venue me demander si je voulais qu'ils l'encadrent pour la protéger. Protéger Béatrice ? Mais c'est elle qui va vous encadrer ! Béatrice a suivi tous nos concerts. Où qu'on joue, elle était là. La dernière fois qu'on est partis ensemble, c'était pour faire un Sound System au Québec. Ce soir-là, on attaque le show et un groupe de rigolos s'excite sur le côté. Béatrice est assise à l'écart, généralement à l'endroit où le son est le meilleur. Je suis sur scène en plein spectacle quand je vois les lascars converger à cinq vers Béatrice. Ils lui ont dit quelques mots, elle leur a dit une phrase, je n'ai jamais su laquelle, ils se sont barrés tout de suite. Qu'est-ce qu'elle leur avait dit ?

Il n'y a jamais eu le moindre problème entre Béatrice et les fans de NTM.

Complices dans les conneries, on a trop brûlé la chandelle. J'ai appris depuis qu'il y a certaines choses qu'il ne faut pas faire avec sa meuf.

Des trucs qu'il vaut mieux faire seul.

Avec Béatrice, je me suis laissé dépasser. Quand tu passes ton temps à quitter ta meuf et à te remettre avec elle, au bout de dix ans, tu formes un couple fragile. Au final, on a dû être ensemble cinq ans sur dix. Toutes ces séparations, redémarrages, ça nous a vraiment usés. Des fois d'ailleurs ça ne redémarrait pas. Par moments, j'avais l'impression qu'elle en rajoutait : « C'est parce que tu n'es pas là, tu me manques. » L'alibi faisait la raison...

À un moment, je me suis rendu compte qu'elle avançait dans le vide.

De mon côté, je me battais contre l'extérieur et l'intérieur. Moi, son dernier garde-fou, je ne servais plus à rien. J'ai compris qu'il fallait me barrer. Je ne lui étais plus d'aucune aide.

Je voulais trouver un appartement, elle préférait vivre à l'hôtel.

Comment faire ?

J'avais besoin de plus de stabilité pour faire mes albums aussi.

Entrer en studio n'autorise pas à vivre un roller coaster amoureux à côté.

À un moment donné, on ne savait plus où on en était. Ce qui relevait de la passion pour l'autre ou de la passion pour la défonce. Elle et moi étions devenus l'ombre de nous-même. Béatrice, la pulpeuse généreuse, était devenue maigre. J'étais squelettique. Quand tu te mets trop la tête à l'envers, tu perds le tactile. Aujourd'hui, des années après, je retrouve certaines sensations. C'est dire si j'en ai perdu à l'époque. Je n'étais bien que seul. Toute ma vie devenait compliquée.

Un soir j'appelle Béatrice :

— Ce soir on va dîner, on va manger des choses normales comme des gens normaux.

— Ok génial, me dit Béatrice, toujours partante.

— Je serai là vers 9 heures...

— Ok !

Je suis chez elle. Il est 11 heures du soir et elle n'est toujours pas sortie de la salle de bain. On a vécu ça un nombre incalculable de fois.

— Béatrice, je viens à 21 heures. Si tu n'es pas prête, je me barre.

Elle croit que je rigole. Ce soir-là quand elle sort de la salle de bain, il n'y a plus personne. J'ai tout envoyé valdinguer. Elle aussi a changé.

Mais à une époque elle était entourée d'une cour lui expliquant à quel point elle était géniale, elle était belle, elle était superbe. Ces gens me saoulaient. À un moment j'ai réfléchi. Et si moi aussi, de mon côté, j'avais la même cour d'admirateurs bidons ? Ça m'a fait vachement peur...

Par mégarde, nous avions créé toutes les conditions de notre séparation.

20

Combattants de l'ennui

Évolution bloquée ? La sortie du deuxième album, *1993 J'appuie sur la gâchette*, ne marque pas de différence avec le premier. Cinq années durant, nous tournons dans les mêmes salles, remplies de deux mille personnes. Il faudra un nouveau tourneur qui nous amène dans les plus grands festivals pour obtenir une réponse directe.

Toute tournée est une attente. Une attente immense, puisqu'on passe sa vie à patienter, tout le temps. En ne posant aucune question, j'arrête les horloges. Je me concentre sur la scène. Je ne veux pas louper un concert, je veux être fulgurant tout le temps.

Après la sortie du deuxième album, j'ai toujours sur moi un paquet de clopes où je dissimule une cigarette roulée à l'héro. J'ai découvert cette drogue il y a longtemps, à l'époque où je vivotais à gauche à droite. Un couple d'amis m'a branché. Je trouvais ça vachement fort, je la fumais, ce qui me valait des engueulades de la fille. La suite est classique, le milieu musicien facilite pas mal de choses. En tournée, je dors beaucoup. Après le spectacle, une fois le show fini, autre cigarette. Les NTM s'égaient dans la nature, sortent, vont en boîte, au restau. Pas moi. Je regagne ma petite chambre et fume ma petite clope. Ce n'est pas un problème. Personne ne voit rien.

Bien sûr, la joyeuse équipe fout le bordel.

Quand nous arrivons dans un hôtel, c'est nouveau pour nous. Nous sommes une bande. Le soir, on improvise des descentes à la cuisine, quitte à fracturer des portes. L'hôtel le plus pourri ne nous rebute pas : c'est un terrain de jeu en devenir.

J'emmène mon pitbull Storm en tournée. Storm est un cas. Je peux difficilement l'emmener au concert parce que dès qu'il y a trop de monde il devient dingue, il attaque. Laissé seul dans ma chambre, il flippe, chie sur la moquette pour se venger. Je refuse de nettoyer. Scandale.

Pendant plus d'un an, nous nous retrouvons interdits d'hôtels Accor. Pas de chance, le groupe Accor possède également les Hôtels Formule Un, Mercure, etc. Autant dire qu'on ne peut plus loger nulle part. Le promoteur nous déniche des pensions de famille en dehors des villes, souvent nous dormirons dans le bus.

C'est une époque lourde.

Parfois j'ai envie d'être seul après un spectacle, juste pour me reposer. C'est le moment que choisit notre équipe de sales gosses pour foutre le bordel. Les stations-service où on s'arrête ne sont pas épargnées. Grand jeu, qui va chourer quoi ? On ressort avec un nounours, des jeans, n'importe quoi, histoire de faire les cons, de jouer un challenge un peu ridicule, juste une bande de sales gosses de banlieue, temps suspendu, pour remplir les cases vides.

On ne se rend compte de rien.

Un jour on passe le cap des vrais hôtels. Désormais, formidable victoire, on dort dans les hôtels Ibis ! Dans le même temps on se retrouve dans de vraies salles, avec une vraie fiche technique. Certains artistes ont de longues exigences, j'ai vu leurs listes. Moi, je demande du rhum.

Juste du rhum. Et pas de taboulé au dîner. Du taboulé, j'en ai mangé pour le restant de mes jours lors des premières tournées NTM.

J'ai avalé des champignons aussi !

Un jour, on part en Suisse pour un concert NTM. On y va en train, avec nos potes de Saint-Denis. Ce jour-là, j'ai ramené d'une de mes pérégrinations un sac plastique rempli de champignons hallucinogènes. Dans le train, on se fait un thé, on met les champignons à infuser. Nous buvons le thé aux champignons à deux avec un type qui s'appelle Terry et nous commençons à délirer sauvagement. Kool Shen nous voit faire. De toute façon lors de notre premier concert, j'étais sous acide depuis 72 heures... Que dire ensuite ?

Retour au train. Les champignons font un effet maximal. Défoncé, j'ambiance les autres : « Il faut que vous goûtiez ça, les mecs ! C'est trop stylé ! » Les autres posent plein de questions. Ils décident de goûter, mais après le show. Je trouve leur attitude médiocre. Ayant peur de m'ennuyer, je me remets une fournée de champis dans la tronche. Ce soir-là, sur scène, je me prends pour Michael Jackson et je fais des trucs que je ne referai jamais. Toute l'équipe NTM est morte de rire, mais j'assure le show, sans problème aucun.

Un 15 août, on va jouer en Bretagne dans un festival avec Manu Dibango. Dès notre arrivée, notre car se fait lapider. On nous jette des pierres, on nous hurle dessus. NTM n'a qu'un mot d'ordre : « On y va quand même. » Cordon de sécurité. Cette fois, ce sont des skinheads qui protestent contre notre venue. Le concert se passe parfaitement, mais dehors c'est l'émeute. J'ai mon pitbull Storm avec moi. Tout le monde est en train de remonter dans le bus quand mon chien attrape le genou d'un skin à travers une barrière, le mord et refuse de le lâcher.

Très vite, nous allons être escortés par les gendarmes. Deux ou trois incidents de ce genre avaient attiré l'attention sur nous et à chaque ville où nous jouons, l'organisateur doit fournir à la gendarmerie un itinéraire détaillé de ce que fera le groupe durant tout son séjour, dans quel restaurant nous allons dîner, etc. Durant nos deux premières années, les gendarmes ont surveillé NTM en permanence dans tous ses déplacements !

Il nous est arrivé de nous engueuler avec les gros fonctionnaires postés en bas de l'hôtel, à attendre.

— Comment ça, vous allez en boîte ? Mais c'était pas prévu...

Non mais, il plaisantait celui-là ou quoi ?

En plus c'était quoi, NTM ? Deux chanteurs, un DJ, tous trois majeurs. Nos trois danseurs étaient mineurs.

Notre public, lui, est essentiellement masculin. Les huit premières années de NTM, on cherche difficilement une ou deux filles dans la salle. Pas une meuf, que des lascars... Parfois, quand on joue « Police », des mecs montent sur scène pour nous demander de rejouer le titre, ils gueulent : « Ouais, rejoue-la, maintenant ! » Dans la salle, ça ne danse pas, mais ce sont des hordes de mecs gueulant : « Ouais, ouais, ouais », ambiance bourrin. Les huit premières années, on a donné des centaines de concerts, on a dû voir dix meufs dans les salles. Quand on discutait avec des meufs, elles disaient : « On ne peut pas venir dans votre truc, il y a que des cailleras. » Je me souviens d'un concert à Bordeaux. Un groupe local ouvre pour nous : le chanteur se prend un pavé dans la gueule. On te dit ça juste avant ton propre passage, c'est rassurant.

Cette ambiance me plaît. Rien de gagné, jamais. Équipe de banlieue, nous venons enfoncer le hip-hop dans le crâne des gens. Un combat, comme tout le reste en fait.

La danse était une lutte, le graffiti aussi et le rap pareil.

Par contre, ni le graffiti ni la danse ne te donnent cette reconnaissance immédiate que t'apporte le rap.

Dès cette époque, alors que les autres viennent rapper, nous venons *représenter*. Car nous sortons du graffiti. Et c'était ça, l'esprit graffiti : écrire sur les murs, dire aux autres qu'on était passés par là, s'approprier une station, une ligne de métro.

Avec NTM, nous continuons à marquer la différence. Il y a le rap d'un côté, nous, c'est NTM, rien à voir avec les autres. Nous sommes différents. Après nous, tout le monde trépasse. Quand nous jouons, parfois, nos premières parties viennent nous regarder. On capte dans leurs regards effarés, que ce que nous faisons atteint une autre dimension. Une fois que la machine est lancée, il faudrait que la scène prenne feu pour qu'on s'arrête. C'était ça NTM.

Quand on commence à faire de grosses dates sur Paris, on prend des inconnus en première partie, mais des gens dont le disque ou la cassette nous ont plu.

C'est ainsi qu'Afro Jazz fait notre première partie. Ce groupe-là a un vrai bon niveau. L'annonce que nous les réclamons en première partie soulève chez eux un immense espoir. Ils m'ont tout raconté après.

Comme beaucoup, Afro Jazz a cru pouvoir « cueillir » NTM. Nous passons trois soirs au Bataclan. Le premier jour, ils viennent nous saluer. Contents d'être là, mais prêts à en découdre. État d'esprit général : « On va leur montrer. » Ce soir-là, Afro Jazz fait son truc mais juste derrière, ils découvrent le rouleau compresseur NTM. Après-midi du deuxième jour. Les Afro Jazz ont le sentiment de s'être fait surprendre la veille. Ils décident de donner leur maximum. Ce soir-là, ils mettent vraiment le paquet. Tout ce qu'ils ont. Et NTM surgit, refait le coup du premier soir, sans aucune faille, comme une machine implacable. Le troisième jour, Afro Jazz n'a même pas essayé.

Très vite, le public nous est acquis, et nous le savons.

Mon problème à moi, c'est d'aller au-delà de cette satisfaction générale.

Ce truc que je peine tant à sortir en studio, soudain, je l'ai à volonté. La scène est mon square, mon bout de terrain, mon spot.

J'étais là pour ça, vous avez peut-être vu ?

Parfois, en descendant de scène, j'ai l'impression qu'on n'a pas fait le boulot. Tout le monde est content, sauf moi. Ça me rend nerveux. Ma théorie en ce cas est : « Ce n'est pas aux gens de crier victoire, c'est à nous ! »

Certains soirs par contre, même pas besoin de parler. On sait qu'on a fait un putain de show. Les soirs un peu en dessous, le public est content, pas moi. Je n'ai jamais voulu donner des « spectacles ».

J'ai toujours eu peur de la routine.

Si la routine s'installe, je n'en ai plus rien à foutre.

Les soirs moins bons, je disparais vite fait mais le lendemain, avant de monter sur scène, je mets les choses au point, engueulant sauvagement toute l'équipe, DJ, danseurs : « Je vous le dis tout de suite, pas comme hier ! »

Tout le clan surenchérit.

Parfois, bien sûr, on s'engueule avec Kool Shen juste avant un show. Mais vu ce qui se passe sur scène ensuite... C'est pas moi au micro avec un guitariste loin derrière. Non, on est obligés de se toucher, se palper, se regarder, se parler.

En descendant de scène nos petits différents d'avant semblent ridicules.

J'en arrive à accueillir le moindre accident avec joie. Platine qui saute ou danseur qui loupe son truc, tout m'est prétexte à rebondir.

Par contre, avec le temps, je supporte de plus en plus mal les gens que personne ne connaît mais qui débarquent et s'incrustent en coulisse.

Non, on ne me réveille pas juste avant un concert pour me demander « si j'ai des feuilles ».

Je me prépare, j'ai un show à donner. Tu sais ce qu'on va faire, là, tout à l'heure ? On va tout donner, alors m'emmerde pas avec tes feuilles, casse-toi !

Où qu'on aille, quelles que soient les conditions, on respecte les gens qui travaillent pour nous, ingénieur du son ou cuisinier. Bien sûr on a eu une période où on était la bête noire des ingénieurs du son locaux. Puis on a déniché nos ingénieurs et ceux-là ont juste eu à supporter nos blagues.

Je me souviens d'un technicien qui dormait dans le bus. On lui a rasé la moitié du crâne pendant son sommeil. Il n'est pas revenu le lendemain.

Nous étions des branquignols. Un peu laxistes au moment de l'explication, mais une fois sur scène il fallait nous suivre.

Au bout de quatre ans, nous concevons nous-mêmes notre spectacle, avec nos lumières, des premières parties locales. Notre réputation scénique est énorme. Nous n'avons jamais craint d'aller jouer dans des festivals rock : Printemps de Bourges, Aucar de Tours, Monte le Son, Eurockéennes, Paleo Festival, Rock au Parc... c'est ainsi que nous nous retrouvons un beau jour en Suisse, à Montreux, festival réputé pour son calme.

Pourtant, un public surexcité envahit la salle dès la balance.

Je préviens la sécu : « Il va falloir mettre des barrières, ils ont l'air chaud... »

Les suisses me regardent en rigolant, me jurent que ça va bien se passer : « T'inquiète, c'est Montreux, garçon, il n'y a pas le feu au lac... »

Au bout de dix minutes de concert, les gars de la sécu sont couchés le dos sur scène, ils repoussent les spectateurs avec leurs pieds ! Je vais voir le chef de la sécu :

— Qu'est-ce que je t'avais dit ?

— Calmez-les ! Calmez-les !

— Va te faire foutre !

Avant le concert, on nous prend à la légère, toujours. Mais après, tu vois dans leurs yeux qu'il s'est passé quelque chose. Impossible de ne pas capter ce retour quand tu as tout donné l'heure d'avant, sur scène.

À force, les gens se mettent à parler de NTM autour d'eux en termes élogieux.

Très vite une vraie réputation scénique nous tombe dessus.

Ces tournées, je les vis dans un état particulier, me réservant totalement pour la scène. Je dors dans le bus, ouvrant les yeux de temps à autre pour demander où on est. À l'époque, je bois comme un dingue. Certaines de mes déclarations s'en ressentent. C'est ainsi que je salue les fans de Valenciennes... à Bordeaux. Un incident qui nous suivra et se répétera toute notre carrière, au grand dam de Kool Shen.

C'est l'époque aussi où le rap a mauvaise presse.

On se bat beaucoup dans nos salles...

Mais dès que NTM monte sur scène, les problèmes s'arrêtent. Un soir, à Reims, nous sommes dans un sas qui donne sur scène. Nous attendons de monter sur les planches quand tout se barre en couille. Entre le groupe de première partie et nous, le promoteur a convié un groupe de danseurs. La salle devient houleuse, les bombes lacrymo partent dans tous les sens… Quand la porte du sas s'ouvre, nous voyons les géants de la sécu couverts de glaviots, de lacrymo.

— NTM ? C'est à vous…

Au premier coup d'œil on sent que ça va être un concert rock'n'roll. Ce soir-là, partant à une vitesse fantastique, nous avons captivé l'audience et donné un show furieux, sans aucun problème.

Durant toute son histoire, NTM a donné plus de 500 concerts.

Il n'y a jamais eu un incident majeur.

Toujours partant et pas regardants, nous ne nous sommes jamais plaints.

Nous y allions. C'est tout.

Tout ce qui nous intéressait c'est que les platines ne sautent pas.

Le reste, tu l'apprends bien assez vite : mieux vaut ne pas jouer un soir de match, la pluie c'est galère, les chapiteaux aussi. Mais par-dessus tout, nous voulions jouer. Voilà comment, un soir de Noël nous nous retrouvons dans une clinique, à Clamart, à jouer pour une petite poignée de gosses. Ils sont trente. La moitié des gamins sidéens, l'autre moitié paraplégiques. Nous jouons dans un réfectoire, sous un chapiteau. Aucun des gamins n'est debout. Ils sont soit dans des petits lits, soit dans des fauteuils roulants. Pour marquer leur approbation, entre les morceaux les gamins tapent sur leurs fauteuils roulants ou les montants des lits avec leurs cuillères. Beaucoup auraient trouvé la situation glauque, pas nous. Ces trucs-là, on demandait à les faire. Ces gosses étaient super contents de nous voir. Perchés sur une minuscule estrade, on leur a fait un show d'une heure. Bien sûr, en rentrant sur Paris ce soir-là, tout le concept de Noël semblait singulièrement pathétique, mais de toute façon, je n'ai jamais aimé cette fête.

21

Paris sous les bombes

Je n'ai pas beaucoup d'anecdotes sur la réalisation de notre troisième album *Paris sous les bombes*. Pour chauffer les pneus, je dois expliquer que, depuis la fin de NTM en 1998 j'ai travaillé sur d'autres albums, pour d'autres gens, notamment les artistes de l'écurie BOSS. Avec eux, j'ai découvert le travail de studio, comment on enregistre, on rentre chez soi, réécoute, repart corriger, etc.

Avec NTM, on ne réécoutait jamais, on empilait.

Par contre nous avons toujours lutté pour prouver que nous savions écrire. Comme si l'envie nous démangeait de dire au monde « on sait écrire ». Loin de nous l'idée de bosser pour la postérité. Mon seul juge en matière de musique, c'est moi. Mes critères ne sont pas ceux du public. Souvent, en promo, il nous est arrivé d'aller chanter un titre en télé. La veille, je relisais encore les paroles chez moi.

« Est-ce que c'est bien ? »

Une question que je me posais en faisant totalement abstraction de la musique.

Est-ce que ce qu'on a écrit tient la route ?

« Désarroi déjà roi, le monde rural en est l'exemple/ Désarroi déjà roi, vous subirez la même pente, l'agonie lente/C'est pourquoi j'en attente aux putains de politiques incompétentes/Ce qui a diminué la France/Donc l'heure n'est plus à l'indulgence/Mais aux faits, par le feu, ce qui à mes yeux semble mieux/Pour qu'on nous prenne un peu plus, un peu plus au sérieux »

(« Qu'est-ce qu'on attend » 1995)

Entre nous, avec Kool Shen, on parlait de l'intensité des textes, tout le temps, quoique sans prétention.

Un peu avant le troisième album, mon pote Spank m'a remis dans le bain. Je loue une petite maison de Saint-Ouen avec Gigi Lepage, copine styliste qui m'hébergeait souvent à Bastille avant les débuts de NTM.

À ce moment-là, nous sommes dans une dynamique forte. En concert, nous avons un vrai retour et très vite nous réalisons que les gens connaissent pratiquement nos textes par cœur. La pression est là : la rue nous écoute, on nous dit de continuer, d'être le relais, les gars qui disent tout haut ce que beaucoup pensent tout bas. Soudain nous avons l'impression d'être la voix de la majorité silencieuse. Ce disque au final a des allures de Best of. Pourtant, on n'essaye pas de faire des tubes. Aujourd'hui encore, pour moi, ce mot continue à évoquer la plomberie plus que le métier de musicien. NTM est à son zénith. Nous pouvons réaliser ce dont nous avons envie, choisir la couleur des morceaux et c'est un travail de précision dans un contexte nonchalant. Bruno s'énerve beaucoup, je refuse de me mettre la pression. On a dit que cet album évoquait une certaine nostalgie. Forcément : c'est surtout un disque émotionnel, notre regard constate l'avancée du groupe. Nous avons laissé parler nos rêves, nous sommes en train de les vivre. Impossible de ne pas se rendre compte. En plus, conscients de notre force scénique, dès le studio, nous pensons beaucoup au live, aux futurs concerts.

« Dorénavant la rue ne pardonnera plus/Nous n'avons rien à perdre car nous n'avons jamais rien eu/À votre place je ne dormirais pas tranquille/La bourgeoisie peut trembler les cailleras sont dans la ville/Pas pour faire la fête qu'est-ce qu'on attend pour foutre le feu ?/Allons à l'Élysée, brûler les vieux. »

J'écris « Qu'est-ce qu'on attend » très rapidement. Pour la musique de ce morceau, nous repartons d'un instrumental d'LG Experience remontant au deuxième album. Non utilisé, il dormait dans une banque d'inédits. Il faudra des années pour que je me rende compte de la portée de ce texte.

Vers la fin de l'enregistrement de *Paris sous les bombes*, nous sommes contactés par Sony qui nous explique que le rapper américain Nas est passé par Paris et qu'il nous a vus à la télévision. Il nous a trouvés hardcore. Se faisant traduire les paroles, il a trouvé ça bien. Question de l'Américain : « Est-ce que NTM vend des disques ? » La réponse est telle que Nas souhaite enregistrer un morceau avec nous.

Cette dernière partie de l'anecdote, on nous la racontera longtemps après l'enregistrement mais, sur le coup, nous sommes flattés. Le rapper de Queensbridge est une référence. Et puis on nous fait miroiter cette carotte : « Si vous faites un titre avec lui, aucun doute, vous ferez la première partie de sa tournée européenne. » Tourner en Europe ! Nous sommes chauds, aller jouer à l'étranger nous excite beaucoup.

On nous propose alors de travailler sur un titre de Nas préexistant, un morceau intitulé « Affirmative Action » qui le voit au milieu d'un collectif de rappers nommé The

Firm, coproduit par Dr Dre. Quel intérêt ? En plus, ce titre n'a aucun refrain... Mais à force d'écouter, on se rend compte que, à part Nas, tous les autres racontent un peu n'importe quoi. Mais l'instrumental est terrible, le titre a un fort potentiel. Kool Shen a tout le truc en tête. Toujours cartésien, il fonce en studio avec un programmateur. Il refait un *edit,* en choisissant les meilleurs passages, ceux de Nas et d'un rapper nommé AZ. Puis son équipe restructure le titre de façon plus conventionnelle, en ajoutant même un refrain. Un vrai bricolage.

Au final le morceau nous semble terrible. Nas vient à Paris pour un concert. Annulation de dernière minute. Rencontre. Nas écoute le morceau retravaillé par nous et trouve notre version géniale.

« Pour tous les flics je balance avec mes trippes, j'applique/et nous afflige, cherche pas, y a même plus rien qui nous implique/Même la vie nous tient à bout de bras/on œuvre dans l'ombre ayant conscience de notre force :/La force du nombre. C'est comme ça qu'on prie sur la putain de société parallèle/on a le vent dans le dos, prêt à voler de nos propres ailes./Chez moi y a pas de trou, pas... Non y a pas de place pour tout ça/dans mon quartier mon gars. J'ai vu des gosses qui se bousillent en bas. »

Déjà, des radios passent le titre. Sony demande un clip.

Nous sommes super contents d'aller à New York tourner un clip avec Nas. Mais à partir de là, les choses ne vont pas si bien se passer...

New York, premier jour : rencontre avec le réalisateur. Naïfs sans doute, nous attendions un type hip-hop, et on rencontre un mec branchouille, un bobo qui sent les idées arriver de loin *(« Wait, I got an idea... »).* Plutôt une caricature de photographe qui n'a rien à voir. Ayant bossé avec

Mondino, Seb Janiak et Stéphane Sednaoui, j'ai l'habitude d'avoir de vrais créateurs en face de moi.

Deuxième jour : début du tournage. On se lève tôt.

Comme toujours quand je suis à New York, je suis monté à Harlem chercher un peu de remontant. En plus, n'ayant pas à chanter, j'en ai profité et je n'ai pas dormi de la nuit.

Huit heures du matin. Rencontre avec la styliste française qui est à New York depuis tellement longtemps qu'elle parle français avec un petit accent américain. Plus je l'écoute, plus elle m'épuise.

— Tiens, ça, ça va être très bien... Non, ça !

— Je m'habille pas comme ça moi. Tout ce que je veux, c'est une paire de Timberland, pour le reste c'est bon, je me démerde.

— Non, mais vous allez mettre ça, vous allez voir !

La meuf nous sent réticents. Pour nous endormir, elle nous ramène des fringues dessinés par un artiste nommé Banga. Nous ne sommes pas autrement impressionnés.

— Trouve-moi une paire de Timberland neuves, c'est tout ce que je veux.

Cette gonzesse est le type même de la meuf qui croit que parce qu'elle habite New York elle sait tout, alors que nous qui arrivons de France, bien sûr, nous n'y connaissons rien.

Dès les premières tournées NTM, on a vécu ce truc : on arrivait dans des villes de province où on tombait sur des mecs qui avaient la panoplie. Des types sapés avec le survêtement Bulls, la veste Jordan, le chapeau Machin. À l'arrivée, on aurait dit des hommes sandwichs. Et c'est dans cette situation que la styliste tente de nous mettre... Nous avons l'impression d'être de petits provinciaux arrivant de nulle part et parlant aux grands maîtres du temple. Situation assez étrange. Ambiancé dès le matin, j'ai déjà envie de partir.

— Il est où, Nas ? demande Kool Shen.

— Justement... Nas n'est pas là. Pas encore. Il va arriver, en attendant on commence à tourner avec vous...

Les choses paraissent à peu près logiques. Nous avons chacun notre couplet, donc allons-y, faisons les nôtres.

Onze heures du matin : on commence à tourner, dans New York. Moi ça me met toujours super mal à l'aise de tourner dans la rue, il faut arrêter les voitures, bordel, plein de gens viennent voir, ils écoutent le play-back, te demandent en quelle langue tu rappes...

— C'est du français...

— *Ah yeah, french, french...*

Pas très à l'aise, nous faisons notre truc. L'heure tourne. Le réalisateur nous emmène tourner différents plans à différents endroits, toujours pas de Nas. Au fait...

— Il est où, Nas ?

— T'inquiète. Il tourne dans le quartier, mais on l'appelle dès qu'on a besoin de lui et il arrive...

Je subodore l'embrouille. Au départ, c'est un titre et un clip de Nas *featuring* NTM, pas l'inverse !

— Oui... mais... on va refaire ce plan...

Le réalisateur tente de nous faire patienter. Incapable de joindre Nas, à qui la maison de disques a pris tout spécialement une chambre dans un hôtel de Manhattan, ils cherchent à le localiser depuis le matin. Plus la journée passe, plus c'est casse-couilles. On ne voit pas la ganache de Nas, on ne comprend rien à ce qu'on est en train de faire et pardessus tout ça plane un lourd malaise.

Nas débarque vers dix-huit heures. Ayant son camion loge, il s'y installe avec ses potes. Seul problème, la nuit tombe, trop tard pour tourner.

Je préviens tout de suite le réalisateur que si demain Nas n'est pas là à mon arrivée je ne tourne pas. C'est un clip avec lui ou avec nous tout seuls ? L'histoire n'a plus aucun intérêt.

Second jour de tournage. Nous arrivons pile à l'heure. Nas n'est pas là. Je pose un ultimatum :

— Voilà, s'il est pas là dans une heure, je me sauve...

Kool Shen tente de temporiser, il me prend la tête, « Reste, Didier, reste... »

Nous sommes aujourd'hui sur le plateau d'un studio, que veut le réalisateur ? Nous ne le savons pas, nous ne le saurons jamais. La journée s'étire et je veux vraiment me casser quand, au plus fort de la tempête, alors que je prends la tête de la maison de disques, Nas débarque enfin. Je suis super tendu. Nas vient dire bonjour à tout le monde. Et là, il faut qu'on nous représente à lui. Alors qu'on l'avait rencontré depuis l'écoute à Paris ! On n'était que deux ce soir-là, il pourrait nous remettre, le mec, non ? NTM, un Blanc/un Renoi, un petit/un grand, c'est pas si difficile à mémoriser !

Je suis super vénère. Nas fait l'accolade à Bruno, s'avance vers moi main tendue :

— Range ta main, je lui dis.

Le type de la maison de disque me demande d'être cool.

— Rien à foutre d'être cool. Il se fout de notre gueule, il arrive au bout de deux jours d'attente, il veut nous serrer dans ses bras, non mais il se prend pour qui ?

– *What does he say ?* demande Nas.

— Traduis-lui, traduis-lui ! j'ordonne, sinon je me casse.

Bruno m'engueule :

— Arrête Didier...

Nas comprend que c'est tendu.

– *Ok.*

Le réalisateur veut alors nous faire tourner un plan dans lequel on va tous les trois se serrer la main, se donner l'accolade et échanger plein de signes d'appartenance à la même tribu. Je refuse net.

— Ces trucs-là, je fais pas. Maintenant je suis là, je fais mon couplet, je fais ce qu'il faut pour la musique mais ne me demandez pas de le toucher, ça, non.

À ce stade, depuis deux jours, Kool Shen et moi avons tourné dans un million de plans, Nas dans aucun et nous sommes maintenant censés aller mouliner du côté de Queensbridge.

Nouvelle explication embarrassée du réalisateur :

— ... Sauf que c'est trop chaud à Queensbridge en ce moment, donc on va se replier en studio.

Nas est un bouffon et ça commence à me faire peur.

Je ne suis pas réalisateur, mais j'ai tourné quelques clips et j'arrivais avec un plan de travail super carré. Le gars trouvé par Sony est soi-disant réalisateur, il arrive avec rien, change d'idée comme une girouette, au gré des aléas. Personne ne comprend ce qu'on fait. Sur ces entrefaites, le rapper AZ, qui figure sur le titre, passe sur le tournage. Le réalisateur a immédiatement une nouvelle idée : AZ a sa voiture, pourquoi ne pas en profiter pour faire des plans de nous trois avec AZ dans sa voiture ? Longue explication en deux langues.

AZ le nabot refuse tout net.

— Lui, là, il est blanc, il monte pas dans ma bagnole, dit-il en désignant Kool Shen.

— Ils se foutent de nos gueules ou quoi ?

Et là, le réalisateur qui ne nous a donné aucun synopsis, sans parler du moindre story-board, rebondit une fois de plus et nous sort cette nouvelle idée de génie : « Ok, *guys*, j'ai une idée, on va aller tourner dans le métro. »

À ce moment, le gars semble attendre que tout le monde s'exclame : « Ouais, génial l'idée ! » et comme nous ne le faisons pas, il a l'air réellement surpris.

Nous sommes dans le métro. Idée de plan : Nas sort d'une rame, nous rencontre. On se dit bonjour, on remonte tous ensemble dans la voiture. De fait, on nous conseille de faire ce plan et redescendre hyper vite du wagon, avant la fermeture des portes, bien sûr.

Action ! Nas descend de sa rame, nous voit. « Salut Nas... » Nous remontons tous dans le wagon. Nas et Kool Shen redescendent en hâte. Je reste dans la rame dont les portes se claquent, hurle : « À l'hôtel ! » et fuis le tournage en métro.

Me téléphonant dans ma chambre, Kool Shen tente de me faire revenir sur le plateau. Je refuse net. Non, je n'y retourne pas. Et je lui déconseille de rester sur ce tournage d'abrutis. Je suis remonté. Kool Shen aurait dû se casser avec moi. Mais lui est sans doute plus en phase avec une réalité économique. Moi, pour le coup, je n'en ai plus rien à foutre.

Après notre départ, le tournage reprend avec Nas seul.

Nous rentrons le lendemain à Paris.

Une semaine plus tard, Epic nous explique qu'il y a une galère. Manque d'images, aucune cohérence entre les séquences, bref, pas de clip. On fait quoi ?

— Nas va venir à Paris. On va tourner ici. On cherche un réalisateur.

Kool Shen s'impose. C'est son premier clip, j'en ai déjà fait plusieurs, il taffe d'urgence avec un pote. Ils écrivent un scénario, mettent l'affaire en place.

Bruno a écrit un script qui nécessite tout un *posse* de copains de NTM sur le plateau, le jour du tournage. Toute cette équipe de potes à nous est au courant de la tentative ratée de New York. C'est avec joie qu'ils accueillent l'idée du tournage sur le thème « on va leur montrer aux Cainris ! »

La suite est super drôle.

Tournage à Aubervilliers. Nous convoquons chacun vingt ou trente potes. Nos équipes débarquent fortes de soixante-dix têtes chacune. Normal : ce sont les années belles de NTM, tout le monde veut voir sa ganache à la télé... Nos potes sont des gars énormes, immenses, avec de vraies tronches. Beaucoup ne peuvent pas se voir entre eux, le climat est super tendu jusqu'à l'arrivée de Nas. Qui débarque directement de l'aéroport, entre sur le plateau et se retrouve face à une centaine de figurants. Nos figurants sont habillés tout en noir. Jeans 501, boots, bombers... Grande entrée de Nas qui déboule dans un pantalon de cuir bleu électrique.

Explosion de rire générale.

Un peu jet-lag, Nas demande où est sa loge et s'y enferme avec ses deux potes. Il sera dérangé par un va-et-vient incessant de tous nos figurants qui ne cessent d'entrer et de sortir :

— Il est où Nas ? Hey, fais-moi un autographe...

— C'est toi Nas ? Signe-moi ça steuplaît...

Non-stop jusqu'au tournage.

En France, la mise en place est plus lente. Le studio est un vrai travail de précision qui nécessite de multiples vérifications des lumières, du son, etc.

Enfin, on va tourner. Envoi du play-back et ambiance pêchue demandée. La centaine de figurants se sautent les uns sur les autres, tout le monde se pousse, se grimpe dessus, bondit sur place comme des malades. Nous sommes au milieu de montagnes de muscles hostiles, hurlant nos play-back. Mal à l'aise, un peu bousculé, Nas s'intègre.

Il repartira le lendemain, direct pour New York. Puisqu'on ne pouvait soi-disant pas aller à Queensbridge, on en avait recréé une version française à Aubervilliers.

Le clip a été monté, diffusé. Il était bien, heureusement, il avait coûté le prix de deux vidéos. Peu après ces évènements, nous avons appris que Nas annulait sa tournée européenne.

Au moment où sort *Paris sous les bombes*, ma vie change. Du jour au lendemain, on me trouve beau, on me laisse rentrer partout, je commence à goûter aux petits privilèges des VIP. Porté par des titres efficaces, le disque passe sur toutes les radios, on parle de nous.

Mais nos ventes sont toujours freinées par notre méchante réputation qui effraie le grand public. NTM reste synonyme de procès, bagarres, nique ta mère. Nos frasques cachent définitivement notre musique.

Une nuit, aux Bains-Douches, peu après la sortie de l'album, je tombe sur l'animatrice radio Super Nana. Je l'écoutais déjà à l'époque de Carbone 14, quand j'étais jeune. En passe de se faire virer de Skyrock, elle voudrait faire sa dernière émission avec nous. Problème : sa direction lui interdit de passer les titres « Police » et « J'appuie sur la gâchette ».

Pourquoi y aller, en ce cas ?

Chez Sony, on nous explique qu'il est important de faire cette émission. À l'époque, Skyrock ne nous passe pas du tout. Il faut y aller !

À minuit, on se pointe donc au studio des Halles. En fait, le principe de l'émission est de répondre aux appels des auditeurs, jusqu'à pas d'heure. Tout de suite, Super Nana explique la règle du jeu : elle fait cette émission en direct avec Joeystarr et Kool Shen de NTM, mais elle ne passera ni « Police » ni « J'appuie sur la gâchette ».

Tout se passe plutôt bien pendant une heure. Bons mots, blagues, questions d'auditeurs, on envoie les fusées.

Vers une heure du matin, un gamin appelle : « Ouais, Joeystarr, écoute-moi bien, je voudrais te dire ce truc... » BHAM ! Le môme envoie « Police » de chez lui, au téléphone. Les auditeurs se mettent à récidiver. Les techniciens de Skyrock coupent, Super Nana jubile.

22

Les Sarcellois se rebifffent

Un soir, je suis avec un pote qui ne sort pas beaucoup. Là, exceptionnellement, il a envie de faire une virée. En général je bouge seul, on me repère moins qu'avec une bande. En plus, ce soir-là, mon pote est en costume, il est costaud, en forme grave. C'est un sportif qui ne boit pas, ne fume pas. Comme je suis vêtu d'un jogging, de l'extérieur, on pourrait presque croire que mon pote est mon garde du corps.

— On y va ?

Nous allons nous poser dans la boîte à la mode de l'époque, le Niel's. Traversant la piste de danse pour aller boire un coup, je tombe sur une de mes ex en train de fricoter avec Doc Gynéco. Je la félicite pour son ascension dans la pyramide sociale. Gynéco n'entend pas mes paroles, mais ma seule présence semble l'énerver.

Je suis tranquillement en train de boire un Baileys avec mon pote qui ne connaissait pas cette liqueur et trouve ça trop bon. À ce moment, un mec vient littéralement s'allonger sur moi et me sort cette forte phrase : « Paie-moi un verre ou je te nique ta mère. »

Je me retourne et je vois... Doc Gynéco !

— Viens, on sort, je vais te baiser, enculé !

Dans un premier temps, Gynéco ne veut pas y croire :

— Ouais, arrête Joeystarr, tu te la racontes...

— Arrête de miauler, viens dehors, je vais te démonter, je vais te casser toutes les dents.

Sur ces mots, je remonte l'escalier vers la sortie. Entre Sarcelles et Saint-Denis, ça a toujours été chaud. Mais la vraie embrouille avec Sarcelles et la secte Abdulaï remonte à l'époque des graffitis. J'avais vingt ans, je traînais avec les 93MC, plus jeunes que nous. À l'époque, les 93MC étaient des gamins de seize ans. Quand Sarcelles taguait sur Saint-Denis, on venait recouvrir leur marque, évidemment. Un jour, la secte Abdulaï a surpris les petits 93MC en train de recouvrir leurs tags, ils les ont savatés, massacrés. Ils leur ont fait un vrai truc, ultra violent.

Pas terrible.

Ensuite ils se sont mis à mal parler dans les journaux. Stomy Bugsy, Passi, Gynéco... Ils passaient leur temps à descendre NTM...

Je remonte quatre à quatre l'escalier vers la porte, Gynéco derrière moi. Inquiet, mon pote monte aussi. Gynéco proteste :

— Ouah, mais ça va pas du tout, vous êtes deux !

Je lui explique qu'il faut arrêter de miauler, que ça sera du tête-à-tête au coin de la rue. Il préfère redescendre, va chercher trois Renois qui lui font sa sécurité ce soir-là. Les choses s'enveniment. Un des Renois de Gynéco que je connais m'empoigne par le collet.

— Tiens ton singe ! je gueule.

— T'as vu comment tu parles ?

Ça fait beaucoup de monde autour de moi. Mon pote intervient : « Arrêtez, laissez-les débrouiller leur histoire tous les deux. Gynéco l'a cherché... »

Les gardes du corps ne veulent rien entendre. Ils savent que Gynéco va déguster. Alors que mon pote essaye de nous séparer, un des videurs tente de lui faire une balayette. Mon pote se demande à voix haute s'il rêve. Pendant ce temps, Gynéco, qui s'était esquivé, revient soudain armé d'une chaise. Il tente de me coller des coups en traître. Quand je me retourne vers lui, il se sauve en courant. C'est son truc. Mon pote le sportif en a marre. Assez discuté. Il commence à chaussonner les videurs. Il en démolit deux, il les malaxe, les éparpille. Pendant ce temps, je course Gynéco. Les videurs de la boîte m'agrippent au passage : « Arrête tout de suite, le patron a appelé les flics, casse-toi. » Au moment où je monte dans ma voiture garée juste devant le club, Gynéco surgit avec sa chaise. Il fonce en la brandissant vers ma carrosserie que je viens juste de faire repeindre. Je sors direct lui en coller une.

La sécurité du Niel's tente de calmer Gynéco et ses gardes du corps. Une nouvelle bagarre commence immédiatement : sécu de Gynéco contre sécu de la boîte. Bruits de sirènes. Démarrant dans un hurlement de pneus, je me barre.

Un autre soir, je retombe sur Gynéco dans une boîte de strip-tease. Une meuf qui bosse là me demande : « Ça te dérange si Gynéco vient s'asseoir à ta table ? » Gynéco arrive. Ce soir-là, je suis bourré. Je me lève, m'apprête à lui coller une patate. Me prenant les pieds sur un pouf, je tombe à terre. Ce jour-là, Gynéco aurait pu me tuer, m'achever d'un coup de pied, me briser la nuque. Il n'a pas bougé.

Ça ne s'est pas toujours aussi bien passé avec les Sarcellois. Un jour, je fais un live solo au Bataclan, en fait une apparition pour un concert de charité avec le groupe rasta RMI et le clavier de Bob Marley, Tyrone Downie. On fait la balance l'après-midi avec Kossity quand, au moment de sortir de la salle, il se fait super mal parler par Djamatik des Neg' Marrons. Kossity ferme sa gueule. Je m'en étonne. Kossity préfère laisser glisser. Comme nous sommes repassés chez moi avant le concert, je décide d'y retourner armé. Kossity m'en dissuade. Il me prend la tête : « Laisse tomber, on va pas aller jusque-là... » Nous retournons au Bataclan pour le spectacle.

Très vite, dans les loges, dix mecs viennent sur moi, me poussent, m'asticotent. Je commence à piquer. Les gars n'attendaient que ça. Ils m'attrapent, me rouent de coups, me jettent dans les escaliers, me piétinent à grands coups de pompes dans les côtes. Tyrone Downie déboule sur ces entrefaites. Le clavier de Marley a assez d'autorité pour les calmer et arrêter le lynchage. Cet incident du Bataclan ravive la vieille discorde Saint-Denis/Sarcelles.

Au final, très franchement, les Ministère Ämer m'ont toujours fait rigoler. Ce sont des gens qui se foutaient de nos gueules quand on mettait des pantalons larges, des baskets et des Phat Laces au prétexte que nous étions juste des Zoulous et eux c'étaient pas des Zoulous, eux c'étaient des *durs*.

Aujourd'hui, ces *durs* s'habillent comme nous, pour faire un duo avec... Johnny Hallyday. Pour me faire accomplir ce genre d'exercice, t'as intérêt à te lever tôt.

Ma seule rencontre avec Johnny remonte à un soir de dîner avec Florence Artaud. Elle ne m'a pas laissé de souvenir impérissable.

Florence m'emmène dans un restaurant proche des Champs Élysées. Jean-Claude, le patron, insiste pour me présenter son associé, Johnny. Comme tous les gens qui sont déjà montés sur scène, j'ai un respect pour le mec. On sait ce qu'il a fait. Il est là depuis tellement longtemps, avec son énergie, à jouer sur des scènes immenses... Qui d'autre fait ça en France ? Personne. Il est le dernier, respect pour ça. Ce soir-là, pas en forme, complètement bourré, Johnny me regarde dans les yeux, me tient la main et, coup de pression, me demande : « C'est toi qui as agressé ma choriste ? » Je rigole : « Rends-moi ma main et laisse-moi tranquille... » Continuant de me tenir la main, il refuse obstinément de lâcher. Je vois des taches de vieillesse sur sa main. Ma première pensée est « Il est tellement vieux, si je le frappe je vais le tuer. »

Un jour dans *Rock&Folk*, Johnny avait fait une gentille déclaration sur NTM. J'aurais préféré ne pas le rencontrer et quelque part, au final, je trouve très bien que Johnny enregistre avec Ministère Ämer.

Pour en finir avec Ministère Ämer : avant ils étaient soi-disant plus hardcore que nous. Aujourd'hui ils sont prêts à manger à tous les râteliers. L'un d'entre eux fait de la variet', l'autre est devenu acteur, le troisième fait du zouk.

En attendant, moi je fais toujours du hip-hop, et je n'ai jamais cessé d'en faire. J'ai toujours été *le vendu* mais je n'ai toujours fait que du hip-hop.

Un jour, j'ai aussi une embrouille avec Passi.

— Ouais, tu m'as bousculé ! il me jette. Je l'avais même pas vu... « Bousculé » ? Et quoi encore, on n'a plus quatorze ans...

— T'es qui ? Je ne t'avais pas vu.

Je tourne les talons.

Coup de verre dans le crâne, de dos.

Une chose est claire : il ne faut pas que je rencontre ces gens s'ils sont plusieurs et que je suis tout seul.

Le grand truc des Ministère Ämer, c'était de dire que les NTM étaient des danseurs mondains, des zoulous, des n'importe quoi.

Jusqu'au moment où on s'est mis à les trouver dans tous les endroits à la mode. Depuis que ça marchait pour eux, n'est-ce pas, ils faisaient l'ouverture.

Et là encore, rien à redire : c'est mieux d'être aux Bains-Douches qu'en bas d'un hall dans une cité, mais par pitié, venez pas donner des leçons de danse mondaine aux autres...

23

Interdit de chanter

Le 14 juillet 1995, nous jouons à La Seyne-sur-Mer. Dans un gros festival, avec des artistes et des gens qu'on ne voit jamais d'habitude dans notre circuit, Patrick Bruel, MC Solaar, Jack Lang, etc.

En fait, ce concert organisé par SOS Racisme salue la mémoire d'un petit Comorien tué par les colleurs d'affiches du FN. Trente-cinq mille personnes sont venues. On passe l'après-midi à énerver Patrick Bruel. On lui balance des gâteaux pendant qu'il parle à FR3 région, on le chambre, on lui hurle « Patriiiiick ! » pendant son passage sur scène, son garde du corps nous course, on se comporte en parfaits petits cons.

Nous sommes en pleine promo du nouvel album mais, pour ce concert spécial, nous avons choisi des titres anciens, plus en rapport avec l'événement. Nous avons notamment envie de jouer « Le Monde de demain ».

La foule est énorme. Dans la grande fosse qui sépare la scène du public, une trentaine de gendarmes mobiles. Pendant que nous chantons, ils rigolent clairement, nous montrent du doigt.

Provocation.

Entre deux morceaux, je m'adresse à eux : « Vous n'avez rien d'autre à foutre un jour pareil, les gars ? » Un flic me lance une connerie. Là, je me marre : « Aujourd'hui, t'as perdu. Moi j'ai un micro, je dis un mot, avec les watts que j'ai là dans cette sono, t'as perdu. Aujourd'hui c'est notre jour, pas le tien. Faites-vous tout petits ! »

La foule rugit d'approbation. Dès qu'on refait un morceau, les blagues des flics repartent. Enragé, je scande le refrain de « Police ».

« Police, machine matrice d'écervelés mandatés par la justice sur laquelle je pisse. »

Ce sera suffisant pour que les vingt-six flics portent plainte et nous attaquent en justice. Le préfet Marchiani, qui se décrit dans la presse de l'époque comme « représentant de l'état, chrétien et homme » et dort ces jours-ci au quartier VIP de la Santé, avait déjà réussi à déprogrammer notre passage au festival de Châteauvallon. Il pense enfin tenir NTM.

Il faut rappeler que, par le passé, Pasqua avait essayé de nous attaquer pour « Pass pass le oinj' » (incitation à la drogue) et deux syndicats de policiers pour « Police » (incitation à la haine anti-flics).

Savoir que le ministère de l'Intérieur faisait une enquête sur NTM nous excitait beaucoup. Même le patron de notre maison de disques avait été interrogé. Nous étions venus au tribunal et Pasqua et les syndicats policiers avaient perdu.

Notre avocat était trop fort.

Il avait expliqué à la cour que le texte « Police » se terminait par la phrase « Tels sont les rêves que fait la nuit Joey Joe ». Toute notre attaque devenait subjective. Ce n'était pas une affirmation. Le tribunal avait suivi notre avocat et nous étions sortis du Palais de Justice en bombant le torse.

Jusque-là, on ne se rendait absolument pas compte de ce qu'on écrivait. D'un coup, on a découvert toute la portée de nos disques. C'est la presse qui nous a appris que nos textes étaient importants.

Au départ, on faisait du hip-hop.

Nous avions un contrat moral avec les gens qui nous écoutaient et on se devait d'écrire des choses avec juste ce qu'on avait. Nés dans l'urgence, nous avons de fait enregistré quatre albums qui parlent tous de la même chose. Seules l'humeur et la forme musicale changeaient.

À nos débuts, personne ne nous avait pris au sérieux, on voulait voir en nous des provocateurs, « le groupe rock'n'roll du hip-hop ». Jusqu'aux fameuses émeutes de Vaulx-en-Velin.

Le 15 novembre 1995, suite au concert de La Seyne-sur-Mer, changement de ton. Le tribunal de Toulon nous condamne à six mois de prison, dont trois ferme, 50 000 francs d'amende et, grande première en France, *six mois d'interdiction d'exercer notre métier.*

Honnêtement, ça ne nous fait ni chaud ni froid, cela étant, l'histoire devient tellement médiatisée que Laurent Fabius s'en mêle, en essayant même de faire alléger la peine.

Le jugement sera cassé en appel devant le Tribunal d'Aix-en-Provence, le 23 juin 1997.

Souvent, j'ai fait des trucs pas bien dans ma vie, des trucs qui méritaient la prison, ok.

Mais là, on parle d'une chanson !

C'est pas parce qu'on a sorti « J'appuie sur la gâchette » qu'il y a eu une recrudescence de suicides chez nos fans. C'est pas non plus parce qu'on a écrit « Pass pass le oinj' » que les gens se sont mis à fumer !

Ces événements ont du bon, de ce fait et à cette époque, tout le monde nous reconnaît à notre valeur.

Mais voilà : à force de ridiculiser le groupe phare qui passe après, nous ne pouvons plus faire aucune première partie, les festivals aussi faut oublier et beaucoup conseillent même aux Américains de se méfier : « NTM sur scène, attention, ils vont vous expliquer quelque chose. »

Nous organisons donc nos propres tournées.

Malgré tout, sachant cela, je remonte sur scène comme au premier jour, avec tout à faire.

Si faire de la musique c'était uniquement aller au studio, j'aurais été malheureux. J'ai toujours eu besoin de cet équivalent à la rue qu'est la scène. Soudain on court, on sait pas pourquoi, on va casser la gueule aux autres, on les trouve pas, oui, mais il se passe tout le temps quelque chose. Soudain c'est toi qui donnes le rythme au truc. Une sensation d'infini t'envahit, ta tête tourne tellement tout s'accélère. Pour moi, la seule manière de rester objectif par rapport à notre travail, c'était ça. Que la notion de challenge soit là, toujours. Un jour dans un festival, Passi est venu nous voir. On l'a vu, debout dans les barrières en train de nous mater, ça a suffi. On a été exceptionnels ce soir-là. C'est ça qui était beau, que des petits trucs comme ça nous mettent toujours en ébullition.

Sur les dernières tournées, on joue dans des salles de huit mille personnes. C'est classe ? Oui, mais en plus, si on vient nous dire que Machin ou Truc qu'on respecte sont dans la salle ce soir...

— Ah ouais ? Ils vont voir !

On était régis par ce genre de détails. Un autre soir un dirigeable nous filme. Une fois encore, lors de ce concert-là on donne tout pour se voir à la télé tard dans la nuit, minuscules, microscopiques filmés de tout là-haut. Tant pis, le spectacle doit continuer.

À ce propos : aujourd'hui, je vais toujours voir beaucoup de concerts, mais je ne retrouve pas ça chez les autres. Un tiers des formations que je vois ont le truc, pas plus.

24

Wu-Tang Style

15 juin 1997, première édition du festival Rock à Paris au Parc des Princes. Les riverains sont furieux du volume de décibels dégagés durant deux jours par une affiche qui ravit les festivaliers : David Bowie, Prodigy, Helmet, L7, Rage Against The Machine... que du lourd. Supervisant l'événement, le staff de Michel Denisot considère que cette affiche peut encore être améliorée. NTM est en pleine tournée. À six jours du concert, Denisot nous appelle. Il propose de nous faire jouer juste avant les poids lourds du rap américain, Wu-Tang Clan, coalition de neuf rappers de Long Island portés par un album exceptionnel, *Enter The Wu-Tang : 36Th Chamber*.

Ce sera le premier vrai concert des Wu-Tang en France. Au niveau des thunes nous ne prenons pas grand-chose, à peine 40 000 francs. Mais l'appel du Parc est le plus fort. Nous acceptons direct.

Et puis, d'accord, nous venons jouer pour des clopinettes, mais on nous demande juste cinq morceaux...

L'après-midi, nous faisons notre soundcheck sur la gigantesque scène construite dans le Parc. Le Parc des Princes ! Nous sur scène ! Mortel ! Cette balance, on la fait comme dans un rêve.

Nos loges sont à côté de celles des Wu-Tang Clan. On les voit débarquer un par un, habillés comme nous en sportswear dandy. Ils passent devant nous en nous gazant d'un œil glacial. Ça se voit sur nos gueules qu'on est contents de les voir là, parmi nous, car ils sont tous venus les Wu-Tang, RZA, GZA, Ol'Dirty Bastard, Masta Killah, Inspectah Deck, U-God, Ghostface Killah, Method Man, Raekwon... Méprisants, les gars ne nous calculent absolument pas. Pour eux, nous sommes invisibles. Les Wu-Tang passent l'après-midi à se gaver de pizza et de champagne.

Ce spectacle nous replonge dans un état d'esprit qu'on connaît bien : l'ambiance qu'on nous réserve d'ordinaire dans les festivals de rock... Ces moments où la suffisance des rockers nous déclenche plus qu'autre chose. Sur ce genre de truc, NTM est au garde-à-vous. Coup d'œil sur la feuille de programmation : on passe juste avant eux. Bon. « Ok, on se dit, c'est les Wu-Tang, mais on en a déjà jeté d'autres dehors. »

Opportunité de se dépasser : eux c'est eux, mais on aura fait ce qu'on a pu.

Signes ? Trois mois plus tôt, Ol'Dirty Bastard était venu jouer à Paris, programmé par une boîte de Pigalle. Avec son DJ Buddha Monk, l'Américain avait cru futé d'exiger le double du cachet prévu au moment de monter sur scène. Manque de pot, il tombe ce soir-là sur l'équipe de MC Jean Gab'1, Ousman et des gars de Barbès. Savaté, ODB était finalement monté sur scène au tarif prévu. Connaissant cette histoire, plus celle de Method Man essayant de se procurer de la foncedé cité Rouge à Gennevilliers et tombant sur une équipe de jeunes pas faciles, mon approche des mecs du Wu-Tang est qu'ils débarquent à Paris en purs touristes.

C'est à nous de jouer, en plein après-midi. Il fait un temps magnifique. Jouer sur scène en été, nous ne sommes pas coutumiers du fait. Ces conditions nous semblent mortelles.

D'emblée, arrivant sur scène, je fais une petite déclaration sur le club troisième âge des tribunes VIP, le PSG, les supporters du KOP, concluant sur ces mots : « On n'est pas des hooligans, on est venus pour faire de la musique ! »

Denisot se sent attaqué.

À tort ! Je m'en expliquerai après avec lui. J'ai fait ma première télé grâce à lui, il a été le premier à nous inviter, je n'aurais jamais aucune animosité envers lui.

Là-dessus on prend la scène, on met une patate monstrueuse et on dégage tout. On fout le feu. Dense de 40 000 personnes, la foule répond au quart de tour. Le Parc s'embrase et tangue. Le béton tremble. Bonnes poires, nous chauffons la salle « Ouais derrière y a les Wu-Tang, faites du bruit pour eux, montrez-leur qu'à Paris on en a ! »

En cinq morceaux, on crame le Parc des Princes.

Au départ, les Wu-Tang nous avaient regardés comme des videurs de crachoirs. À mesure qu'on joue, les leaders viennent se masser derrière notre scène. Je n'aime pas dire ça, mais Public Enemy, Wu-Tang, Ice-T et Body Count, ça s'est toujours passé comme ça. Ces mecs arrivaient en territoire conquis. On jouait avant eux. Au début les mecs ne nous calculent pas, ils sont dans les loges et tout d'un coup, on joue, on les voit au bord de la scène. Et après, c'est « yo man » et ils se dépêchent d'aller jouer pour garder l'effervescence du truc. Ice-T nous a fait le coup. Plein d'autres en festival. Seul Public Enemy avait été cool avec nous. Eux étaient venus nous dire bonjour normalement. Eux avaient respecté Kool Shen, pas fait d'histoire noir blanc...

Cinq Wu-Tang sont désormais derrière nos platines, effarés de notre coup de force. Désireux de profiter de l'ambiance créée par NTM, ils veulent entrer en scène au plus vite. Ils cherchent les autres. Qui, pas de chance, sont partis dans la foule se faire mousser un peu. Les Wu-Tang décident néanmoins d'enchaîner direct. Nous avons à peine le temps de finir notre dernier morceau qu'un Maître de Cérémonie vêtu de cuir jaune prend la scène et tente de faire la liaison entre les deux groupes. Malheureusement, il va ânonner tellement longtemps des « Do you want the Wu-Tang ? » poussifs que l'ambiance retombe irrémédiablement.

C'est toujours un peu l'attitude américaine face au public français et c'est un vrai problème, aussi. Ils n'ont toujours pas compris qu'on est revenus de leur vieux showbiz, mais surtout qu'on n'est plus à la Libération, époque où ils jetaient des chewing-gums et du chocolat à des extasiés. L'entracte dure. Le public, bien normal, s'impatiente.

À l'arrivée tardive des Wu-Tang qu'on ne reconnaît pas les uns des autres, la dynamique est cassée.

Avec Kool Shen, nous regardons comme on vient s'instruire auprès de grands pros. Plus leur show s'enlise, plus nous sommes incrédules.

— C'est sérieux, là ?

À deux, en cinq morceaux, nous avons défoncé le Parc. Eux, à onze, ils font du play-back ?

Seul Ol'Dirty Bastard était en live, et encore, pas toujours.

Les Wu-Tang se sont enfoncés.

Bien plus tard, Denisot m'a dit :

— Quand je pense que j'ai payé 300 barres pour ça ! C'est à vous que j'aurais dû les donner...

C'est un peu écœurant d'entendre ça. Mais le simple fait qu'il le dise était parlant.

Et puis ce jour-là, dans les loges, quand les Wu-Tang sont venus se prosterner devant nous, on a eu la joie de leur dire de se casser, qu'on n'avait pas trop de temps à perdre avec eux.

Soudain, c'était la revanche des nains.

Trois semaines après le concert du Parc, je revois Ol'Dirty Bastard au Balajo, un soir de teuf. Je suis assis à une table avec des gens. ODB arrive avec deux meufs, on le colle à notre table. Un peu excité par l'ambiance, le rapper attrape tout ce qui passe à portée de notre table. Il bouge tellement qu'il renverse une bouteille. Aspergé d'alcool, ne parlant pas anglais, je me vénère. ODB demande à un de mes potes quel est mon problème. On lui explique que je suis furieux parce que la bouteille qu'il a fait tomber m'a arrosé. ODB me regarde, attrape une autre bouteille et se la verse dessus.

— Ok, man, tout est cool, dit-il.

Je me lève et je pars. Va faire le clown ailleurs ou fais le mieux quand tu es sur scène...

Dans la même soirée, ODB a continué à prendre la tête à tout le monde au Balajo, alors qu'il était avec deux pouffiasses.

Est-ce l'effet de la France ?

Ce soir-là, il lui en faut toujours plus. Au final, l'insatiable rapper se frotte à la seule meuf qu'il ne fallait pas emmerder ce soir-là. Il tombe sur un bélier qui lui balance un coup terrible, un coup qui lui casse la mâchoire en deux. ODB tombe net. Ses comparses le traînent à sa limousine et il repartira pour New York le lendemain matin, avec la mâchoire pétée. Sale nuit pour ODB.

25

Suprême NTM

1998 : au moment d'enregistrer le quatrième album, *Suprême NTM*, on a conscience qu'on est très attendus. Notre troisième disque, *Paris sous les bombes*, s'est vendu à plus de 500 000 exemplaires, on a multiplié les tournées, tout cassé, jamais fait un bide.

Chez Sony, très vite, on dit aux nouveaux arrivants : « Méfie-toi du syndrome NTM. »

Pardon ?

« NTM, au départ, tu les prends à la légère, puis tu vas les voir, tu te prends au jeu, tu finis par ne plus bosser que pour eux. »

C'était ça le but, depuis le début.

Mon principe étant que même s'il y a personne dans la salle, les quatre qui sont là, je vais leur faire le truc des 10 000. Je veux que quand ils rentrent chez eux, ils en parlent chacun à dix personnes qui seront là pour nous la prochaine fois.

Notre politique avait payé.

À la sortie d'un Zénith, un vieux rocker en perfecto, presque un personnage de Margerin, vient me voir avec son fils. « Je suis venu pour mon fiston et c'est pas ma musique, mais ça fait vingt piges que j'avais pas vu un truc comme ce soir. » Le gars a les larmes aux yeux, son môme me dévore du regard.

Une autre fois, une meuf de chez Jean-Paul Gaultier me croise et me dit : « Mon frère est mort dernièrement, il arrêtait pas de vous écouter. Alors je suis allée à un de vos concerts pour essayer de comprendre ce qu'il vous trouvait. D'habitude, je suis plutôt Bryan Ferry, mais là, j'ai halluciné pendant une heure et demie. J'ai l'impression de mieux comprendre mon frère... »

Des anecdotes comme ça, j'en ai tellement vécu, tellement entendu que je me sens surgonflé.

On sait qu'on est capables de remplir le contrat, et pour ce quatrième disque je serais moins en retrait en studio. Au garde-à-vous, livrant mes textes en heure et ainsi de suite. Bien sûr, j'ai toujours ces accès de fainéantise, ces envies de retenir l'instant. Kool Shen tempête, réclame, je lui affirme que je vais le faire, et je le fais.

Bien sûr, il y aura des moments de délire bien dans la tradition NTM. Au moment d'enregistrer « Laisse pas traîner ton fils », une chanteuse classique vient poser sa voix. Avons-nous trop fumé ? Sommes-nous bourrés ? En tout cas nous piquons des crises de fou rire et nous nous cachons derrière la console pour taper des barres. La chanteuse finit sa partie :

— Ça vous plaît ?

— Heu... Ben (crise)...

Impossible de lui répondre. L'affaire devait durer une heure. Mais comme nous n'arrivons pas à parler, la chanteuse s'énerve, essaye des choses diverses et variées, passe quatre heures sur sa partie. À la fin, nous nous roulons par terre.

Même Kool Shen avait du mal à rester sérieux une semaine entière. Ce qui ne l'empêchait pas d'être à l'heure tous les jours au studio.

Le problème avec Kool Shen, c'est que c'était un vrai mathématicien. Un morceau comme « Ma Benz » par exemple, si j'étais arrivé en lui disant, « je vais faire un truc sur ma Mercedes », il m'aurait dit : « Ouais d'accord » et ça aurait eu du mal à aller plus loin. Ce qu'on ne fait pas avec NTM, je vais le faire avec d'autres gens puisque Kool Shen me bloque mes envies de délire.

Au départ, on a fait une musique, Spank et moi, pour essayer l'équipement son que j'avais installé dans ma voiture. On voulait tester toutes les fréquences. C'est cela, l'instru de « Ma Benz ». RMI, groupe de rastas, reprend des morceaux d'artistes hip-hop en live. C'est mortel. Ça me fait délirer d'entendre « Ma Benz » repris par des rastas, avec Tyrone Downie aux claviers.

Les rastas trouvent un deal, ils veulent faire une compile avec le morceau « Ma Benz » dessus. Je dis oui. On verra plus tard avec Sony et Kool Shen. Et je leur amène « Ma Benz ». Ils kiffent direct. Je leur amène aussi Kossity. À l'époque, Kossity que je viens de ramener des Antilles, dort chez moi. On écrit ensemble un texte où on raconte nos soirées, parce que « Ma Benz », c'est vrai, c'est nous passé minuit, nous en train de faire le tour des bars à putes. Même là, on fait avec ce qu'on a. Kossity écrit un couplet, je trouve le refrain et on est partis. Je me rappelle qu'on a arrêté la séance parce que la table avait un bug. Un jour où on travaille sur le quatrième NTM, je fais écouter ce morceau par hasard à Kool Shen.

Le mec me regarde, me dit : « Tu vas en faire quoi, de ce morceau ? » Je lui réponds que c'est pour RMI. Et il me dit que c'est mortel, que c'est justement ce qui nous manque. Il m'a pris la tête pendant un mois, genre « tu n'as pas le droit, tu ne peux pas ». Un morceau comme celui-là, on ne l'aurait pas fait tous les deux, de nous-mêmes.

Le quatrième album s'intitule *Suprême NTM*. Il est presque terminé, mixé, séquencé. Un beau jour, j'arrive au studio à Courbevoie et je tombe sur Laurent Bouneau le directeur de la programmation à Skyrock. Il est là avec notre attachée de presse Zaïa Haddouche, plein de gens de la promo Sony.

On m'apprend que Bouneau est venu écouter le mix final de notre disque. Je pense que si aujourd'hui des gens comme lui ont le pouvoir qu'ils ont sur la musique, c'est à cause de nous. Laurent Bouneau n'est pas mon ami. Quand tu arrives dans son bureau à Skyrock, tu as une espèce de symbolique. Assis avec plein de CD pas ouverts à ses pieds, il a des disques d'or à son nom au mur.

Quand j'ai vu Bouneau dans notre studio pour écouter le mix final du quatrième album de NTM, sur le moment, je n'ai pas compris ce qu'il foutait là. J'ai toujours respecté le travail des gens de la promo. Ils m'ont demandé de rester pour l'écoute.

— Oui, mais je suis pas obligé de lui parler !

Le mec est là, il écoute, trouve tout génial, commence à venir me parler. Mais moi, je n'en ai rien à foutre de ce qu'il me raconte !

Olivier Cachin, le rédacteur en chef du mensuel hip-hop *L'Affiche*, avait dit ça de nous un jour : « NTM, quand tu aimes et que tu es un critique, tu as l'impression de te mettre des coups de fouet dans le dos en permanence. »

Dans le cas de Bouneau, ça va plus loin.

Il dit à mon manager : « Joey est une star, c'est la STAR, c'est normal, il est génial, c'est de bonne guerre. »

Le problème, c'est pas d'où tu viens, c'est comment tu y vas. Pour moi Bouneau est la représentation sur pattes de l'imposture. De ses débuts, il est toujours allé dans le sens du vent, surfant sur la vague depuis des années, il faut peut-être lui reconnaître son talent professionnel, mais moi, je ne mange pas de ce pain-là.

J'ai mouillé le maillot pour en arriver là. De quoi tu me parles ? Nous, on se tapait des shows dans des petites salles. On les connaît les morceaux qui cognent, puisqu'on les joue en public. C'est le public notre thermomètre. Alors programme nos titres et tais-toi, laisse-nous faire nos erreurs.

En attendant, on avait bel et bien autorisé Skyrock à venir écouter nos mix. Aujourd'hui, plein de rappers et d'artistes n'ont pas la chance d'être diffusés sur la seule radio rap nationale parce que Laurent Bouneau en a décidé ainsi.

Avec Kool Shen, depuis le début de NTM, on fait de la musique ensemble, on est sur scène ensemble, mais le reste du temps on n'est pas ensemble. La pochette de cet album qui montre notre tête en gros plan solitaire, chacun d'un côté, raconte cela très clairement. À la sortie du disque, avril 1998, grande joie personnelle : je descends dans le métro sur recommandation de mes proches. Ma tête, noire et bleue, coiffure afro, est placardée sur des panneaux de douze mètres carrés.

Ce qu'on a fait est à la hauteur de ce que je suis en train de voir là. Ma gueule, sur les murs du métro.

Et pourtant, sur toute la longueur de ma carrière, ce qui m'a le plus cassé les couilles, c'est les séances photo.

À sa sortie, donc, notre nouvel album dégomme enfin la BO de *Titanic* qui caracolait dans les meilleures ventes depuis des lustres. « Nique le Titanic ! » jubile Sony dans une pub restée fameuse.

Certains journaleux oseront écrire que ce nouveau disque est commercial. Insulte. Non, ce disque n'est pas « plus commercial » que les précédents. Le hip-hop est rentré dans les mœurs, nuance. On emmène désormais pas mal de gens du rock, qui se reconnaissent moins dans la musique, mais nos textes sont restés les mêmes. Et puis soudain, à force d'écrire et d'enregistrer, on a compris ce qu'est un morceau, couplet, refrain, couplet. La structure de nos titres est différente, plus aboutie.

Mais franchement... plus commercial cet album ?

Écoutez « Saint-Denis Style », qui parle de Saint-Denis, ses cités, l'ogre du Nord, « Ma Benz » qui parle de ce que je fais sur la banquette arrière de ma voiture... Tout cela ne me semble pas à moi extrêmement commercial. Ce quatrième album marque également l'arrivée de Lord Kossity qui nous amène autre chose. Au départ, Kool Shen était assez réfractaire au dancehall. On avait abordé le genre avec « Da Best » dès le deuxième album ou « Pass pass le oinj' » sur le troisième. Sur ce quatrième disque il y a confrontation de styles. Petit à petit j'amène du dancehall dans notre musique et en plus, ça plaît.

Tout le monde connaît NTM, tout le monde nous respecte : hip-hop, dancehall, rock.

On peut aller jouer avec n'importe qui, tout nous est ouvert et une gigantesque tournée de tous les Zénith de France est mise en place.

Dommage que je rencontre l'hôtesse...

26

L'hôtesse

Nous arrivons à Montpellier deux jours avant le début de la tournée pour parachever la configuration. C'est une tournée lourde : nous avons deux 45-tonnes de matériel, on amène tout avec nous, son, lumière. Pendant deux jours nous mettons la dernière touche au spectacle dans le Zénith de Montpellier. On passe le plus clair de notre temps à répéter. Le 29 novembre 1998 au soir, les NTM sont invités dans une soirée d'étudiants. Nous y allons. À l'époque, je suis accompagné de gardes du corps, en raison de la multitude de gens qui veulent me créer des problèmes. Souvent ils ont un poster de moi dans leur chambre, mais pour faire le beau devant leurs copains, ils viennent tester Joeystarr. Et ce genre de chose arrive sans arrêt. De tous les coins des cités, on me cherche. Prudente, la maison de disques me paye une sécurité. J'ai choisi une bande de potes. Dans la soirée d'étudiants, nous vivons notre vie. Musique, alcool, filles... Je suis avec mon petit frère Claude qui adore se balader avec moi et que j'ai amené pour l'occasion. Ayant répété toute la journée, je suis très vite naze. Je décide de rentrer avant tout le monde et je pars avec mon frère et un des gars de ma sécu. Nous arrivons à l'hôtel à six heures du matin, et je suis rentré tôt pour ça, pour prendre mon petit déjeuner. Nous sommes au réfectoire. Qui est vide, à part un groupe de stewards et d'hôtesses derrière nous. Je suis assis face à mon petit frère, à une petite table. Mon pote Dwayne déjeune tout seul à une table derrière. À un moment donné, une meuf passe à côté de nous. Dans la conversation, je glisse à mon frère : « Tu vois comme c'est un mythe les belles hôtesses ? » Je n'ai pas haussé la voix, ni parlé fort, mais la salle de restaurant est déserte. Et j'entends derrière moi quelqu'un qui se met à m'invectiver dans un langage fleuri : « Avec ta gueule de con qu't'as et machin et cela », et autres vociférations.

Je me retourne : « Ben vous ne faites pas exception à ce que je viens de dire, avec l'attitude que vous avez... »

Tout en sachant que mon frère et mon garde du corps relèvent à peine, rigolent discrètement, sans plus. Eux savent que j'adore les joutes verbales, sport national des cités. Donc je réponds.

L'autre renchérit. Je la vouvoie, elle me tutoie. Je continue à la vouvoyer. Mais la dame continue. Je me lève, je réponds, m'approche d'elle sans à aucun moment penser que l'affaire va dégénérer aussi désastreusement. Je suis en face d'elle. Toutes les bornes ont été dépassées.

— Avec la gueule de mal baisée que tu as, franchement, ferme ta gueule.

La meuf m'envoie une gifle phénoménale. Je lui en renvoie une direct. Elle s'apprête à m'en renvoyer une, j'esquive et lui en remets une. Mon frère et mon garde du corps arrivent. Ils m'empoignent en rigolant. Pour eux la scène est comique : « Arrête, c'est bon ! » Mon frère Claude est un costaud, mon pote Dwayne une montagne de muscles. Tous deux interviennent « Arrête, arrête ! » D'après moi, l'équipe d'Air France m'a reconnu. Eux aussi ceinturent leur collègue.

Claude et Dwayne me traînent vers la réception. J'arrive à hauteur du pupitre de l'accueil restaurant où est posé le livre des réservations. Je tends la main, saisis le livre et le lance.

À cet instant, nous avons vécu un moment que je croyais réservé aux films de publicité. J'ai vu le livre partir en tournoyant au ralenti. Tac ! Il heurte la fille au front. Les deux autres me lâchent et nous filons en riant comme des dingues, poursuivis par les hurlements de folie de la dame qui me traite de tous les noms.

Morts de rire nous revenons nous rasseoir pour déjeuner. La fille implose. Tout son groupe lui demande d'arrêter, elle ne veut rien entendre, menace d'appeler les flics. Je n'en reviens pas. Elle fonce à la réception. Je la rejoins au moment où elle obtient le commissariat. Je lui arrache le téléphone des mains :

— Allô, police ? Je viens de me faire agresser, je voudrais que vous veniez. Je suis à l'hôtel Mercure.

Et je raccroche. « On va voir », je dis en montant vers ma chambre. Sous ses invectives, je vais me coucher. Au bout d'une heure le téléphone sonne. On me demande de descendre à la réception. Je n'avais pas bu. Pour une fois j'étais clair. À sept heures du matin. Je connais un peu ce genre de problème. J'ai souvent eu affaire aux flics. Donc j'arrive.

Elle est là, en train de hurler. Je suis super calme. Explications policières : « J'ai des témoins, elle m'a mis une baffe, je lui ai rendu. Voilà quoi. »

Le serveur de l'hôtel corrobore mes dires : « Oui, effectivement, j'étais là. La dame a porté la main en premier. »

Les condés font une main courante.

Le SAMU aussi est là. Constatant qu'il n'y a rien, ils repartent. Le lendemain, nous faisons notre show. Le Zénith est plein, nous finissons la nuit en soirée.

Sept heures du matin. Je dormais dans ma chambre quand une lampe torche me tombe sur la gueule

— Vous êtes Didier Morville ? Debout ! Debout !

Mais que se passe-t-il ?

J'avais tout oublié, moi...

Les mecs me retournent sur le lit, me passent les Kelton. Je veux m'habiller.

Se trompant de chambre au départ, les flics ont réveillé par erreur mon frère Claude. Qui a réveillé tout le groupe. Les flics se retrouvent face à une équipe de foot ultra déterminée. « Vous l'emmenez pas » dit un gars de Dooeen Damage. Dix gardes du corps sont là.

Plus tard, en discutant avec les flics, je saurai que mon arrestation avait été décidée dès l'après-midi quinze heures. Pour éviter une émeute, on avait laissé NTM jouer. Et décidé de m'arrêter après le spectacle.

L'hôtesse de l'air avait pris son vol, travaillé normalement et déposé sa plainte en arrivant à Paris. Plainte référée à Montpellier dans la journée. Les flics ne trouvaient pas l'histoire des plus claires. Le SAMU n'avait rien constaté. Deux mains courantes avaient été remplies.

— Normalement, me dit un flic, sur ce truc-là, vous devriez pas avoir trop de problèmes. Elle est partie travailler, une fois rentrée chez elle, elle porte plainte, ce qui est un peu bizarre, pourquoi ne l'a-t-elle pas fait à Montpellier ?

Malgré ça, je suis allé voir le procureur de la République direct derrière. Un peu le principe des comparutions immédiates, sans avocat, rien. Pour le procureur, j'ai fait ma garde à vue, je serai reconvoqué plus tard. Il a une déposition arrivée de Paris, il me la montre. La meuf dit avoir été

« rouée de coups ». Elle affirme avoir le nez fêlé. Elle dit ne plus pouvoir travailler à cause de la pression que lui mettent ces événements et de son nez.

Sauf qu'elle est rentrée à Paris en travaillant...

Elle obtiendra gain de cause !

Sur cette histoire qui continue à me poursuivre, la fille n'a pas travaillé durant deux ans. J'ai été attaqué par les hôtels Accor, par Air France, les Assedic, la Sécurité sociale et par l'hôtesse. Après un premier arrangement amiable, j'ai donné de l'argent, mais la procédure a été maintenue. À l'arrivée, l'affaire de l'hôtesse m'a coûté un million huit cent mille francs. À un moment Air France refusait que je monte dans ses avions. Question : si demain je m'embrouille avec le facteur au bistrot, va-t-on continuer à m'amener mon courrier ? Je m'embrouille avec une hôtesse, au sol, même pas dans un avion, encore moins dans un aéroport et voilà que je ne peux plus voler sur Air France ? Tout le monde m'a demandé de l'argent. Tout le monde a utilisé l'affaire contre moi. Quand une histoire comme ça arrive, tu es considéré comme responsable par la Sécurité sociale. Pour tout ça, la dame a cessé de travailler plus de deux ans. Je le sais : c'est moi qui ai payé son salaire. Comment raconter sa vie avec cette violence dans le hall de l'hôtel quand on a le nez fêlé ? Et tous les quatre mois il y avait autre chose : des troubles psychologiques, des insomnies, une dépression...

À aucun moment, personne, nulle part, n'a compris cette évidence flagrante : j'ai été le dindon de la farce. Tous les quatre mois, la dame sortait quelque chose de nouveau. L'affaire a duré deux ans et demi, à l'heure où j'écris ces lignes, elle n'est pas complètement terminée...

Au moment de l'incident, les journaux en ont parlé quatre jours non-stop.

Le procès a eu lieu longtemps après la fin de la tournée et là, je me suis littéralement fait fusiller.

La presse m'a allumé. Sans consulter les parties, tout était tartiné en un dossier de dingue. Soudain, ce n'était plus moi, c'était carrément « le rap qui perd les pédales ». Ils en ont bien profité, tous. J'ai les noms de ces gens à qui on n'avait jamais rien donné à manger et qui se sont servis.

L'affaire me poursuivra encore longtemps. On me refuse les hôtels Accor, j'ai porté préjudice à leur prestige. Longtemps, les gens des aéroports me refusaient mon billet alors que j'avais ma place réservée ! Une autre fois, c'est un commandant qui vient me faire la morale avant que je monte dans l'avion.

— Casse-toi ! Va conduire ton bus, t'as perdu une roue ou quoi ?

Ces mecs venaient me casser les couilles et concluaient : « Si vous n'êtes pas calme, j'ai le droit de ne pas vous laisser monter à bord. »

C'était quoi ces types qui venaient me faire la morale deux ans après ? Ils étaient là ? Ils avaient vu ce qui s'était réellement passé ?

Non, il fallait qu'ils me prennent la tête.

On le voit jusque dans la vidéo *Authentik* : je vais à Nice sans problème, au retour la fille des guichets m'annonce qu'elle ne veut pas que je prenne mon vol.

C'est une plaisanterie ?

La fille appelle son supérieur, se fait mettre vertement en place. Ce jour-là, je prends mon avion. L'envie d'insulter tout ce petit monde me taraude. Je ne peux plus le faire. Je sais que ça va leur donner du grain à moudre, et ça, merci, je connais.

Le procès, en janvier 1999, est l'un des pires trucs qui me soient arrivés. Je suis un musicien. Je ne vis que pour ma musique. Ce que je fais, ce n'est pas que pour moi.

J'écris des textes. Je ne me suis jamais considéré comme exemplaire, mais j'ai écrit des choses vraies, des choses qui peuvent être prises en considération.

Des mésaventures comme la mienne arrivent à plein de gens. Qui n'ont jamais aucun problème. Mon procès fut un gigantesque déraillement en direct. À mon arrivée au tribunal, toute la presse était là. TF1 était là, France 2 était là. Tous les journaux, les radios, les télés. Tous ces gens qui refusent totalement de nous interviewer quand nous sortons nos disques, soudain, tous veulent choper cela, Joeystarr et quoi au fait ? Une bataille de chiffonniers remontant à des mois ! Et tous ces gens sont là pour quoi ?

Peut-être pour voir la foule houleuse qui m'accueille. Il y avait dans cette masse des jeunes, venus « pour voir », mais voir quoi ? Les gens qui me font les poches, ceux qui crient : « Espèce d'enculé, tu vas y aller, en prison ! » Non, mais les gens m'en voulaient à ce point-là ? Je suis juste chanteur, j'ai pas volé, j'ai pas tué ! Le premier jour j'ai failli me faire lyncher. Je suis rentré à l'hôtel effaré.

Ma conclusion de toute cette affaire est simple. Ce truc qui m'était arrivé, en vrai il pouvait arriver à n'importe qui. Là, soudain, on mc rejetait tout à la gueule. Mon passé, mes bagarres de café, mes erreurs de jeunesse. Soudain on parlait de moi comme d'un pointeur. Et tout ça pour quoi ?

Soudain tout ça me semble trop injuste. Je paye des impôts, beaucoup, énormément. Je ne prends pas les transports en commun, je ne profite pas de l'urbanisme, est-ce qu'on pourrait me foutre la paix à un moment ?

Le pire étant les commentaires des télévisions. Si j'avais violé des gamines, on n'aurait pas parlé de moi autrement. Je travaille, bordel. J'essaye de m'en sortir. Je bosse. Je ne veux pas retourner d'où je viens.

Ensuite ils se sont retournés contre ma mère. Ma mère qui habite chez elle, tranquille, fière de son fils. Soudain, les gens l'appellent, la réveillent la nuit au téléphone.

Puis il y a eu le regard des gens, dans les trains, les avions. Des regards désapprobateurs. Ça et les réflexions !

À la suite de cette histoire, toute une flopée de gens sont venus me chercher des poux dans la tête. Une nuit, je traîne aux Bains-Douches avec Spank. Nous animons. Puis, nous prenons la voiture pour rentrer sur Saint-Ouen. Sur le chemin, nous arrivons rue Fontaine. En plein à la hauteur du bar Le Dépanneur, un type qui se tenait sur le trottoir traverse. Spank fait un écart pour l'éviter, freine, s'arrête dans un hurlement de pneus.

— Ça va pas ?

Le type nous insulte :

— Ferme ta gueule, sale bamboula !

Je sors de la voiture.

— Tu te prends pour qui ?

Le type réitère ses insultes. Spank et moi partons en courant. Celui-là, il est au premier arrivé. Malheureusement c'est moi. Je lui colle une patate dans la bouche. Le type tombe au sol en hurlant :

— Arrête Joey !

Je le laisse là. On remonte dans la voiture.

La convocation des flics de Saint-Lazare est arrivée deux jours plus tard. Le mec avait parfaitement réussi son coup. Ce type insultant les « bamboulas », soudain, devient un paisible passant agressé sans raison par deux forcenés surgis d'un bolide.

Mon casier parle pour moi. Encore un qu'il faudra payer...

27

Mauvais sang

Ce chapitre n'est pas un règlement de comptes. C'est juste ma version, que je raconte pour la première fois.

Depuis 1998, je n'ai jamais parlé de cette affaire à personne. Que ce soit à la télé ou ailleurs, quand on me demandait où en était NTM, je n'avais qu'une seule réponse :

— Range tes questions.

C'est donc la première fois que je raconte la fin de NTM.

Il faut savoir un truc : quand Kool Shen et moi avons commencé à faire de la musique, nous étions tout le temps ensemble. Deux ans après les débuts de NTM on ne se voyait plus que pour faire de la musique, des concerts, des disques. Nous n'avons jamais écrit un texte ensemble, en face à face. Chacun écrivait chez lui. On discutait ensuite au téléphone.

Donc, par exemple, je lui disais :

— Tiens, j'ai écrit ce truc « Laisse pas traîner ton fils ». Et je lui lisais le couplet sur mon père, l'idée de la chanson m'étant venue en écoutant par hasard « Les Portes du pénitencier » de Johnny Hallyday. Sur le coup, Kool Shen trouve mon début mortel, il embraye, gratte de son côté. C'est ça qui était magique dans NTM.

Ça a marché quatre albums. Ensuite j'ai fait ma vie avec tout le monde et Kool Shen s'est rapproché d'autres gens, des gens qui n'avaient rien à voir avec nous, des gens qui sont à la base de la rupture.

Où Kool Shen était-il allé chercher ses nouveaux potes ?

Il y en avait un qui était sur la dernière tournée de 1998 parce qu'il fallait l'aider, un autre parce qu'il était recherché par les condés... Ces gens, je les connaissais.

J'avais grandi avec eux dans la cité Allende et la dernière chose dont j'avais envie, c'était de traîner avec eux. Mais on aurait dit que Kool Shen avait un truc à se prouver à lui-même. Alors que je faisais tout pour sortir de la cité, on aurait dit que lui faisait l'impossible pour y retourner. Journaliste chez *Get Busy*, mon pote Sear avait résumé cette situation d'une formule lapidaire : « Tiens, on dirait que cette année, Kool Shen s'est rendu compte que ce qu'il racontait était vrai. »

Humour.

Sur l'avant-dernière tournée de NTM, tournée Sound System destinée à faire la promotion de l'album *Supreme NTM*, nous avons une troupe de danseurs qui tournaient déjà avec nous à l'époque des graffitis. Après une heure et demie de concert, je reviens sur scène pour mixer des disques toute la nuit. La tournée s'appelle 93 Party, nous sommes une trentaine d'artistes et pourtant l'ambiance n'est pas bonne.

Les gens de Kool Shen piquent du cash dans la caisse du merchandising, notre merchandising. Le producteur des concerts est un mec comme nous, un mec venu du hip-hop. Se servir dans la caisse, c'est se tirer une balle dans le pied. Quand on repense à l'histoire du groupe, on peut se poser des questions tellement on a galéré. On peut notamment se demander qui sont ces mecs. Et où ils étaient, aux débuts de NTM ? Aujourd'hui, ils voyagent en car-couchettes et ils ne respectent rien. Dès que le matériel est remballé, les nouveaux se frottent les mains : « Où sont les meufs ? »

Cette ambiance me saoule. La petite cour de Kool Shen fout la merde entre nous. Sans qu'il le réalise, cette bande est en train de salir l'aventure. Ces gens ne respectent rien. Ils parlent mal à des personnes qui travaillent avec NTM depuis les premiers jours. Ils se prennent pour la sécu, parlent mal à des gamins qui sont nos fans.

En affinant le concept du spectacle avec Bruno, on s'était dit que, finalement, ce serait enthousiasmant d'avoir non pas un, mais deux DJ. À l'époque personne ne fait cela en France. Deux DJ, voilà pourtant un énorme plus. Pendant qu'un instrumental tourne, l'autre DJ peut faire une rythmique à contretemps, puis balancer une sirène. Là dessus on mixera un autre disque. Au final deux DJ pourraient bien faire le boucan d'un petit orchestre.

Casting. D'emblée, on tombe sur Naughty J. Un petit génie. Kool Shen adore ce qu'il fait. Il me prend à part.

— Qu'est-ce qu'on fait pour James ?

Je ne comprends pas sa question. On avait dit qu'on embauchait deux DJ... Kool Shen insiste :

— Comment on lui dit que c'est fini ? T'as vu le niveau de l'autre ?

James est mon pote. Je ne me vois pas du tout le mettre à la porte. Il faudra donc une longue engueulade pour que le groupe fasse ce qui était prévu au départ, embaucher deux DJ. Quand NTM a commencé, un DJ suffisait. On envoyait l'instrumental sur DAT, le DJ scratchait sur ses platines. Ça n'allait pas plus loin. Dès son arrivée, Naughty J nous a mis au jus : faut me faire presser ça, et ça, j'ai besoin de ça, il me faut ça. Naughty joue comme un batteur. Horlogerie suisse. Bouts de son, breaks de batterie, il veut tout sur vinyle. Sous son influence, nous changeons totalement notre manière d'opérer sur scène. Parfois il nous fait des break cut délirants, rien que pour relancer l'affaire. James et Naughty nous ouvrent la fenêtre, ils nous donnent de l'air. Nous avons monté un vrai show avec de vrais effets dedans. À chaque concert, je m'explose. Les scènes sont de plus en plus grandes, je sors épuisé, j'ai l'impression d'avoir couru un marathon au plafond...

Pendant le concert, la caisse du merchandising a encore été ponctionnée.

Les responsables se plaignent. Le gars qui tient la caisse dit au responsable du merchandising d'aller se faire enculer. Le tourneur va le voir, le gars lui dit d'aller se faire enculer. Kool Shen va voir le mec, son pote après tout, le gars lui dit d'aller se faire enculer.

J'y fonce direct : « Dis-moi d'aller me faire enculer, s'il te plaît. Moi, je vais te mordre la gueule. On te rend service mon pote. À mon avis t'as rien à foutre là, tu nous prends pour des cons ! »

Le mec va chercher son grand frère : « Didier m'a mal parlé. »

Ambiance. Le rap a ce côté étrange : ce sont rarement les artistes qui foutent la merde, mais bien plutôt les entourages. Les gens autour ne se rendent pas compte des enjeux, du boulot, de la réalité du truc.

Je vois Kool Shen changer, partir. Je ne comprends pas quel est son jeu. Kool Shen est tout sauf un type bête. Plus grave encore : notre amitié s'effrite irréparablement, morcelée.

J'essaye de le prévenir :

— C'est pas normal. Tes potes foutent la merde dans notre truc. Ils insultent les gens, nous n'avons jamais fait ça. Quand des fans viennent demander des autographes, ils leur disent : « Dégagez, bande d'enculés », c'est quoi au juste ?

Quand on avait fondé NTM, au prétexte que Bruno habitait une résidence et pas la cité, tout le monde avait essayé de nous séparer. « Qu'est-ce qu'il fout là, lui ? » Mais Kool Shen était mon pote et si vous n'étiez pas content, c'était pareil. Parfois on venait sonner chez moi : « Ils sont partis chez Bruno pour aller l'embrouiller. »

Je veillais au grain, je fonçais, « *arrêtez !* ».

À nos débuts, selon les durs de la cité, Kool Shen était un bourgeois. Il habitait en résidence de l'autre côté de l'avenue, il n'avait rien à foutre avec nous.

À la fin de la dernière tournée, après ce qui deviendra de fait l'ultime concert de NTM, le 18 décembre 1998 à la Genève Arena, j'avais eu une grosse explication avec Kool Shen, le mettant au pied du mur sur le thème « pour la prochaine tournée, tu choisis entre tes potes et moi, mais tu n'auras pas les deux ».

Kool Shen a-t-il déjà pris sa décision à l'époque ? Je n'en sais rien...

Cet été-là, NTM se regroupe pour une tournée aux Antilles. Kool Shen est à Saint-Martin, je l'attends avec le reste du groupe en Martinique. Nous avons une date grassement payée mais, deux jours avant le concert, Kool Shen n'arrive pas. Bizarre, il se trouve à une heure d'avion seulement...

Je l'appelle :

— Waow Didier, je me suis fait serrer à la douane avec un bout de teushi.

Plus je l'écoute, plus je me demande s'il n'est pas en train de se foutre de ma gueule...

— Mais t'inquiète, je fais tout mon possible pour être là...

Jimmy, un de nos DJ, arrive justement de Saint Martin. Il m'explique que Kool Shen s'est embrouillé avec sa meuf parce qu'elle l'a grillé dans une boîte en train de draguer une autre gonzesse. Depuis, elle menace de partir. Lui a tout cassé dans sa chambre d'hôtel, fin de l'histoire, l'affaire du shit à la douane est de l'invention pure.

Il m'était arrivé des galères.

J'ai donné des concerts avec des dents cassées, je suis monté sur scène après 72 heures de garde à vue. Parfois, des lendemains de freezade, j'ai fait la route en Ferrari pour pas rater un concert, manquant me tuer dix fois pour arriver à l'heure... MAIS J'AI TOUJOURS ÉTÉ LÀ !

Cette fois, Kool Shen me ment.

Kool Shen ne viendra pas.

La Martinique, c'est chez moi.

Pour moi, ce concert est important.

Je vais donc jouer tout seul.

Jouer seul des titres prévus depuis toujours pour deux ! Vingt minutes avant le concert, j'élabore une liste de titres possibles en solo, monte tant bien que mal un show avec mes deux DJ. Je suis fou de rage.

J'ai tenu trente minutes seul, empoché la moitié du cachet. Ce jour-là, quelque chose commence à s'éteindre.

Ok, je ne suis pas un mec facile.

Je suppose que j'ai des défauts insupportables. J'imagine que, si Kool Shen donnait sa version de l'affaire, il aurait des choses pas tendres à raconter sur moi.

Mais, au risque de passer pour le relou de service, j'ai toujours tenté de maintenir le spectacle. Le spectacle devait continuer... Sauf que ça devenait trop, ce n'était plus possible.

28

Janice, belle plante

Depuis mes quinze ans, je connais Janice, belle plante depuis toujours, quatre ans de moins que moi. Quand je la rencontre, Janice veut sortir avec un pote à moi, lui ne veut pas d'elle, il la trouve trop jeune. Dans mon coin, à l'époque, je suis en admiration totale. Un soir, dans un club, je retombe sur elle. Elle sort avec un pseudo-caïd du moment. Je lui saute dessus, elle flippe :

— Surtout ne me parle pas, il va prendre la rage...

— Rien à foutre. Viens...

Janice me repousse.

Saint-Ouen. Quelque temps plus tard, je suis avec ma meuf rwandaise avec qui je sors depuis peu. Ma meuf est dans la salle de bains, à poil sous la douche. Au lit, je regarde la télé. On sonne. Je descends. Surprise ! Janice est sur le pas de la porte. La faisant entrer, je retourne à mon lit. Janice me suit dans ma chambre, me parle. Janice a chaud. Elle le dit. Plus elle me parle, plus elle se déshabille. Je ne comprends rien à ce qui se passe : rien dans notre dernière entrevue ne pouvait laisser deviner ça. Janice est en haut de maillot de bain et en jeans lorsque ma copine rwandaise sort de la douche. Malaise.

Janice est une grande métisse élancée. Elle a une magnifique crinière, des yeux clairs. J'aime les grandes femmes longilignes. Plus c'est grand, plus j'aime. J'échange une métisse contre une autre. En une semaine c'est parti. Super fort.

Je suis Joeystarr, Jaguar Gorgone, en super forme, bad et bondissant. Depuis quelques mois, Béatrice ne me rappelle plus. Pour passer le temps, je fume du caillou. Alors on décide de se faire une éclate, Janice et moi, un vrai itinéraire d'enfants gâtés. On part pour New York.

Le voyage tourne au n'importe quoi. On passe la journée à faire du shopping. Dès que le soleil baisse, je suis à Harlem, sur la 109e Rue. Là, on habite chez Papa Lu, mec énorme, grande référence hip-hop. Papa Lu me prête son appartement à une seule condition : que je ne vienne pas chez lui avec une meuf et auquel cas surtout pas Janice. J'arrive avec elle, bien sûr. Papa Lu n'est pas là, il n'en saura jamais rien.

Chaque soir, je descends acheter du néco en bas. On fume comme des dingues, le reste du temps on baise. Que demande le peuple ? Opulence, souffrance et on recommence.

Dans Harlem, une nuit, je m'embrouille avec un dealer chelou. Un gros Renoi qui m'a vendu de la merde deux soirs de suite. L'avant-dernier soir, il me tend un paquet, je lui arrache, je me casse en courant. Problème : le gars sait où j'habite. Évidemment, c'est encore un paquet de merde. Il me faut mon truc. Je redescends. Pour tomber sur notre ami, en planque.

— *Run, run, I know where you live !*

— Nique ta mère, fils de pute !

Je fonce au parc dénicher du truc.

Mes dents en or attirent tous les regards.

Le lendemain après-midi, il faut foncer à l'aéroport. On doit prendre l'avion pour San Juan et la Guadeloupe. Je suis en train de charger nos bagages dans le coffre du taxi quand, du coin de l'œil, je vois le gros dealer renoi arriver. Effrayée, Janice se barricade dans le taxi. Je claque la porte, remonte chez Papa Lu quatre à quatre. Dans son entrée, j'ai repéré une machette touristique ramenée, dit l'étui, « du Guatemala ». L'empoignant, je redescends quatre à quatre.

En me voyant, le mec vocifère en américain :

— *You're back ! You're back !*

J'ouvre la porte et je lui parle en français :

— Vas-y, viens maintenant, viens !

En voyant la machette, gros Renoi manque d'air, il se carapate en criant qu'il m'attrapera demain.

— C'est ça, nique ta mère !

Départ pour Newark sans autre incident.

Cette fois-là, j'ai bien aimé le décollage.

On s'est retrouvés en Guadeloupe à Baie-Mahault, dans la maison d'une copine, située au sommet d'une colline, à dix kilomètres de tout. Là, on a encore passé tout notre temps à baiser, fumer. Puis on a fait des sauts de puce d'île en île, pour finir à Saint-Martin. À Coldbay, on visite le ghetto avec Janice pour pêcher du caillou. On ne sait même pas où se faire déposer par le taxi : « Laisse-nous là, on marchera ! »

Des types rencontrés la veille dans un bar nous avaient donné rendez-vous là-bas. Janice est vêtue d'une grande robe orange en lycra. Il fait chaud, il fait beau, on est en sueur tous les deux, je me balade torse nu. Finalement je reconnais un Français à dreadlocks blondes qui vendait pour des rastas. Il nous emmène dans une cour où je repère trois sublimes bagnoles dont une Jaguar et des types en train de faire de la freebase dans des bassines.

Bienvenue dans le ghetto !

— C'est toi le chanteur ? On va te mettre cool !

On nous installe dans une crack house. Ils fument le crack dans des petits pots de verre de nourriture pour bébé. Une tong découpée, une antenne avec un grillage de moustiquaire, un bout de caillou. De l'eau ou du rhum dans le pot de verre, au choix. Au final, on reste deux jours dans le ghetto. Deux jours à fumer. Les mecs nous ont tout offert. On s'est quittés copains, ils nous ont donné un morceau de roc qu'on a mis quatre jours à terminer à l'hôtel puis j'ai appelé mon manager.

Soudain, je voulais rentrer.

Je voulais un billet d'avion, ma maison.

Notre balade était devenue itinéraire d'un enfant cracké.

Ça pouvait difficilement se terminer bien avec Janice. On a progressivement baissé les doses de crack pour passer à d'autres trucs plus forts.

Un jour, avec DJ Spank, on est tous les trois en train de fumer dans ma chambre à Saint-Ouen. Tout le butin que j'ai ramené est là, posé sur la table. Je sors de la pièce. Devant Spank, Janice pioche la moitié de ce qu'on fume qu'elle met dans un paquet dans sa poche.

— Ça, c'est pour tout à l'heure, dit-elle à Spank.

Je reviens :

— Il se passe quoi, là ?

— Renoi, c'est pas normal, dit Spank. On est là, on fume tous ensemble, pourquoi elle met des trucs de côté ?

À ce moment, je me suis rendu compte que nous nous étions entraînés dans un truc allant trop loin. Janice me volait, nous étions toxos.

De fil en aiguille la passion s'effritait, l'intensité baissait, des choses pas bien étaient dites de part et d'autre...

Voici ce qui s'est passé avec Janice.

Janice était une teigneuse : on s'est souvent battue et j'ai encore la trace de ses dents sur mon avant-bras. À plusieurs reprises, dans ma vie, j'ai eu des coups de sang avec des gonzesses. J'ai un truc inexplicable de ce côté-là. Un jour, elle m'a mis un coup de chandelier sur l'épaule. Un autre jour, elle a fait preuve de mauvaise foi sur un différend. Au lieu de la laisser pour me rendre à un rendez-vous, je l'amène avec moi en voiture. Elle me parle mal, je lui parle mal, elle me bouscule, me secoue jusqu'au moment où je lui saute dessus. Elle avait poussé tous les boutons d'un accroc à cran.

Notre histoire se termine au tribunal. Entre deux plaintes, elle revient à la maison. C'est là que je lui dis une de ses vérités : Janice voulait un négro, elle en avait un avec moi. Mais en bonne métisse, elle avait le cul entre deux chaises, voulant le négro, mais pas ce qui va avec.

L'amour crétinise.

À un moment donné, on ne fait ni l'un ni l'autre ce qu'on a envie de faire. Une chose est sûre : on ne vit pas ce qu'on a envie de vivre.

Janice prend ses affaires et dégage chez sa mère.

Le lendemain, elle me passe un coup de téléphone alors que je suis en studio à Puteaux. Inoubliable, le coup de fil : « Je vais te mettre dans la merde, tu vas pas comprendre. Je vais en parler à tout le monde, faire ceci, faire cela. Tu es foutu. »

Moi je suis surtout Joeystarr quand je monte sur scène.

Là, ne comprenant pas, je fonce voir Seb pour une des quatre fois annuelles où je lui miaule dans les basques.

C'est à une humiliation en place publique qu'on a ensuite assisté. Janice est allée faire sa pleureuse à la télé dans un tas d'émissions de femmes battues qui l'ont invitée directement. Janice est métisse quarteronne. Si elle se défrise les cheveux, elle passe pour une blanche. À l'inverse, elle passe pour une métisse. Elle a fait toutes ces télés en victime.

J'ai une plainte au cul. Les flics me cherchent. L'idée de l'avocat est de me faire interner à la clinique Montsouris le temps qu'il débrouille le problème.

Interné, j'échappe aux flics.

À peine arrivé à Montsouris, je tombe sur un mec malin qui me dit :

— Si tu as quelque chose sur toi, tu me le donnes tout de suite, sinon je te fais une fouille...

— Attendez, c'est moi qui ai voulu venir...

Le mec me coupe :

— Taratata ! tu es comme tout le monde ici, tu vas pas venir foutre ta merde.

— Ok, fouille, t'as même la permission de chercher jusque dans mon rectum...

— Donc tu as quelque chose ?

— Ouais.

Ils s'y sont mis à quatre, ils ont tout, absolument tout retourné. Et rien trouvé. De fait j'étais arrivé avec une petite bouteille d'Évian à la main. J'avais planqué quatre ou cinq grammes collés avec un chewing-gum dans le bouchon de ma bouteille. À Montsouris, je suis dans la chambre de Françoise Sagan. Je fais des plans yoyos. Le plan yoyo, c'est une cordelette, tu la jettes par la fenêtre, tu la tiens bien. En bas, tes potes accrochent un paquet au bout, tu remontes. À une rue de Montsouris, c'est la prison de la Santé. Les condés tournent, font leurs rondes, moi je suis au deuxième étage et je fais le yoyo. Puis, défoncé, je regarde Janice à la télé en train de témoigner, s'exprimant parfaitement, racontant son « calvaire ». Janice savait très bien ce qu'elle voulait et elle l'a très bien fait. Tout s'est passé exactement comme elle l'avait annoncé. Les NTM sont partis jouer en Afrique, moi pas, je suis resté là, enfermé. Du coup, j'ai fumé cent vingt-cinq grammes de coke en moins de deux semaines. J'étais dans un état terrible. Les gens de la clinique n'y comprenaient rien. Dès que je sortais de ma chambre, ils la retournaient de fond en comble : « Il planque ça où ? »

Le problème quand tu fumes de la coke, c'est qu'une fois fumée, tu obtiens une huile que tu peux refumer. Mon docteur, le docteur Dieu – ce qui ne s'invente pas – n'y comprenait rien. Il a interdit toute visite. Ce qui ne changeait rien, puisque je faisais le yoyo.

Jugé, condamné je vais faire de la semi-liberté à Gagny, dans le 93. J'y resterai un mois et demi.

29

La fin de NTM

C'est dans ce contexte que Bruno finit par m'appeler.

— Faudrait qu'on se voie pour parler du prochain album...

Je suis au garde-à-vous.

J'ai des textes. Des idées. Rendez-vous est pris avec Nicolas Nardone et Seb aussi est là. Avec notre maison de disques, ça s'est toujours passé comme ça : quand NTM voulait enregistrer, Sony Music bookait un studio, il suffisait qu'on en fasse la demande.

Un jour, un nouveau directeur avait demandé s'il y aurait moyen d'écouter des maquettes avant. Je lui avais demandé s'il y aurait moyen de voir son slip et on en était resté là.

Ceci dit, même Solaar fait des maquettes, et IAM aussi. Pas NTM.

Déjeuner au Congrès, brasserie de la Porte Maillot. Nous parlons. Quelques conneries sans importance. À cette époque je suis en semi-liberté. Suite à mes histoires avec Janice, je dors chaque soir à Gagny. En prison. Avec des types qui me ressassent :

— Hey Joey, t'es là pour quoi ?

— J'ai tapé ma meuf.

La désapprobation est générale, le dégoût total, ma honte immense. Oui, tout s'est passé exactement comme Janice avait prévu. Et c'est parti très loin, au point que chaque soir ce mois-là, je dors en prison à cause d'elle.

En refaisant un disque de NTM, je reviens en territoire connu. Alors cet album ?

Kool Shen lâche sa bombe en nous regardant de ses petits yeux perçants :

— Moi, j'ai envie d'arrêter... J'ai aucune vie de famille, je vois jamais ma meuf...

Interloqué, je l'interromps :

— Tu vis en France ou en Australie en ce moment ? Parce que là, moi, la meuf dont j'étais amoureux m'a traîné au tribunal. Je paye, mon pote. Dans la rue, on me regarde comme si j'étais un enculé, le soir, j'ai droit à des types qui m'interpellent : « Wah Joey, c'est vrai que t'as tapé ta meuf ? » et toi tu me parles D'ARRÊTER LE GROUPE ? Je croyais qu'on venait faire un briefing pour le prochain album... Sans doute ta vie va très bien en ce moment. Moi, mon compte en banque est pas en forme. Tu me connais depuis quand ?

— Heu, depuis quinze, seize ans...

— Qu'est-ce que je fais depuis que tu me connais ? De la danse, du graffiti, du rap. J'ai trente-cinq ans, je sais rien faire d'autre, t'es en train de me dire quoi, là ?

Depuis des années, Kool Shen me répétait :

— Si un jour t'es plus là, j'arrête.

Je ne lui demandais rien.

Mais là, il me plante devant nos managers. Eux sont interloqués. Moi, en trois minutes, je comprends que sa décision est irrévocable. Me levant avec des envies de meurtre, je pars dans la rue. Toute l'affaire a duré dix minutes chrono.

Kool Shen vient de m'enlever le dernier truc qui me restait, NTM.

Quant à la fameuse meuf pour laquelle il arrête tout, il la quitte quelque temps plus tard.

Huit mois durant, je reste sans nouvelles de Kool Shen.

Dans la semaine qui a suivi la rupture, prêt à réaliser un album, j'écris douze titres solo, dont « Gaz-L ». Mais lors d'une descente de police musclée dans la maison de Saint-Ouen, les flics confisquent le répertoire téléphonique et les carnets sur lesquels j'avais écrit des numéros et mes nouveaux textes. Ils ne me l'ont jamais rendu.

J'avais juste eu le temps d'enregistrer un morceau, « Gaz-L ».

La vie est bizarre. Huit mois plus tard donc, je sors dans une fête aux Bains-Douches. Kool Shen est là, dans les escaliers. Comme je passe devant lui, il me tend la main. Je passe, sans même le regarder. Il viendra me voir plus tard, complètement bourré :

— Vas-y, Didier, faut qu'on discute...

Et là, j'ai un réflexe pas prémédité. Je l'attrape par le collet et le soulève littéralement du sol. Puis je le traîne dans un angle mort :

— C'est la seule occasion que tu as trouvée pour venir me causer ? J'ai vécu une aventure avec toi. Tu étais ma famille. Tu ne te rends pas compte de ce que tu as fait. Là, tu es bourré, tu t'imagines quoi, qu'on fait une pause ? T'as perdu une roue ? (Je me tape le front de la paume.) Y a pas écrit yoyo là-haut !

Il est parti...

Ensuite Kool Shen est allé parler à des gens divers et variés, pour que ces gens, à leur tour « me parlent ».

Trop tard : pour moi, Kool Shen m'a menti pendant quinze ans. NTM était mon monde. Comme il y a bien longtemps avec mon père, la douloureuse sensation d'avoir été abandonné m'envahit.

Là encore, ce serait trop tard. Et à ce stade, ce n'est même plus une histoire d'orgueil. C'est juste que depuis la fin de NTM, j'ai découvert autre chose. J'évolue dans le contexte de mon label BOSS, Boss Of Scandal Strategyz. Personne n'engueule personne. Nous sommes tous sur la même longueur d'ondes et il n'y a pas de chef.

On se marre, on rigole, jamais aux dépens des potes.

Autre exemple : Kool Shen avait le trac.

Pas grave, où est le problème ? Il essayait de me le communiquer à moi et à nos deux DJ. Sauf que c'était pas possible. James, Naughty, moi, nous n'avons jamais eu le trac.

Sur scène, d'accord, je suis dangereux.

Parfois il m'arrivait, en plein morceau, en plein refrain d'oublier mes textes et d'aller voir Kool Shen pour lui demander quel était le couplet d'après.

Un soir, pour notre premier Zénith de 1992, je suis en plein « Monde de demain ». Nous faisons le refrain ensemble, puis arrive mon couplet. Je ne sais plus où j'en suis. Je ne repars pas. Le Zénith est bourré à craquer. Huit mille personnes sifflent, conspuent. D'un geste, je stoppe les DJ. Plus de musique ! Je m'adresse aux gens : « Excusez-moi, ce morceau ça fait dix ans que je le joue et je le kiffe toujours autant, ça me relègue au rang de spectateur. Y a du monde ? Back again, pas d'excuses, on y va ! »

Ce soir-là, Kool Shen m'avait dit franchement, je te respecte. Je m'étais vautré, j'avais engueulé les gens, puis j'étais parvenu à remettre tout le show au top. Des moments comme celui-là comptent parmi mes meilleurs souvenirs. Généralement, c'est en me jetant son fameux « œil du tigre » que Kool Shen me signalait mes erreurs. Dans sa rage perfectionniste, il cassait les couilles.

Aujourd'hui je fais des Sound Systems avec mes potes, on arrive dans des salles où on commence à jouer pour pratiquement personne. La salle se remplit lentement et tout va bien au final.

Dans le bus NTM, des gars comme DJ James et Naughty ne disaient jamais un mot. Nos DJ étaient au fond, tendus, silencieux, bouche cousue. Détail parlant, dès que j'ai monté BOSS, ils sont venus travailler avec moi. Aujourd'hui, je ne reconnais plus mes DJ. Ils s'éclatent, me suivent, s'investissent, disent ce qu'ils pensent. Nous sommes ensemble dans un vrai truc. Je recommence. J'ai repris la carriole, je tourne dans de modestes salles de 400 places. J'ai bien aimé la grosse machine NTM, mais le Sound System aussi est une aventure. On ne sait jamais ce qu'on va faire, mais on joue cinq heures, au Gabon ou au Triptyque de Paris.

Je serai franc, j'ai un truc à faire, pour le reste, franchement, je n'ai plus le temps.

30

NTM, épilogue

J'ai revu Kool Shen à l'enterrement de Vivi, Lady V, en 1999, à Hossegor, vers Biarritz. Lady V était notre danseuse depuis notre tout premier concert. Vivi s'est tuée en voiture, accident.

Le souvenir de cet enterrement en ramène d'autres, liés à Vivi. NTM avait évolué dans un rétrécissement. À un moment, tu ne peux pas emmener tout le monde. On s'était séparés des danseurs.

Précisons qu'il y a peu de gonzesses dans le hip-hop parce que c'est un monde de keums, comme le football. Les dix premières années, il y avait pas une seule gonzesse à nos concerts. C'était un esprit machiste de base, genre « j'emmène pas ma meuf au concert de NTM ». Il faut dire qu'à l'époque, notre musique était presque de la musique de footballeur. Tout cela a correspondu à une évolution du hip-hop qui a commencé à 130 BPM, très rapide, gonflé, un truc pour mecs d'en bas. En bas, là où les gonzesses n'avaient pas leur place. Et nos textes parlaient de quoi ? Ambiance de rue encore, graffitis. Les gonzesses avaient pas accès à ces univers-là. L'ambiance hip-hop était fermée, bagarres et compagnie.

Plus jeune que nous, Virginie avait cru au truc dès les premières secondes ; elle était totalement dévouée à la cause

NTM. Tout le temps au garde à vous, elle n'avait peur de rien. Quand on a commencé à faire de grosses scènes, elle a flippé. Puis elle a réussi à surmonter cela. Devenue la meuf de Kool Shen, son rôle est devenu vachement difficile. Elle était à part : son mec était leader du truc, donc elle avait envie de toujours briller pour lui.

Seule meuf dans notre petit gang, Vivi a tout eu sauf la vie facile. Alx et Reak, les deux autres Psykopats, lui parlaient d'une manière super crue, comme aux mecs en bas de chez eux, ce qui n'était pas une manière de faire.

On s'est tous retrouvés à l'enterrement autour de sa maman Patricia Sullé.

Les Requins Vicieux, Papa Lu, Chino, Seb, Kool Shen, plein de gens qu'on n'avait pas vus depuis pas mal de temps.

C'est la première fois où je revoyais Kool Shen depuis ce show de son label IV My People où j'étais venu chanter avec lui deux titres au Zénith. Pour organiser ça, Kool Shen ne m'avait même pas appelé. Il était passé par Seb.

Bien sûr, j'avais déposé les armes le jour de l'enterrement, mais Kool Shen et moi ne nous sommes même pas embrassés. Ce jour-là, Kool Shen et moi nous sommes serré la main. La mort de Lady V fait partie des choses qui, de manière implicite, ont signé la fin de NTM. Lady V disparue, paix à son âme, une page s'est tournée en même temps. Et ce jour-là, sans que personne s'en rende compte, une grande ombre est passée sur nous pour s'envoler au plus haut du ciel. Définitivement.

31

BOSS

À la base, BOSS est un groupe de graffitis artistes, coalition entre un team de graffiti dans lequel j'étais, DCM, et The Crime Gang, ou TCG. Tout cela avait donné Boss Of Scandal.

Ayant une certaine légitimité à le faire, nous avons repris ce nom.

DJ Spank avait fait pas mal de productions de manière super aléatoire pour des Anglais. C'était il y a longtemps. Moi, j'avais fait des prods tout seul, notamment pour ma copine chanteuse signée chez Delabel. Puis j'avais laissé passer le truc.

Dans ma nouvelle maison de Saint-Ouen, j'ai pas mal de place. J'ai un peu de matériel d'enregistrement. Je ressors ces machines et les installe dans ma cave.

Voilà que Spank sort de prison.

Je suis seul, mes colocataires sont partis. J'invite Spank à venir habiter chez moi.

Souvent les journalistes me demandaient pourquoi NTM n'avait pas aidé de jeunes talents à percer. Ma réponse était claire : « Excusez-nous, ce qu'on fait on estime que c'est pas encore super en place. Même si on a fait quatre albums, même si on commence à être reconnus, on entend encore une grosse différence entre ce qu'on fait et l'originalité des États-Unis. Produire pour produire ? Rien à foutre. Moi, si je produis c'est pour lancer des choses qui sont consistantes, des choses qui ont de la portée. Si on ne l'a pas fait avant c'est qu'on ne se sentait pas de le faire. Et puis NTM nous prenait du temps aussi. »

Enfin, soyons réalistes : si NTM allait chercher des prods aux États-Unis, c'est la preuve que la France n'était pas au niveau. Désolé, ce que j'entendais il y a dix ans en France me semblait faiblard.

BOSS a été un laboratoire. Avant de sortir quoi que ce soit nous avons longuement expérimenté dans notre cave. Puis nous avons travaillé avec Afro Jazz, sur l'album *Afrocalypse* (1998). C'était un son qu'on aimait, pas un son aléatoire. En France, à l'époque, les mecs travaillent au petit bonheur la chance, ils ne contrôlent pas le son, trouvent des trucs par hasard dirait-on : « Voilà, ça donne ça finalement, allons-y... »

J'avais l'impression que ces producteurs ne contrôlaient pas le véhicule.

Nous ne lançons pas juste un truc de production pour le faire. Nous retroussons nos manches et les premières productions BOSS seront toutes signées par Spank et moi.

Spank est précieux, il a un vrai talent et une certaine maîtrise technique du matériel.

Travaillant chez Tikaret, la boutique de disques hip-hop du Châtelet, il voit passer plein de jeunes rappers qui viennent le soir taper le free style avant la fermeture. Au début, on se retrouve avec un vivier d'artistes potentiels. La démarche du truc, pour moi, n'est pas de monter un label. Spank et moi sommes bien trop tête en l'air !

Monter un label ?

Rien que de dire ces mots, moi l'assisté, je me sens dépassé par l'ampleur du truc.

Au final on commence par faire des prods pour ces petits mecs, les Béotiens. Et qui rejoint notre projet ? Des gens solides, Sniper, Akt(é)Frazë, Iron Sy, Fatcap, etc. Ce qui est bien, c'est que pour les dix groupes de la première compilation BOSS, première expérience, c'est un pari, une envie que nous avons eue Spank et moi.

Autour de nous, la rumeur : « Ils ne vont jamais y arriver. » Nico (Nardone), qui bosse avec Seb (Lickshot Ent.) à cette époque, n'y croit guère lui-même.

Qu'un de mes managers lui même n'y croie guère m'énerve un petit peu. Au final, cette ambiance de challenge fera marcher le projet. Le hip-hop est indissociable de la rue, des bruits, des rumeurs.

— Il y en a que mon projet de compile fait rigoler ? Ah ouais ? Ils vont voir...

Des trucs comme ça nous font démarrer.

On m'entend à peine sur la première compilation BOSS. Normal : je crois en tous ces nouveaux artistes, je ne pense pas qu'ils aient besoin de moi pour briller. Dans ma cave de Saint-Ouen, c'est l'émulsion sauvage. Les types se déchaînent et je me demande honnêtement ce que je pourrais faire pour apporter quoi que ce soit.

Spank et moi avons déjà fait des prods. Nous avons envie de recommencer pour aider ces artistes, pour mettre en valeur nos choix artistiques.

Désormais, je gère...

C'est vraiment là que, pour la première fois, je me pose en réalisateur de disque.

Bien sûr, j'aurais pu débarquer, mettre ma voix en valeur lors de participations *(featurings)* avec Untel ou Untel. Sauf que je voulais voir si le truc fonctionnait tout seul et non pas parce qu'il y avait mon nom sur la pochette.

Sur cette dernière, je ne veux même pas qu'on lise « produit par Joeystarr » mais « produit par BOSS ».

Tout le monde s'était pris la tête et tout le monde avait bien fait son boulot.

Je m'étais mis en arrière, la maison de disques veut absolument me remettre en avant pour vendre le disque.

Bien obligé, je me plie au jeu.

Parce que ce disque-là, j'ai envie qu'il marche. Je fais la promo avec les artistes. Et là encore, très vite, ça devient limite insultant pour eux. Car immédiatement les télévisions leur font comprendre qui si Joeystarr ne vient pas, il n'y aura pas d'espace promo.

Pour la sortie du disque, nous faisons la une des cinq revues hip-hop de l'époque : *L'Affiche*, *R.A.P.*, *RER*, *Radikal* et *Groove*.

Un record.

Encore dans une période post-défonce et toujours autant recherché par les flics, je fais pas mal d'interviews de l'hôpital. Mais j'y crois, le projet me motive. Je trouve que mes artistes assurent. Voilà l'occasion de montrer qu'il y a une vraie force underground en France et que cette force, ce vivier, ce n'est pas que des mecs qui rappent à la NTM.

Et puis sortir de la grosse machine NTM me plaît bien.

Soudain je bosse dans ma cave avec mon associé. Livrés à nous-mêmes, nous expérimentons. Je suis au studio à l'heure, tous les jours. Durant l'enregistrement, nous accumulons les galères : des ordinateurs sautent, nous sommes mal organisés. Réalisateur, je m'avère à l'époque incapable de gérer le matériel, les séances. Car un vrai réalisateur s'occupe de tout cela aussi. Sur le coup, ça m'arrange de laisser croire que je ne connais rien de tous ces détails. Dès la sortie du studio, je fonce me démonter chez moi.

Pourtant, à force de nuits blanches, nous sommes allés jusqu'au bout.

Soudain, les mecs avec qui je bosse me regardent différemment.

— Ci-mer.

Je temporise. Ne me dites pas merci. L'important, c'est où vous irez après. Ne remerciez que vous. Vous faites votre beurre, mais je fais aussi le mien. On le fait ensemble, ok, en ce moment c'est moi la crémière.

— Oui, mais tu nous donnes notre chance...

Ok. Il y a le feedback Joeystarr, NTM. Mais ces mecs sont talentueux, ils font du hip-hop, ma raison d'être. Je suis né hip-hop. Je vis dedans et ça ne s'arrête pas quand je sors du studio. Donc, j'y vais.

Au même moment, Kool Shen monte son label, IV My People. Ce n'est pas en réaction au mien comme on l'écrit un peu partout à l'époque !

Lui pense avoir rencontré des gens qui pourraient produire le fameux cinquième album de NTM. Il défriche de son côté avec eux. Lui aussi évolue depuis quinze ans dans le hip-hop. Lui aussi a soudain envie de faire bénéficier des mecs de son expérience.

Depuis notre premier album, nous avions été livrés à nous-mêmes en studio. Nous avions appris sur le tas. Soudain, aider d'autres gens nous semble logique.

Je ne me suis jamais reposé sur aucun laurier. Dans le hip-hop, la partie n'est jamais gagnée. Chaque jour, des mecs naissent, arrivent et peuvent t'en mettre plein la vue, te donner envie de rentrer gratter chez toi. Une saine émulation existe par rapport à la concentration que nous sommes. Dans le hip-hop, l'individu ne compte pas. Nous sommes un mouvement. Parfois des gens croient me flatter en me disant que nous NTM avons fait beaucoup pour le hip-hop. Non. Nous avons été un grain de sable dans l'édifice.

Assez de propos de journaleux qui ont besoin de situer, de repérer, de classer, d'étiqueter, de comptabiliser.

Ça ne marche pas comme ça.

Il y a quinze ans, il était facile de se dire le meilleur : il y avait quatre groupes de rap en France... mais aussi un certain niveau.

Aujourd'hui ? C'est l'époque du délire *Young MC* : « J'écris ce qui me passe par la tête, mon flow est terrible, alors oh, c'est carré. Je dis plein de conneries mais je leur fais tous lever les bras en cadence, je casse la baraque, oh ouais ! »

Ce genre.

À l'époque où nous sommes arrivés, il était obligatoire et nécessaire de définir ce que nous amenions. Alors débarquer et dire « Je parle sur le beat, super fresh, je me touche la bite, tac tac ! » c'est un truc qu'on réservait aux impros, pour rigoler entre nous.

Sur scène, on était tellement décriés, nous, la banlieue, les cités que nous étions obligés d'amener un vrai truc.

Et puis la France a une tradition d'écriture : on ne pouvait décemment pas débarquer avec des trucs en plastique.

J'ai toujours vécu avec le hip-hop et c'est pour ça que je n'ai jamais cru ce que je pouvais lire sur nous dans les magazines.

Bien sûr qu'on a écrit des choses superbes sur nous, mais je me disais : « Ce journaliste ne parle que de nous. Il ne connaît pas vraiment le mouvement dans son ensemble, sinon il tempérerait ses propos sur NTM. »

Et puis j'avais beau lire ces couronnes qu'on nous tressait dans la presse, il me suffisait juste de me tourner vers ma platine et de mettre un vieux disque de Public Enemy ou autre pour me remettre à ma vraie petite place. Tu as entendu ça ? Ce n'est pas la même chose, s'il te plaît...

J'ai toujours eu ce recul.

Ayant passé pas mal de temps à me chercher, je n'avais pas encore compris que je commençais à vieillir.

Lorsque nous faisons la promo de BOSS, tous les journalistes me parlent de NTM. Est-ce fini ? Terminé ? On enregistre quand « ce fameux cinquième album ? »

J'esquive.

— Tu ranges ta question, ou je me casse...

Les journalistes ne me font pas peur.

À la sortie du disque, je deviens soudain représentant de dix artistes. On part en tournée, on fait des Sound Systems. Très vite, Sniper nous quitte pour aller dans une major et décolle en flèche. Lord Kossity également. D'autres pas.

Forcément, il y a des jalousies.

La sortie de la compilation a été précédée par des mixages dans un studio décent, à Courbevoie. Nous ne bricolons plus en home studio, dans une cave. C'est le vrai truc.

Beaucoup d'artistes se croient déjà lancés. Il n'en est rien. On a juste sorti une bonne compile qui se vend correctement mais ne fera pas les scores de NTM. Mais la maison de disques dit et répète qu'on va atteindre le disque d'or sans problème. Les artistes sont excités. Malheureusement il n'en sera rien, les ventes plafonnant vite à 80 000. À ce jour on doit tout juste dépasser les 100 000.

Pour redonner du moral à mes troupes, je fais plein de promotion.

Toute promotion n'entraîne pas forcément un énorme succès.

Notre compilation est totalement underground, sans le titre phare qui pourrait accrocher le grand public. Pourtant je n'arrête pas d'en parler dans des médias très grand public.

Les artistes se posent des questions. Nous partons faire des Sound Systems, expérience live qui connaîtra un franc succès.

Tous les artistes présents sur la compile s'attendaient à enregistrer leur album perso dans la foulée. Très vite, je dois expliquer à certains qu'ils ne sont pas « prioritaires ». Les plus importants sont exigeants, casse-couilles. Certains s'en vont.

Vu de l'extérieur, on dirait que nous sommes en train de faire n'importe quoi. De fait, je découvre que rien n'est gratuit et que pour faire tourner pareille affaire, il faut vendre des disques ou des places de concert. L'attitude de Lord Kossity m'écœure. Il se fout de ma gueule. Au final, il apparaît sur la compile BOSS *et* celle de IV My People. Habitant chez moi, il me jure que c'est sur mon label qu'il veut signer. Face au management, il exige un million de francs d'avance, une presse à disques, un appartement, des gardes du corps. À un moment donné, il se croit tellement attendu que je n'ai d'autre solution que de le foutre dehors.

Certains artistes se croient arrivés parce qu'ils ont frigo et studio ouverts chez moi. Je ne fais pas attention. Je ne vois rien venir.

MASS est un cas d'école. C'est le premier album que je veux sortir. Je suis en studio avec lui. Il fait venir ses copains pour les enregistrer sur son disque. Problème : ces mecs ne savent absolument pas chanter. Rien qu'avec une de ses copines, pour faire une simple voix, nous perdons deux jours de studio. Inutile de préciser qu'une vraie pro aurait réglé ça en une heure. Mais c'est MASS, c'est son album, je respecte sa volonté.

Au final, coincé par le fric, bien obligé, je parle de ces retards accumulés avec MASS. Il me répond par un discours délirant, se demandant si nous voulons terminer l'album. Soudain, le voilà qui exige une « prime de sécurité ». Nous avons déjà investi 300 000 francs sur le disque pour terminer quatre pauvres titres seulement.

— Casse-toi.

Ces mots je n'aurais jamais voulu les dire : « Fous le camp de chez moi. Si dans l'année qui vient tu sors un disque, je me coupe les couilles ! »

Ça fait des années qu'on n'a toujours rien vu arriver.

Et ce mec est une bombe ! C'est regrettable, oui, d'en arriver là.

Le deuxième disque de BOSS est plus concentré sur les vrais artistes maison par rapport au premier album, album vitrine. Le but premier, bien sûr, aurait été de sortir dix albums de tout le monde. C'était un rêve.

Comment gérer dix entités musicales différentes ?

À un moment donné, je me suis retrouvé à faire du social, à gérer les coups durs de mes artistes à coups d'avances financières. *Opus 2* sort en juin 2000. C'est un six titres, format bizarre qui ne rentre dans aucun classement, trop long pour le top singles, trop court pour le top album. Mais c'est ce que nous avions envie de faire à ce moment-là, six titres efficaces.

BOSS est un truc underground.

À l'époque nous tournons beaucoup en France. En 2000, je fais énormément de dates avec BOSS et je constate l'engouement des gens dans les clubs. Nous avions l'impression d'être allés vers le gros public, mais notre destin est de rester underground.

De son côté, sur ses productions de IV My People, Kool Shen a choisi de se mettre en jeu. Il participe beaucoup. Je reconnais bien là son côté calculateur.

À l'inverse, BOSS est une petite maison qui ressemble à une petite horlogerie artisanale des montagnes suisses. On fait quatre montres par jour mais on est sûrs de les vendre.

C'est notre logique.

Je continue à refuser d'occulter de ma présence les morceaux de mes artistes. Nico Nardone me demande pourtant de m'impliquer plus. Nous avons des heures de discussion à ce sujet.

Ce label n'est pas celui de Joeystarr, c'est BOSS.

Et BOSS c'est nous et les autres.

J'entends beaucoup parler de labels indépendants sur lesquels il y a juste un ou deux artistes et d'énormes embrouilles de thunes. Pas chez nous. Jamais. Devise de béotiens : tout travail mérite salaire. Sur mon label, chaque fois que nous sommes partis faire des trucs à droite ou à gauche, tout le monde a été payé. Sans embrouille.

Seb, aux commandes, n'est pas un voleur, je ne suis pas non plus un escroc.

Pourquoi la production de disques ? Parce qu'on en avait marre de confier notre musique à des gens qui ne connaissaient rien à notre délire.

Pareillement, des gens qui ne connaissaient rien à nos délires nous critiquaient dans la presse. Pour répondre à leurs assertions, nous avons écrit « Authentik » :

« Tu crois passer du rock au rap/En claquant des doigts/-Seulement voilà/Ne fais pas de faux pas/Car pour t'éliminer/Pas besoin de contrat. »

À un moment donné nous avons décidé très justement de prendre le contrôle, de gérer tous les secteurs. On ne gère pas tous les secteurs pour reproduire les conneries que faisaient les mecs d'avant.

C'est en décembre 2004 que nous sortons le troisième album de BOSS.

La formule se complique : un morceau solo chacun et une combinaison à deux. Là, on cherche les ennuis. Tout le monde ne s'entend pas avec tout le monde. Les solos sont enregistrés en un éclair mais les combinaisons partent en couilles.

Certains feront deux titres en solo. Nouvelles embrouilles. Salades. Rumeurs déformées. Beaucoup de mes nouveaux artistes vivent encore là où ils ont grandi. Plein de gens autour d'eux écoutent leurs bandes démos et trouvent ça « mortel ». Dans leur tête, les gars s'imaginent arrivés : « Si on sort un disque, on va en vendre des millions. » Les gars ne font pas la différence entre sortir un disque et sortir une *street tape*.

Une bonne *street tape* peut se vendre rapidement entre 1 000 et 2 000 exemplaires, ce qui est énorme. Mais une *street tape* contient vingt, trente morceaux et ne coûte pas le prix d'un disque. Tous les trois mois, je rentre dans les polémiques avec un artiste qui me dit :

— Ouais, je ne comprends pas, quand je vais en soirée, tout le monde me kiffe...

— Essaie d'aller en parler à Tours, Angers, Marseille. Marche dans la rue. Tu verras si on te demande des nouvelles de ton album...

Aujourd'hui, c'est la galère du côté des majors, on ne signe plus de contrat comme avant. Pourtant BOSS existe toujours. Nous sommes indépendants. Nous faisons ce que nous voulons. Nous sommes prêts à continuer l'aventure. Le dernier problème en date étant DJ Spank.

À un moment donné, Spank mon associé pète les plombs. Il pose problème à son tour.

Que s'est-il passé ? J'imagine qu'à force de se faire congratuler dans la cave de Saint-Ouen, Spank s'est un peu pris pour Dr Dre. Lassé de la lenteur française, il s'en est allé travailler à New York. Il faut dire que Spank a eu le malheur de rencontrer Puff Daddy dans une boîte de Saint-Tropez.

— Viens à New York bosser avec moi...

Spank est donc parti chez Bad Boy travailler à la chaîne pour Puff Daddy. Un boulot super aléatoire, au moment où nous avions réussi à signer trois nouveaux artistes Nathy, D. Dy, Iron Sy.

Leurs trois albums sont quasiment terminés et Spank n'est plus là. Cette situation est peu claire pour les artistes. Depuis qu'il est à New York, Spank a fait *une* prod pour des *Français* et il réalise une émission... *pour la France.* Autant rester ici.

D'autant qu'on a un truc en marche...

32

Jeudi jour de sodomie

Un beau midi, je déjeune avec Laurent Bouneau, de Skyrock. Bouneau me propose un projet d'émission. Sa mémoire flanche-t-elle ? Il ne se souvient pas de notre rendez-vous d'il y a six ans au cours duquel je lui ai proposé exactement ce dont il me parle aujourd'hui.

— Donc ça t'intéresse ?

— Oui, à une seule condition, que j'aie carte blanche. Si tu commences à me dire ce que je dois passer, ça ne m'intéresse même pas d'essayer.

Bouneau accepte toutes mes conditions, y compris le fameux titre « Jeudi Sodomie ». On part là dessus, l'émission sera un Sound System radiophonique. Je suis le MC principal, le Booster, je présente en direct nos dernières trouvailles, cassettes démo qu'on nous envoie, les maxis de musique sont enchaînés par nos quatre DJ (DJ Spank, DJ James, DJ Naughty J et Terror Seb). Ensuite l'émission doit se faire de chez moi, de ma cave. Une condition sine qua non : je refuse de mettre les pieds à Skyrock.

L'émission devait durer deux heures, être entrecoupée de pubs à chaque demi-heure. Nous sommes le premier soir, en train d'écouter Skyrock, nous allons prendre l'antenne...

Et nous entendons Difool qui termine son émission, programmée juste avant la nôtre. Je déteste son émission. Dès la première minute de la première émission, on le chauffe à l'antenne : « On va te brûler le cul, tapette ! Place au Sound BOSS ! »

Au bout d'une heure et demie, la station nous appelle.

Ils trouvent l'émission mortelle. Plus question de coupures pub, antenne illimitée jusqu'à pas d'heure, l'aube si on veut.

On a fait le jeudi pendant un mois et Skyrock nous a programmé une émission supplémentaire le samedi soir, à la place du Cut Killer show (celle-ci avec de la pub). On a commencé à faire des audiences démentes. À un moment, le samedi soir, notre show était premier en national, devant les périphériques.

À ce stade, Bouneau ne pouvait plus ouvrir la bouche. Bien sûr, bien qu'on fasse une émission sur leurs ondes, on n'a pas été cool avec Skyrock. Soudain ça devenait SkyBoss FM et plus on en faisait, plus ça marchait. Les deux premières années n'ont pas semblé trop dures. Puis ça s'est emballé et chaque semaine je faisais trois ou quatre Sound Systems en spectacle, plus les deux émissions de radio hebdomadaires.

Au bout de deux ans de cette cadence, j'étais sur les rotules.

Mais toujours content de faire l'émission. Qui m'a permis de passer du dancehall ou du Sean Paul deux ou trois ans avant tout le monde. À un moment, évidemment, Bouneau a essayé d'intervenir. On l'a vite remis à sa place : « Carte blanche, laisse-nous nous gourer s'il te plaît. »

Non contente d'influencer la programmation journée de Skyrock, notre émission conférait une légitimité toute neuve à la radio. L'émission durait de plus en plus tard dans la nuit, parfois jusqu'à cinq heures du matin. Les gens de Skyrock nous prenaient pour des dingues. À l'antenne, déchaîné, j'aboyais, lançais de grands concours pour gagner toujours le même premier prix, une bouteille de rhum. On chambrait les gens des autres émissions. Très vite on a organisé des clashs, de grands affrontements de rappers en direct, passé des inédits, notamment des maquettes toutes pourries réalisées par ce Sarcellois de Stomy Bugsy. On eut de furieuses crises de rire à son propos à l'antenne, étonnez-vous si beaucoup de gens avaient la rage après nous, tant pis, notre émission était drôle. Sans règle, pleine de bruit, de sons, de chambres d'écho et de comiques antillais.

Très vite, les auditeurs comprennent que je fais l'émission de chez moi.

Certains jeudis, à Saint-Ouen, j'ai cent personnes sur place, dans ma petite maison. Le salon, l'entrée, les escaliers, c'est plein. Ceux qui ne peuvent pas entrer écoutent Skyrock assis dans leurs voitures, dans ma rue. Les voisins ne se sont jamais plaints, quelques flics passaient, la queue entre les jambes.

L'émission a duré trois ans et demi.

Turbo jusqu'au moment où j'ai dû prendre un peu de distance. Je buvais trop, fumais trop pour continuer ce show. Royal, Bouneau donnait un défraiement mensuel d'au moins 1 000 euros pour que les Boss DJ aillent acheter des disques frais, donc moi je refilais mon salaire à mes DJ.

N'importe, il fallait le faire, parce que c'était un bon plan pour BOSS, un bon plan pour annoncer nos sorties, un sacré bon plan pour les gens qui écoutaient, aussi. Car soudain les gars débarquaient de Marseille ou de Strasbourg pour amener leurs CD, leurs cassettes, leurs démos.

Quel meilleur moyen d'aider le hip-hop ?

À la fin, on recevait deux à trois cents CD par semaine. Tout le monde voulait passer dans l'émission, le grand public découvrait les Sound Systems et c'est ainsi qu'on a passé un tournant.

Car toute la France nous écoutait.

Le concept était né de la 93 Party, avant-dernière tournée du dernier album. Mon principe était alors simple : concert d'abord, soirée après. Joeystarr au micro ! Avec Busta Flex et NTM, ça avait marché mortel. Grâce à cette expérience, j'avais découvert que j'aimais bien animer.

Car là aussi, tout est question d'envie : après avoir donné le maximum pendant une heure et demie, rares sont les chanteurs qui veulent se taper cinq heures d'animation. Mais ce truc m'était venu depuis tout petit. Ça s'inscrivait dans la tradition Dub, ça rappelait les disques du grand Dillinger, ce DJ jamaïquain qui fut le premier à parler sur les rythmiques.

DJ Spank adorait passer des nouveautés en s'excitant et nous avons demarré ce système à deux : un DJ et un animateur hurleur, tandem qui commence à s'implanter dans beaucoup de boîtes de nuit aujourd'hui. Au début de l'émission, les gens ne comprenaient simplement pas le principe. Aujourd'hui c'est une formule que tout le monde kiffe.

« Jeudi jour de sodomie » : pour moi, cette émission était un effort de guerre.

33

Jérôme le singe, mort de Storm

Avec DJ Spank, nous partons pour une fête à Marrakech. Nous sommes invités à l'ouverture d'une boîte tenue par un type manifestement en partenariat avec Mohamed VI. Il y a plein de guests. Un pote de Spank possède un singe magot. Spank craque instantanément. Il en veut un.

Deux jours après notre retour de Marrakech, nous nous retrouvons sur un parking à Villepinte. Des mecs arrivent. Ce sont des potes du pote à Spank. Ils ouvrent le coffre d'une voiture et ils ont trois singes différents. Bien décidé, Spank en achète un. On le ramène à la maison et dans un premier temps, Spank a peur du singe. Le singe est un drôle d'animal. Il te regarde sans arrêt et apprend à faire ce que tu fais. Il te voit ouvrir une porte trois fois, il a compris. Parti dans un trip de fou, Spank achète un duffle-coat au singe, plein d'autres fringues. Il délire, je me demande s'il n'est pas en train de compenser pour la poupée qu'il n'a pas eue petit ! Le singe est source d'anecdotes super drôles. Dès que Spank laisse le singe, le singe gueule. Je dors au premier. Quand j'entends les hurlements de l'animal, je descends. Dès que j'arrive en bas, le singe se tait. Je dis à

Spank : « C'est pas possible... Si j'avais eu envie de vivre au zoo, je te l'aurais dit ! » Quand il se déplace avec le singe, Spank le met sous la selle du scooter, là où tu ranges ton casque. Avec le bruit du moteur, le singe devient fou. Il a la pêche. Le jeudi, jour d'émission, cent personnes déboulent dans ma maison. Dans sa cage, le singe hurle. Il veut sortir. Quand il sort, il se balade dans la maison où il fout un bordel monumental. Montant partout, il fait tomber les enceintes. En règle générale, il passe son temps à m'observer. Dès qu'il fait une connerie, il détale. L'attraper dans le fourbi de Saint-Ouen est une galère. Un jour on regarde un film à la télé, le singe est couché sur Spank. Spank n'a pas mis de couche au singe. Passage rigolo dans le film. Tout le monde rigole. Spank reçoit un jet d'urine brûlante : le singe lui a pissé dessus. Spank le décolle d'un revers de la main et envoie le singe rebondir sur un radiateur qui lui tombe dessus. Coincé sous le radiateur, le singe couine. Pour certaines personnes la scène semblera cruelle. En vrai, c'était super drôle. Le studio tourne en bas, ma vie est speed, j'ai parfois une forte envie de me relaxer devant ma télé sans un truc qui couine dans sa cage ou rebondit aux quatre coins de la pièce.

Un jour l'émission de M6 « Plus vite que la musique » vient chez moi pour parler de mon émission radio « Jeudi jour de sodomie » qui cartonne sur Skyrock. Pendant le tournage, quelqu'un ramène une bande vidéo tournée lors d'un show à la Réunion. Mon pote n'a pas filmé le show mais notre rencontre avec une actrice porno qui déconne avec moi dans un jacuzzi. Tout le monde regarde ces images sur un petit moniteur branché au milieu de la pièce. Je demande au cadreur de couper sa caméra. Je ne sais pas que le type a une minuscule caméra portable qui enregistre tout. Le singe gueule, gueule, gueule. Je vais lui mettre une gifle. Le type filme en douce. Il ne se gênera pas pour diffuser une séquence volée que tout le monde trouvera ignoble. Une vingtaine d'associations de protection des animaux m'attaquent. La séquence passe en boucle sur les télés, zapping, etc. Brigitte Bardot tonne. La police nous convoque.

— Vous avez un singe...

— Non, on n'a pas de singe...

Les flics m'apprennent qu'il est interdit d'avoir ce genre d'animal protégé chez moi. Une polémique traîne : en banlieue, à l'époque, des mecs organisent des combats de singes contre pitbulls, justement avec ces singes magots.

— Perquisition !

Ici suit une des scènes les plus comiques de mon existence. Désireux de donner un nom un peu crétin à un singe qui ne l'était pas moins, nous avions baptisé l'animal Jérôme. Jérôme n'est pas un nom crétin, sauf pour un singe magot... Les flics sont arrivés dans la maison et nous ont offert un spectacle surréaliste, appelant Jérôme de la cave au grenier.

— Jérôme ?

— Jérôme ?

Ça me changeait des vraies perquises, avec Kelton dans le dos et maison retournée. Là, c'était cool. Pas de menottes, mais cinq condés appelant sur tous les tons « Jérôme ? Jérôme ? » Ridicule.

Le singe parti, le procès a eu lieu. À son habitude, Me Leborgne a été majestueux.

— Mais alors a-t-il dit de son inimitable baryton, il faudrait aussi condamner le paysan qui bat son bœuf pour labourer ses champs, le toréador qui pique son taureau, etc.

Le tribunal a bien rigolé mais nous nous sommes fait aligner de 40 000 euros à deux. Spank avait reconnu que le singe était à lui, il a été condamné à 9 000 euros, mais comme ça se passait chez moi, on m'a condamné à 31 000.

En sortant du tribunal, le singe ne s'appelait plus Jérôme, mais « 40 000 euros ».

Cette affaire m'a fait passer pour le roi des enculés. Des mois durant, certaines personnes traversaient spécialement la rue pour venir me reparler de ça :

— T'es jaloux ? Toi aussi t'en veux une ?

On a frôlé le n'importe quoi. Voilà que Joeystarr, enculé notoire de Nique Ta Mère, se mettait à battre les animaux. *Le Parisien* s'est fait plaisir de mitonner un dossier rétrospectif de mon pedigree. On a rappelé mes ennuis avec mon chien.

Et là encore, la dernière escapade de Storm mérite d'être racontée. Mon chien se sauve pour aller se battre avec un autre chien cité Ornano, non loin de Clignancourt. Problème : le chien d'en face appartient à une meuf. Elle essaye de séparer les pitbulls. Les mecs de la cité foutent des coups de bâton à droite et à gauche. Ils cassent quatre doigts de la meuf. Coup de feu : on tire sur Storm, qui se retrouve à la SPA Asnières-Gennevilliers. On le soigne. On me pose une condition pour récupérer mon chien : je dois trouver un dresseur agréé qui le prenne avec lui. Je trouve un gars à la campagne qui adore Storm et accepte. Trop tard. La SPA a euthanasié Storm à la demande de la police. Voilà qui ajoutait au cursus.

Via *Le Parisien*, ma maison de Saint-Ouen était grosso modo devenue l'Auschwitz des animaux.

34

Libérez le Boss !

À l'armée, je vous ai raconté comment j'avais fait de la prison. Mais là, dans le civil, c'était la première fois.

En arrivant au dispatching de Fleury-Mérogis ce matin du 7 février 2001, je n'y crois simplement pas. J'attends que la porte s'ouvre, que Seb surgisse en rigolant et me dise : « Ça va, je leur ai parlé, tu sors, c'est bon ! »

Et puis d'un seul coup, je réalise que je me retrouve là pour... rien. Parce que je n'avais rien fait. Ou presque : un peu de drogue chez moi, un flingue dans un placard. Et c'est tout. C'était pas un flagrant délit, rien. De fait, je me sens comme une victime totale.

La chef de section est une femme, une gendarmette. Ellc vient me voir et me dit : « Toute la prison est déjà au courant de votre présence. J'espère que vous n'êtes pas là pour foutre la merde. Dans le cas contraire, on va s'entendre. On va vous mettre tout seul, vous serez tranquille. Si vous voulez descendre en promenade, vous irez. On vous a mis la télé, on sait que vous n'êtes pas pauvre. »

En vrai, j'avais une seule envie, rentrer chez moi.

À un moment donné, quand tu passes du temps à Fleury, tu réfléchis. Un truc était sûr : à force de me taper des gardes à vue, d'accumuler des sursis, il était évident que j'allais y passer un jour ou l'autre. En dépit de tous les avertissements, j'avais continué à fumer tout et n'importe quoi, me balader avec de la coke, rendre service à des potes... J'avais gravement tiré sur la corde. Il était devenu évident à tout le monde (sauf moi en fait) que j'allais goûter au truc. Évidence. Et là, pour le coup, le système était en train de me remettre sur les rails de la réalité.

On ne choisit pas : à Fleury j'ai rencontré plein de mecs que je connaissais. Quand tu sors du dispatching, tu as la visite médicale. Je sors de l'infirmerie et passe à côté de la promenade du quartier des jeunes, puisqu'ils essayent de ranger les détenus par classe d'âge. Là, tout le monde crie : « Joey ! Joey ! » Un type pousse les autres et me demande si je le reconnais : c'est le frère d'un de mes artistes BOSS ! Les deux premiers jours, je reste dans ma cellule, anéanti.

Au bout de deux jours dans ma cellule, je descends faire la promenade qui dure une demi-heure. D'emblée quelqu'un de bien intentionné me refile du Subutex, médicament qui permet d'arrêter le temps à sa manière. Tu fais la promenade, puis tu remontes. Tout habillé, tu restes assis devant la télé. Au bout d'un moment tu te rends compte que tu es resté deux heures assis sur le lit, devant la télé, sans même enlever ton manteau. Je ne regardais plus la télé, c'est la télé qui me regardait.

Ensuite, tous les jours en promenade je retrouve de vieilles connaissances. Tu rentres en prison, tu fais connaissance avec des gens, tu en retrouves d'autres, il se passe un vrai truc. En vrai tout s'est très bien passé pour moi. Je me suis fait casser les couilles une fois à la promenade. À partir du moment où tu te laisses pas emmerder, ça file tranquille.

— Joeystarr à Fleury, sur ma mère, j'y crois pas ça !

Chaque jour j'entendais cette phrase dans la bouche d'un type différent. Les keums venaient me demander si j'étais là pour un concert :

— Joey, tu vas chanter tout à l'heure ou quoi ?

— Non, nan, je suis là comme toi, y a pas de chanson...

— Putain, Joey je t'ai vu dans le journal, je t'ai vu à la télé...

Oui, mais j'étais là.

Avec du soutien de l'extérieur.

Sur Skyrock, l'émission de radio continuait sans moi, tous les jeudis et tous les mardis. Quand j'avais besoin d'écouter un instrumental (j'essayais d'écrire aussi) ils me le diffusaient à la radio. Donc je me faisais des cassettes pour gratter un peu. C'est à Fleury que j'ai eu l'idée de faire une version de « Avec ma gueule de métèque ».

Un autre après-midi, je me souviens d'Omar et Fred faisant leur émission sur Canal avec des tee-shirts clin d'œil, « Free Joeystarr, Libérez le Boss » qui m'ont vraiment fait plaisir.

Un jour, ma mère est venue me voir au parloir.

Je lui avais bien dit : « Surtout ne viens pas », mais bien sûr, elle a passé outre. Ça me gênait que ma mère ou ma meuf viennent me voir là, dans ces endroits où je n'avais rien à foutre.

D'après moi, personne n'a rien à faire en prison.

Bien sûr, l'administration m'avait confisqué mes fringues, combinaison en jeans, blouson de cuir, tout à l'exception d'un survêtement. Des mecs cools m'ont filé des fringues. Au bout de deux semaines, je suivais les conversations durant la promenade, et bien sûr la chambrette a repris ses droits... normal.

— Moi, quand je serais dehors... disait l'un.

— Écoute, t'as pris mille ans de prison... D'où tu crois que tu vas sortir un jour ?

À ce stade, tu te rends compte que tu es avec des mecs qui ont pris vingt ans de placard et qui rigolent avec ça, même enfermés à Fleury-Mérogis. Soudain, de par l'endroit, la fréquentation et l'ambiance, j'avais l'impression d'être de retour dans ma cité.

— Et toi, t'as même pas été jugé, ferme ta gueule toi !

Soudain, tu te rends compte que ton mois et demi, c'est pas grand-chose.

Un autre truc m'a sauté aux yeux : depuis que la peine de mort est abolie, la prison est le bout de ce que peut te faire le système. Très vite, tu comprends que des gens passent trop de temps en prison. Une fois dehors, sans aucun bagage, sans envie, ils n'ont rien à perdre à tenter un autre gros coup. Si ça marche, ils feront les malins pendant trois ou quatre ans. À l'inverse, si ça rate ils y retournent ou se prennent une balle. Tout le monde est coutumier du fait et semble trouver ça tellement normal qu'à l'arrivée ce système fait peur.

Très vite, j'ai découvert que la prison était envisagée par certains prisonniers comme une belle étape sur le parcours des délinquants. Qui envisagent ça comme d'autres le circuit Relais & Châteaux : ils font Fleury, ensuite ils vont se taper Bois-d'Arcy, la Santé, Clairvaux...

Ça fait partie du truc.

J'avais été jugé en comparution immédiate. Quand je suis retourné au tribunal, le juge m'a demandé : « Qu'est-ce que vous faites encore en prison, vous ? »

Oui, bonne question, moi aussi il m'arrivait de me le demander...

Le juge m'engueulait presque d'être encore là-bas, comme si tu pouvais sortir comme tu voulais. « Vous devriez déjà être dehors », m'a-t-il dit. On m'a quand même obstinément ramené à Fleury.

De fait, le plus dur fut donc la dernière semaine. Le juge m'avait pourtant confirmé que je devais sortir. Les mecs qui sont allés au placard sauront de quoi je parle : tous les jours, tous les matins on me disait : « Tu vas sortir. »

Ça a duré toute une semaine.

Chaque matin, en quittant la promenade, c'était les accolades : « Si on se revoit pas, pense à nous, Renoi ! »

Le lendemain matin, stupéfaction générale :

— T'es encore là, toi ?

— Oui, j'suis encore là.

On a fait ça tous les matins. Celui du dernier jour, tout le monde disait qu'au final je ne sortirais sans doute jamais...

Il aurait été facile de craquer.

Il avait fallu une semaine à Seb et mes avocats pour régler tous les problèmes.

Finalement, je pars. Je prends mon paquetage et le gardien me dit :

— Allez à la prochaine !

C'est comme dans les films, et ce genre de réflexion à la con, ils te la font vraiment.

J'ai un train de vie certain. Au bout d'un mois et demi en prison, je n'avais rien dépensé. Forcément, j'avais de l'argent. Alors en sortant, je suis allé chez Versace avec mes potes et j'ai acheté quinze barres de fringues. Des fringues pour moi, des fringues pour mes potes. Puis on est tous allés chez ma mère. Quand j'ai sonné à sa porte, elle s'est inquiétée.

— C'est qui ?

— C'est ton fils !

Elle ne m'avait pas reconnu tellement j'étais bien habillé.

J'avais pris du poids en prison. J'étais beau, j'étais en forme.

35

Com-8

Tout commence autour d'une table, avec des « si ».

— Et si on faisait ça ?

— Et si ?

Avec des si, on scie du bois. Mais je m'accroche et de là on part sur un concept de nouvelle fringue sportswear. À l'époque on n'est pas dans la dynamique sponsoring comme aujourd'hui. Et quand bien même, je ne suis pas un footballeur...

La coke t'annihile le cerveau, mais parfois aussi te réserve quelques fulgurances...

— Comment tu l'appellerais, ta marque ?

— Comet.

— Pourquoi Comet ?

— C'est universel, ça fonctionne en anglais comme en français.

Coup de fil le lendemain :

— Salut Joey, dis donc j'ai essayé de déposer « Comet », on ne peut simplement pas... Le site de Bill Gates s'appelle comme ça...

— Attends, tu l'écris Com-8.

— Ah oui, mortel !

Mon pote de Homecore m'aide à dessiner un logo. Comme je suis en tournée, on décide de faire quelques tee-shirts dont on testera la mise en vente au stand de merchandising.

Ça part grave.

Je porte les tee-shirts sur scène.

Je m'associe avec mon pote Roland, repenti qui gère une petite boutique de baskets aux Lilas. Quasiment du jour au lendemain, il ne va plus vendre de baskets du tout tellement le succès est fulgurant. Roland comprend tout de suite l'énormité du truc. Moi je trouve ça bien. On décide de ne pas prendre de thune tant que le truc sera pas installé. L'affaire décolle de façon foudroyante.

En deux ans, nous faisons 20 millions d'euros de chiffre d'affaires. Soudain, le look des collections me paraît déraper. Au même moment, mes associés se croient arrivés. Ils louent des Ferrari, font des tours en boîte. Je ne suis pas dans cette dynamique.

Je suis chez moi, dans ma chambre à fumer en attendant que la vie reparte. Je ne suis pas responsable de ces gens-là.

Bizarrement, pour une fois, mon manager Seb ne fonce pas avec moi dans l'histoire, il ne sent pas trop mes associés, quelque chose dans leur aura ne lui revient pas. Très vite, je demande à Seb de mettre son nez dans l'affaire Com-8. Seb est perplexe. Tout le monde prend des salaires, sauf moi. Pourtant, je suis en représentation permanente, je fais toutes mes télés en Com-8. Seb demande un salaire de sponsoring pour moi. Grand désaccord.

Dès lors, j'aurais une vraie lecture des gens en face de moi.

— Mais toi, tu n'as rien fait...

J'ai juste trouvé le nom, dessiné le logo, mis le feu à la paille pour que la brousse s'embrase. Nous partons dans un vrai litige, aujourd'hui procédurier. Je comprends plein de trucs, dénoue plein d'embrouilles. Trop tard... Le destin de Com-8 se trouve aujourd'hui entre les mains d'un tribunal de commerce. Point mort.

À une époque, je logeais les gens qui faisaient ma sécu chez moi. Là aussi, ça s'est terminé en eau de boudin.

J'ai un côté trop gentil. Beaucoup ont profité de ça pour prendre leurs aises.

À un moment donné, qui travaille pour qui ?

Si je me pose cette question, c'est que quelque chose ne va pas.

Il y a longtemps que je me suis trompé sur un truc fondamental : j'ai cru qu'être entouré d'amis dans le boulot, c'est une dynamique. Grosse connerie. J'ai mis du temps à comprendre. Et aujourd'hui je sais que j'en ai fini avec ça. Si tu ne délimites pas le terrain, très vite, tu n'as plus de vie. Tout le monde rentre chez toi, tu fais confiance trop vite, tes ménages rendent l'âme, il se passe des choses déplaisantes.

Un jour, sans le moindre scrupule, un de mes gardes du corps est allé vendre des images de moi filmées en tournée à la Réunion. Ces images avec une fille dans un jacuzzi, il est allé les vendre à *Entrevue*.

Ensuite on s'est battus.

— En vrai, c'est pas ma sécu que tu fais, c'est la sécu des gens. Tu n'es pas là pour pas qu'il ne m'arrive pas un truc, tu es là pour qu'il n'arrive rien. Moi, je peux très bien me débrouiller tout seul. Le jour de l'hôtesse, c'est pas moi qu'il fallait protéger.

J'ai trop payé des gens qui se disaient « avec Joey c'est cool ». On est allé un peu trop loin dans le cool et je ne suis plus cool.

Aujourd'hui je ne traîne plus avec ma sécu. Je ne cherche plus de complicité chez les gens qui travaillent avec moi.

La musique est un monde et un milieu à part. C'est une sensibilité à part. Je le dis sans aucune prétention, c'est un constat.

Chaque musicien a besoin d'être soutenu.

En allant chercher de la complicité chez certaines personnes, je ne me suis pas mieux porté.

Que voient les gens en moi ? Un lascar qui taffe, écrit des trucs, pousse des coups de gueule, putain, il la fermera pas, jamais !

Ouais, Joeystarr.

Mais au-delà de cette image, il y a autre chose que ces gens ne parviennent pas à palper.

Il ne faut jamais travailler avec ses amis.

Seb Farran est l'exception. Dans sa tête, il n'a pas ce problème qu'ont beaucoup de gens, l'envie de s'affirmer plus que moi. Seb n'a pas besoin de faire de l'esbroufe avec moi.

Nous avons grandi ensemble, calqué nos évolutions l'un sur l'autre.

Ce qu'il peut dire quand je ne suis pas là ne me fait pas peur. Seb pèse ses mots et tient compte de tout ce qui m'arrive de plus personnel. Sa manière est la bonne. Si je lui dis que je ne suis pas en état pour un rendez-vous, Seb sait que je ne lui raconte généralement pas d'histoire, parfois il me couvre.

Personne ne peut comprendre notre degré de complicité.

Il est important pour moi d'avoir cette relation exclusive avec certaines personnes, dont Seb.

36

60 jours, 60 nuits

Grâce à cette émission de télévision, les gens ont au moins vu dans quel bordel je vivais. Les Anglais ont une expression pour cela, ils parlent de « confusion organisée ».

Loin en amont, j'avais eu un premier rendez-vous avec Karl Zéro. Je sais tout ce qu'on raconte à droite et à gauche, mais Karl est quelqu'un que j'estime. Il m'avait expliqué le concept alors tout neuf d'une équipe télé me suivant en permanence, jour et nuit, durant deux mois.

Exactement comme quand on m'a parlé de l'idée d'un livre, ma première réaction fut : « Quel intérêt ça va avoir ? »

Persuasif, Karl me joue le grand jeu, m'explique que plein de gens qui me suivent seront heureux de me voir enfin vivre, m'exprimer, travailler, déconner.

Mon manager Seb est pour, il se fait insistant.

En vrai, il y a de l'argent à gagner mais il y a surtout un budget déco.

Francis Lalanne a profité de l'émission pour faire refaire la décoration d'une maison où il n'habitait pas. Pour nous, ce sera l'occasion de faire aménager un studio d'enregistrement dans ma cave. À l'époque, le label BOSS démarre mollement, cette affaire nous fait gagner deux ans.

Fatou, qui habite la maison, gagne 80 000 francs pour faire ce qu'elle fait d'habitude, recevoir nos insultes, nous cuire du riz et vider la poubelle. Mes DJ aussi sont rétribués. La mariée est belle. Cerise sur le gâteau : on nous offre un réveillon en Jamaïque pour le 31 décembre !

L'émission a mal démarré. Dès l'installation des caméras un peu partout dans ma maison, je refuse de laisser la télévision envahir ma chambre au premier étage. Je suis formel : la télé peut filmer le studio et le rez-de-chaussée qui fait pièce à télé et salle à manger, mais pas ma chambre.

On m'explique que les images se feront à la journée. L'équipe débarque chez moi, mouline puis trace vers un studio de montage où des gens visionnent, coupent et assemblent toute la nuit. Le sujet est diffusé dès le lendemain. Évidemment j'oublie tout du début du tournage. Et me lève un lundi de 2003, vers dix-sept heures, pour découvrir une équipe télé qui squatte devant ma porte depuis dix heures du matin. Je descends en pagne :

— Vous êtes qui, vous ?

— Canal Plus !

Je remonte me barricader dans ma chambre. J'en redescends au bout d'une heure. Le premier jour, pour la première émission, Seb a son arme secrète : je dois assister au championnat de France de lap dance au Pink Paradise, club de strip-tease parisien. J'y fonce. Toute une bande se retrouve chez moi. On prend mon 4X4, on s'échauffe, on se claque dans les mains sans oublier de dire des trucs à la cantonade genre « ouais, ouais, lap dance, man, trop cool » et on quitte Clignancourt, Seb, l'équipe télé, moi-même. Nous ne dépasserons pas la place de la Concorde où les flics nous arrêtent. Ils mettent le paquet. Dix voitures et trente keufs nous cernent. Tout de suite ils réalisent leur méprise : « Ah, mais c'est monsieur Joeystarr... »

Quoi encore ?

Nos voitures étaient récentes et toutes neuves. Nous roulions en formation : moi devant dans mon 4X4, Seb derrière en BMW et l'équipe Canal en troisième position dans sa camionnette. Coïncidence : cette formation est exactement celle des voleurs de voiture professionnels, avec une voiture de luxe volée, une voiture rapide pour se sauver et une voiture tampon (car c'est ainsi que les flics voient la camionnette Canal).

Quand ils s'aperçoivent que l'équipe filme tout, les flics interdisent toute prise de vue, mais le cadreur fait semblant d'éteindre et de fait toute cette séquence existe, enregistrée au son. N'empêche, ça commence mal. Pas de fête, pas de filles, pas de strip-tease, juste un bon vieux plan braquage.

Au fur et à mesure, on impose des trucs de dingues à l'équipe. Une équipe ultra légère avec juste un journaliste, un cadreur, un ingénieur du son, trois personnes de Canal que je surnomme affectueusement « les connards ». Très vite, je les rends dingues, « arrête, pitié, on a un boulot à faire ».

Un jour je reçois un jerrycan de rhum des Antilles :

— Les mecs, asseyez-vous et buvez un coup...

— Je bois pas...

— Alors tu te casses...

— Ok, je bois un peu...

— Non, tu bois comme tout le monde ou tu te casses.

On leur fait boire cinq verres d'affilée. Le rhum claque les gens, l'équipe est foncedée, cassée en deux. Au bout de deux semaines, les gars ne tiennent plus, ils sont morts. Problème : il reste quarante-cinq jours de tournage.

En plus, chaque soir je leur trouve de nouvelles conneries à faire. Souvent ils refusent. Mais je pratique un chantage de merde : « Si vous le faites pas, j'arrête. » Parfois, nous tentons de semer l'équipe, nous partons en sprint avec mes potes, abandonnant la télé loin derrière. Bien sûr nous avons nos micros. Bien sûr, ils nous entendent, nous cherchent. Nous sommes cachés, mais où ? Il faut nous trouver ! Tu chauffes, tu chauffes, tu chauffes...

Mon rusé manager se doutait bien que cette équipe moulinant en permanence mes faits et gestes me ferait rapidement chier. Très vite, il m'organise des journées faussement spontanées avec plein d'activités légales, genre visite d'un journaliste de *Technikart*, visite au garagiste, visite de n'importe quoi du moment que j'ai l'air de faire quelque chose. Autant pour la réalité !

Le problème est que nous étions censés faire plein de choses dans le studio que nous avait construit Canal. Dommage que les ouvriers n'aient pas terminé les travaux à temps pour le tournage ! De fait, mon équipe BOSS et moi sommes en stand-by. Le bon Seb a beau nous chercher des activités, plein de choses que nous faisons quotidiennement ne seront pas diffusables.

Productrice, Alexia Laroche-Joubert passe tout au crible avec Seb et rejette 80 % des tournages ramenés par l'équipe. Déjà, la visite d'une strip-teaseuse pose problème à la prod, alors le reste...

Très vite, l'équipe nous raconte ses aventures avec un Francis Lalanne que les techniciens vont vite trouver beaucoup plus galère que moi. Ce Francis Lalanne est un dingue complet. Il ne dort jamais. Il fait des plans incroyables, va parler aux arbres en pleine nuit, rameute l'équipe pour qu'elle filme des cygnes dans le lac en face, tire des morales poétiques de tout et de rien, etc., etc.

En vrai, Lalanne nous bat à plate couture.

Bien sûr, je sens que le programme diffusé est au-dessous des premières espérances de la production. Mais nous ne commettons pas non plus un hold-up et surtout, j'avais bien attiré l'attention de Karl et de son équipe sur tous les problèmes qui surgissent effectivement au fil des tournages.

En plus on contamine tous ceux qui nous approchent. Je me souviens de Fayçal, assistant de Karl. Il vient, sonne, négocie l'entrée de l'équipe et le début du tournage. Souvent il se retrouve à discuter avec nous en fumant un joint, son équipe oubliée dans le jardin.

Certains soirs, je force l'équipe à partir de chez moi par le jardin, ce qui les oblige à sauter deux grilles. Comme des garnements, on les rend dingues. Mais, j'insiste, moins que Lalanne ! Lui démarre dès huit du matin à la bière, nous, c'est quatorze heures. Lui emmène l'équipe dans le bois derrière sa maison et fume sa pipe adossé contre un arbre centenaire. Il a sa place dans la forêt, le gars. Les trucs qu'il a faits, nous, on savait pas faire.

À l'arrivée, les téléspectateurs ont quand même vu quelque chose. Et l'émission a fait un sacré sondage. À la même heure que nous, Mourad faisait un point d'audience. Nous sommes montés jusqu'à cinq. Pas fier, je suis allé défendre le concept sur beaucoup de plateaux. Du coup, un jour, par hasard, j'ai même croisé Francis Lalanne ! Ce n'est pas que j'avais très envie de le rencontrer, monsieur le poète qui se promène de beau matin dans son parc !

Sans être méchant, dommage qu'il en fasse tout le temps un peu trop. Et puis, le jour où je suis tombé sur lui, je n'avais pas envie de discuter. Ce mec, je ne le connais pas, je m'en fous, en vrai.

— Bon ben salut, j'ai des trucs à faire...

Et je me suis cassé. À peine j'avais tourné les baskets, le poète a fait une crise d'hypoglycémie. Il se sentait mal, il avait des palpitations, il s'est écroulé. Moi, j'étais loin.

Comme toute émission de télévision, celle-ci a eu des effets secondaires imprévus. Un jour ma mère m'appelle :

— Qu'est-ce que c'est que ce bordel dans ta maison, elle range pas, Fatou, à quoi elle sert ?

La caméra grand angle rendait l'endroit encore plus bordélique. Gros contraste pendant les émissions de radio. Là, par contre, il y a du monde, mais trop, beaucoup trop. Comme si on avait donné rendez-vous à tous les mecs qui galéraient dans les halls de toutes les cités en les convoquant pour l'émission : « Venez chez Joey, il fait chaud, on bédave ! »

Bien sûr, si le studio du sous-sol avait été terminé à temps, l'émission aurait eu beaucoup plus d'intérêt. Mais tel quel, le projet a lancé les Sound Systems.

Un an avant l'émission, quand on allait jouer, les gens ne comprenaient pas ce qu'on faisait. Ils avaient vu le nom de Joeystarr sur l'affiche, ils pensaient que j'allais chanter une heure et demie. Un Show Sound System dure quatre heures, parfois cinq. Je chante, ou pas, mais surtout j'anime. Grâce à « 60 jours, 60 nuits » tout a changé. Les gens sont venus nous voir.

Et puis je retiens un certain nombre de moments sympas. Dommage qu'on n'ait pas pu en diffuser les images.

Très vite Alexia Laroche-Joubert s'est arraché les cheveux : « Ils ne font pas des trucs normaux », se plaignait la productrice. En plus, après chaque tournage, ses gens avaient un boulot de montage fou. Il fallait une demi-heure diffusable par jour et, très vite, tout le monde a remercié Lalanne le clown blanc de son professionnalisme. À n'importe quelle heure, dans n'importe quelle position, le gars était capable de te sortir un truc, sans jamais avoir peur du ridicule. Un client grandiose.

Ce genre d'émission marche avec certaines personnes, pas avec d'autres. Moi, je suis désolé, la caméra ou l'appareil photo m'enlèvent toute spontanéité. Même si, à la fin de la journée, tout le monde a pu découvrir que j'appelais Béatrice Dalle « Jean-Claude » et que ça la faisait rigoler, en plus.

Dès le départ, Béatrice m'avait dit : « C'est une erreur, faut pas le faire. » Finalement, elle m'a répété une chose qu'elle disait souvent : « Je te connais, je te fais confiance, même quand tu fais des choix tordus, tu arrives à bien t'en sortir. »

Qu'attendait la production en fait ? Peut-être un client tordu qui va mettre des mains au cul des hôtesses de l'air, qui fait un tas de trucs extrêmes *légaux*. Alexia Laroche-Joubert était à cheval sur une soi-disant « éthique des programmes télé », ce genre. Ce qui ne l'empêchait pas de ne rien comprendre à notre humour.

Le problème c'est que pour elle il ne se passait rien et que quand il se passait quelque chose, c'était pas non plus ce que la prod aurait aimé.

— Il ne va jamais acheter de pain ?

Non, Alexia, c'est vrai, je ne vais jamais faire les courses, ni acheter du pain. Au lieu de ça, l'équipe me filmait allongé dans mon canapé, en train de zapper devant ma télé. À leur départ, ils m'ont carrément manqué. Ils étaient où mes « connards » ?

Soudain, voilà que j'aurais presque eu envie de les emmener sur des trucs...

37

Moteur !

J'oublie assez vite que j'ai eu plein d'activités en dehors de mes disques, notamment divers films long-métrage. Le premier est une réalisation de Cyril Collard, un épisode télé du Lyonnais qui s'intitule « Taggers ».

Mais ce n'était pas ma toute première expérience du cinéma.

Fin des années 80, je me fais brancher dans la rue avec un copain. On est alors castés par Dominique Besnehard qui garde de moi des images d'essais assez marrantes. Il est question d'un tournage, un film intitulé *Hors la loi*. Je ne suis pas retenu.

Pour l'épisode du Lyonnais, je me rends au casting pour rigoler. C'est l'époque où je traîne avec Rockin' Squat et Assassin. À fond dans le graffiti, j'accompagne juste Squat et Solo, pressentis pour un petit rôle. On flashe sur ma gueule et je me retrouve pris dans le casting et embauché à leur place. Pour moi ce n'est pas sérieux. J'ai un petit rôle de mercenaire. Un mec qui a soi-disant fait je ne sais plus quelles guerres. Souvent, sur le tournage, je vais voir Collard, un peu inquiet :

— Nan, mais t'es sûr, là ?

Je pense notamment à une scène où je dis à mon interlocuteur « Ouais, moi, la violence ça me connaît. J'ai fait le Liban, l'Angola, le Congo... » et j'énumère toute une liste de pays où j'aurais joué les baroudeurs. Je me trouve bien jeune pour pareil pedigree !

Ravi, Collard me rassure. Le cinéma, pour moi, ça a toujours été vite fait, super rapide, je n'ai jamais eu le temps d'avoir des sensations. Je joue donc ce premier petit rôle sans trop y croire.

Le film *Old School*, 2000, est le premier film de Kader Ayd. Une équipe de gens que je connais s'investit passionnément dans le projet. On m'offre un petit rôle de recelleur. J'accepte, ça met mes dents en or en valeur.

Un mot sur ces dents : ma mère m'a toujours dit que j'avais un beau sourire, j'avais envie qu'il soit éclatant. Ces dents, je les considérais comme un bijou. Contrairement à ce que tout le monde croyait, je ne m'étais pas fait poser de nouvelles quenottes en or. Ces dents de pure déco se fixaient avec des clips, comme une bague. Je les enlevais et les remettais à volonté.

Aujourd'hui, j'ai envie de me faire enlever toutes les dents pour faire mettre des diamants sur montures en or à la place. C'est compliqué : il faut trouver des pierres qui ont la bonne taille, et installer les diamants sur un minimum de sept dents de devant. Ce projet pharaonique attendra encore un petit peu.

Malheureusement, c'est précisément aux dents que j'ai mal le jour du tournage. Je suis un peu à côté, mais ça correspond au personnage. *Old School* est un film marrant et l'ambiance sur le tournage ne me paraît pas trop sérieuse, tout le monde étant habillé dans le plus pur style Blaxploitation. N'ayant pas assez de place pour faire mieux, je glisse quelques chambrettes personnelles dans mon dialogue.

Idem dans *La Tour Montparnasse infernale*, en 2001. J'ai deux phrases dans ce film. Toute personne visionnant aujourd'hui le DVD comprendra, en voyant ma tête, que je n'étais pas très en forme à l'époque du tournage. Gag, Éric et Ramzy m'ont parlé de mon tournage sans me dire réellement ce que je vais jouer. Le jour des essais de costume, je découvre que je joue un condé. Déguisé en flic avec afro et képi par-dessus, je garde le souvenir du Fred (de Omar & Fred) me donnant la réplique. Découvrant le film en DVD, je ne me suis pas trouvé spécialement à l'aise.

Mission Cléopâtre, 2002, ne s'est pas fait pour moi puisque, avant même que Chabat me propose quoi que ce soit, une indiscrétion filtre et ma participation est annoncée dans toute la presse. Les journalistes écrivent que je vais jouer Nicklapolis. Alors que je suis en promo BOSS, tout le monde me parle de *Mission Cléopâtre*. Terminant le montage de ce film Alain Chabat avec qui je me suis toujours très bien entendu me demande un titre inédit pour la BO. Ce sera « Gaz-L ».

Chabat : – J'aimerais bien avoir un tube quand même !

Seb : – Tu sais, les tubes et Joey, ça fait deux...

Chabat : – Essayez quand même !

Seb avait « Gaz-L » avec lui, sur un DAT. Par hasard, il fait écouter le titre ce jour-là à Chabat qui décrète : « C'est ce titre que je veux, aucun autre... »

Le problème est que « Gaz-L » avait déjà été acheté pour le film *Féroce*, avec Sammy Naceri. *Féroce* a eu de gros problèmes d'interdiction, de salles, etc. Tué dans l'œuf, le film n'a jamais eu la chance de trouver son public. Chabat réclamant « Gaz-L » pour sa BO, nous ne pouvions lui refuser. Nous avons payé un dédit aux autres, qui voulaient garder l'exclusivité. Si « Gaz-L » avait été aussi pourri, y aurait-il eu cette empoignade ?

J'ai entendu beaucoup de choses sur « Gaz-L ». Des choses négatives sur une ballade pop et cool qui me plaisait bien. Aujourd'hui, je me dis une chose : peut-être que si quelqu'un d'autre que moi avait chanté ce morceau, il serait mieux passé. C'est ça le problème. Aujourd'hui, des morceaux comme celui-là, tous les rappers en font un par album. Voire deux. Pit Bacardi fait un titre sur sa mère, personne ne lui casse les couilles. Moi, je n'ai pas le droit d'y penser.

Pour *RRRrrrr!!!* (2004), à nouveau réalisé par Chabat avec l'équipe des Robins des Bois, c'est le règne du secret total. Le jour de mon arrivée sur son plateau, Chabat me parle plus précisément de mon rôle. Ce sera celui d'un homme préhistorique de la tribu des Nénuphars à moitié à poil, uniquement vêtu de grosses feuilles vertes et qui va chez un vendeur de gourdins formidablement interprété par Dominique Farrugia.

Je teste un gourdin, c'est mon rôle au générique « Joeystarr, l'essayeur de gourdins ».

Ce rôle est vraiment drôle. L'ambiance du plateau de Chabat est fabuleuse. Essayage : je suis obligé de mettre un string avant d'enfiler mon costume. Rigolade. Ensuite on me peint le corps. Je n'aurais fait ces choses pour personne d'autre que Chabat. Tourner avec Farrugia est énorme. À l'arrivée il aura fallu plus de temps pour m'habiller, me grimer et me costumer que pour tourner la scène qui se retrouve en boîte en deux prises. Avec un clin d'œil, Chabat m'offre mon costume de nénuphars « au cas où tu en aies encore besoin... » Je ne pense pas le remettre de ma vie, mais un cadeau est un cadeau, je le garde en souvenir.

Le projet *Scorpio* naît autour de Com-8 Productions. Il n'aboutit pas. Dommage, c'est le film que je voulais vraiment faire, un policier, plein d'action et de pugilats se déroulant dans le domaine mal connu en France du free fight. L'intérêt du scénario tourne autour d'un mélange de vrais combattants et d'acteurs. On veut me confier le premier rôle de ce *Fight Club* français. Je suis Scorpio. Partant à fond, je m'entraîne au jiu jitsu la journée, je m'endurcis deux mois non-stop avec Jérôme Le Banner et un pote à lui, Gilles Arsen. Nous avons peu de temps avant le premier tour de manivelle et mes partenaires se demandent si deux mois et demi suffiront pour me mettre en condition.

Là encore, je surprends mon monde. Ma condition physique est excellente. Bien sûr, je souffre au cours de la préparation. Que le filme ne se fasse pas au final me déçoit énormément. Le budget n'était pas bouclé. De son côté, Chabat souhaitait coproduire le film, mais les changements de direction à la tête de Canal Plus ont tout ralenti. Le film est aujourd'hui reparti avec un autre acteur.

J'ai cessé d'y penser.

Cette anecdote prouve toutefois que je reçois également des propositions de film dépassant les quatre lignes vite fait.

Et puis il y a les clips...

Je n'aime pas jouer dans des clips, par contre j'aime *réaliser* des clips.

Je l'ai appris en bossant avec Jean-Baptiste Mondino, Stéphane Sednaoui, Seb Janiak.

Ma carrière de clipper commence au moment où je déménage à Saint-Ouen. À l'époque, Seb Farran, mon manager, est également celui de Raggasonic. Un jour, dans nos bureaux, arrive un fax d'un réalisateur connu soumettant un synopsis pour le nouveau single de Raggasonic. Je lis et trouve ignoble le ramassis de clichés nazes véhiculé par le synopsis. J'en parle à Seb. Je lui dis ce que j'aurais fait, moi, en guise de clip. Seb me conseille de coucher d'urgence ces idées sur papier. Je n'avais encore jamais fait cela, mais Seb insiste. Le monde est bien fait : à l'époque, je vis avec une scripte qui m'aide à mettre mes idées en place. Seb propose le scénario à la maison de disques de Raggasonic qui approuve. La société de production Bandits de Jean-Baptiste Mondino m'entoure d'excellents techniciens. Le résultat est probant, à preuve les gens de Bandits me proposent un contrat d'exclusivité, que je refuse. Mais ils font partie des premières personnes qui ont fait confiance au jeune mec bordélique que j'étais à mes débuts.

Récapitulons : j'ai réalisé les clips de « Ma Benz », « Pose ton gun », « Laisse pas traîner ton fils » et « Seine-Saint-Denis Style », j'ai fait deux clips pour Raggasonic, un pour Daddy Nuttea. Pas mal pour un mec qui n'a jamais fait de photos en vacances !

38

Gab'1 Vicieux Requin

MC Jean Gab'1 faisait partie des Requins Vicieux. J'ai expliqué plus haut ce qu'était notre système à l'époque de la danse. Notre mot d'ordre était : « Les gens n'ont pas le droit de dire qu'il y en a un qui est bon. Tellement nous, on est forts ». Il y avait nous et les autres. Nous étions très forts, les autres n'étaient pas bons.

Charles, alias MC Jean Gab'1, ne dansait pas, jamais. Il était déjà à part, genre « moi, je fais de la boxe ». Mais c'était déjà un suiveur et aujourd'hui encore, il reste un suiveur. Charles était là et c'est tout. Il n'a jamais rien fait tout seul. Par contre, Charles a de l'humour.

La chambrette, raconter sa vie, il sait faire.

Il a tellement de bagout que quelqu'un a eu l'idée finalement pas si saugrenue de le faire rapper. Mais pour moi, Charles reste ce type avec qui je fumais du *free base* dans une cave de Saint-Ouen. Il venait et il nous faisait des imitations de Booba avec sa grosse voix sur le thème « ce qu'il sait faire, je sais le faire ». À force de faire le con, il s'est pris au jeu et d'autres autour de lui aussi et ils ont sorti un disque. Ces gens sont tous d'anciens Requins Vicieux. Une bande suivie d'une rumeur bizarre. On a parlé de tournantes, de trucs pas clairs. Il y avait tellement d'histoires sordides autour des Requins Vicieux que le gang a été obligé de changer de nom. Faut dire que des gens les cherchaient de partout.

C'est facile de tomber à quarante sur trois lascars au pied d'une cité en disant : « On est allé les chercher chez eux. » Dommage.

Toute une série de bruits de ce genre, colportés sans fin, a fini par leur faire une sale réputation. Crapules de papier, l'histoire des Requins Vicieux s'est arrêtée quand tout le monde s'est fait lever. Face aux condés, ils se sont tous balancés les uns les autres et leur histoire de fraternité n'a pas tenu face aux années de placard à prendre.

Les Requins Vicieux avaient une première grande règle : chacun pour sa gueule.

Et n'oublions pas la seconde : si ça chauffe, tout le monde court.

En 2002, on s'est pris la tête eux et moi.

— Si vous êtes mes amis, arrêtez de me montrer du doigt et si vous avez des choses à me dire, dites-les-moi en face. C'est pas parce qu'à un moment donné j'entends des rumeurs que ça va me faire prendre conscience de quoi que ce soit. Votre truc, c'est pas de l'amitié, c'est de la merde. Je sais que vous êtes capables de tomber à plusieurs sur des gens. Il y en a qui ont des couilles pour ça mais il y en a qui ont des couilles pour autre chose aussi. Y en a qui affrontent la vie.

Et puis franchement, à trente ans, qu'est-ce qu'ils foutaient à courir après des gamins de vingt ans pour leur tirer dessus à la porte de boîtes pour lesquelles ils ne travaillaient même pas ?

Ça leur rapporte quoi, ces embrouilles ?

Aucune pépette, en plus on les recherche. Ça finira au placard ou d'un pruneau mal placé, personne ne court plus vite que les balles.

Gab'1 a réussi à marquer le coup en faisant un disque qui attaquait nommément tout le monde du hip-hop français. Plein de jeunes ont répondu : normal. Ensuite il y a moi. Je ne suis pas dans le même registre, mais j'en parle. Parce que je connais l'histoire. Et puis là, gars, c'est de la musique qu'on fait. Alors, que t'aies été braqueur, cycliste, ballet rose ou ce que tu veux, on s'en fout. Nous, on cherche des trucs musicalement compacts. Vas-y, te gêne pas, fais-en, sors-les, fais un peu de scène derrière, et tu pourras parler.

C'est pas parce qu'on rappe qu'on est tous des baltringues.

En interview MC Jean Gab'1 dit fréquemment que je me prends pour un dur. Première nouvelle, je n'ai jamais raconté dans mes textes que j'étais un voyou. Lui, si, c'est vendeur. Mais comme disait KRS-One : « Si tu es un gangster, qu'est-ce que tu fous dans le show-business ? »

J'ai subi certains aléas de la vie qui font que je suis comme ça. Mais en aucun cas je n'ai revendiqué le gangstérisme. Je n'ai jamais cherché à jouer au gangster ou au voyou.

Notre groupe est né d'une certaine forme d'urgence. C'est pour ça qu'on s'est appelés Nique Ta Mère, pour ça qu'on n'aimait pas sourire à la télé.

Pas pour se donner une attitude, non.

À la base on ne relatait pas une joie de vivre. On relatait une joie de *survivre* à travers un paysage super gris. Et on a réussi.

Il y a longtemps j'ai écrit de façon un peu redondante : « Nos peines et nos douleurs, c'est ça notre tremplin. »

On n'était pas là pour affirmer au monde qu'on était les plus costauds. À quoi servent des trucs pareils ? « Si la perfection était de ce bas monde, je n'aurais pas ma place. »

J'ai des défauts aussi. Plein.

Un caractère. Relisez nos textes, nos écrits. Réécoutez le morceau avec Nas, « Affirmative Action ». Nous disons : « Affirmative Action, nous, les bourses on se les crée nous-mêmes parce qu'on est la rue. »

Dernièrement, on a vu ce qui se passait. Les mis à l'index des cités, à force, se sont réveillés. Peut-être pas de la bonne manière, mais comment leur demander de se réveiller de la bonne manière si tu leur as jamais inculqué ce qu'étaient la bonne manière et la légitimité de leur présence ?

J'ai toujours parlé de ça.

Maintenant, ceux qui vont dire que je me suis inventé une nouvelle cause n'ont qu'à relire mes textes depuis le premier single.

Le militantisme, Kool Shen et moi on en faisait avant même de savoir ce que ça voulait dire.

Nos premiers textes parlaient des graffitis, du monde de demain, du toucher Nique Ta Mère. Dire qu'on vient du 93, dire que chez nous il se passe ça, parler du monde du graffiti, des ambiances, tard le soir dans les hangars, t'es tout seul, ta pompe craque, tu te fais flipper. On savait se fabriquer des sensations fortes sans laisser un mec la gueule par terre.

Le but des graffitis était de marquer notre territoire, faire parler de nous dans le journal de la RATP, exister, montrer qu'on est partout mais vous ne nous voyez pas. On avait l'impression que c'était une force.

Dans notre groupe graffiti, deux ou trois mecs avaient une vraie vocation d'artistes. C'étaient des peintres, des vrais. Ils avaient le truc.

Rien que de les voir faire, ça nous faisait planer.

Ça nous donnait à nous aussi l'impression d'être des artistes, parce qu'on traînait avec eux.

Mais on n'était pas plus dangereux que ça. Alors viens pas nous souffler dans les narines, comme tout le monde, quoi.

39

Haut-parleur...

« Je ne suis pas un leader simplement le haut-parleur
D'une génération révoltée prête à tout ébranler
Même le système qui nous pousse à l'extrême. »

Récemment, en décembre 2005, j'ai fait un saut en banlieue, à Clichy-sous-Bois avec Leïla, Clotilde Courau, Jean-Pierre Bacri, Jamel Debbouze, Guillaume Depardieu. On venait pour conseiller aux gens des cités de prendre leur carte d'électeurs, et ça ne s'est pas très bien passé.

Ça ne m'a absolument pas surpris, ni dérangé.

Avec NTM, j'ai mené toute ma carrière comme si à chaque concert je devais absolument tout prouver à nouveau. Je ne dors sur aucun acquis. Les lauriers c'est pour les autres, les lauriers, je m'en bas les couilles. Dans Devoirs de Mémoires mon rôle est celui d'une grande gueule. Il y a une Histoire, on veut être en phase avec. C'est super noble.

Souvent, nous sommes arrivés pour donner des concerts gratuits en banlieue et pour nous remercier, des gars crevaient nos pneus, savataient nos meufs et même quinze ans après nos débuts, je savais que c'était pas gagné.

Quand Clichy s'est embrasé, j'étais à Toulouse, en studio, en train de travailler sur mon premier album solo. Pas la situation idéale pour suivre ce qui se passe en ville, le studio d'enregistrement. On taffe jusqu'à six heures du matin, on dort, on revient à dix-sept heures pour bosser. Mais en vieux TV addict, j'ai tout de suite compris ce qui allait se passer. Au bout de deux jours, j'ai dit à Dadoo (qui m'aide à réaliser cet album) que ça allait être le couvre-feu et l'armée. On a pas eu l'armée, mais on a eu droit au couvre-feu.

Ma position, c'est un peu comme une embrouille avec ta meuf. Tu n'es pas en tort, tu as raison, mais c'est pas forcément une bonne chose.

Bien sûr, on avait écrit : « Qu'est-ce qu'on attend pour foutre le feu » il y a plus de dix ans, en 1995, sur notre album *Paris sous les bombes*. Bien sûr. « Où sont nos repères ? Qui sont nos modèles ? De toute une jeunesse, vous avez brûlé les ailes. »

Sur ce coup-là, j'aurais préféré ne pas avoir raison.

Pendant les émeutes, tous les médias ont appelé mon manager. Un matin, Seb a eu dix-sept demandes, allant du journal télévisé à tout ce que l'on peut imaginer d'autre, interviews, entretiens, débats.

Nous avons tout refusé en bloc.

Tous ces journalistes voulaient me demander une seule chose : « Joeystarr, il y a quinze ans, vous avez écrit "Qu'est-ce qu'on attend pour foutre le feu"... »

Arrêtez, les mecs, il y a un vrai problème, un problème réel, un problème de maintenant. Qu'est-ce qu'on en a à foutre de ce que j'ai écrit il y a quinze ans ? Les NTM n'ont pas inventé ce problème. Ce problème n'est pas venu des NTM non plus. Dès notre irruption, tout de suite, nous avons dit qu'il y avait urgence.

On nous a traités de dingues.

On disait « Nique Ta Mère » parce que c'est comme ça qu'on parle aujourd'hui dans les cités, parce que « Nique Ta Mère », j'insiste, est l'une des expressions les plus communes chez nous, comme « zut, flûte et merde » chez les autres.

Nous avons tiré le signal d'alarme tout de suite, dès notre premier disque. On sort « Le Monde de demain » en 1990. Prémonitoire ? Une semaine après, émeutes à Vaulx-en-Velin. Je n'en ai rien à foutre d'avoir été le premier à constater cette situation. Nous étions des danseurs. Un jour, on a arrêté de faire de la poésie avec nos corps, signé chez Sony, enregistré des disques. Nos premiers textes parlaient de graffiti, les suivants de la situation des cités. On a écrit « Le Monde de demain ».

« Oh oui c'est triste à dire mais tu n'as pas compris
Pourquoi les jeunes de mon quartier vivent dans cet état d'esprit
La délinquance avance et tout ceci a un sens
Car la violence coule dans les veines de celui qui a la haine. »

La semaine d'après c'est arrivé en vrai.

Comment étions nous parvenus à écrire un texte qui, je le concède, n'était pas exactement du Victor Hugo, mais par contre décrivait bien cette sensation terrible d'être acculé, le dos au mur de nos cités ?

Il n'y a pas très longtemps, je suis retourné voir mon père. Il s'y entend bien pour faire des garçons, il en a deux petits nouveaux chez lui. Il est tellement attentionné avec ses deux gosses qu'il m'a foutu les boules grave. Écœuré, j'en suis arrivé à regarder tout cela comme une scène de théâtre. Je n'ai pas été un enfant facile, mais je crois avoir un peu manqué d'affection. Mon père n'a jamais été affectueux. Jamais il n'a imaginé de changer ses manières, ni de me donner la main dans la rue. Même quand il fallait qu'on se dépêche.

Pourtant, ma vie n'était pas si horrible.

Mon père a toujours rempli le frigo, j'allais à l'école et si j'avais pas les thunes pour les fournitures, j'étais quand même toute la journée en classe. La situation a changé. En cité, le matriarcat est mort. Parler de la mère de quelqu'un, c'est le signal d'une belle bagarre rangée. À la maison, ça gêne pas le même mec de dire à sa mère : « Va te faire enculer. »

Le drame, c'est que plus personne ne sait dire « je t'aime ». Le drame c'est que dire je t'aime, c'est dire les mots avant de passer à la baise.

Voilà, le monde bouge.

Moi, ma meuf, c'est tous les jours que je lui dis je t'aime, même devant des gens, je n'ai aucun souci avec ça.

Que se passe-t-il dans les cités ?

Quand j'avais treize ans, la situation n'était pas la même.

On avait pas autant de données. L'accès à la télé était réglementé, on ne vivait pas scotché devant. Il y a aujourd'hui trop d'informations, bombardées en direction de jeunes pas assez matures. Moi, à treize ans, j'étais une crevette.

Aujourd'hui, tu ouvres le journal, tu lis des histoires démentes de course-poursuite de dingues sur soixante-dix bornes, sur un bout de tronçon d'autoroute. On les arrête, ce sont des gosses de huit et douze ans à bord d'une voiture volée !

Nous, à l'époque, on allait sur le parking du supermarché, on piquait une deux-chevaux.

Aujourd'hui les mômes tirent des BMW et partent avec.

Le rôle du hip-hop, à la base, était autre. On grattait, on smurfait, on avait une cassette en tout et pour tout, on vivait avec. Aujourd'hui, tu es bombardé de disques, de clips, de chansons, de rumeurs, d'infos, de déclarations, d'images. Ne comptez pas sur moi pour jouer les vieux moralisateurs et donner des conseils aux jeunes. Mais bon... pendant que vous lisez, le bombardement continue.

Faut-il rendre les parents systématiquement responsables de tout ce que font les gosses ?

En banlieue, pour moi, l'enculé, le vrai, c'est celui qui fait des mômes à gauche et à droite et qui se désintéresse de sa progéniture. Du coup, les mômes se construisent tout seuls. Ne vous étonnez pas s'ils évoluent n'importe comment. La banlieue est victime de trois trucs : les pères fuyards, la télé, et maintenant Internet.

En 1980, j'ai treize ans, j'écoute les disques de mon père, je mange la bouffe de mon père et on regarde la télé ensemble.

Même avec des restrictions familiales hautes en couleur, je parviens à passer la nuit dehors, je réussirai même à voler des voitures. C'était pas par envie d'exister, juste parce que je m'emmerdais. Aujourd'hui, je pense qu'il y a un monde parallèle, minutieusement établi. Pendant les émeutes, on a découvert qu'il n'y avait plus de limites dans ce monde.

Alors bien sûr, en banlieue, tu as des gens tranquilles, des gens qui rentrent chez eux et qui vont se faire contrôler pour rien. Et puis il y a ceux qui mènent un jeu de destruction, et tout le monde en pâtit.

Mouiller le maillot est devenu une notion abstraite. Bosser sur une presse, faire de l'usinage, notions abstraites. Dans cette manière de fonctionner, jouer au chat et à la souris avec les condés fait partie d'un truc normal, un truc de tous les jours.

On en est là.

Avec un vrai problème, et il y a toujours urgence.

Le problème c'est que tout va de plus en plus vite. Ce qui se passe dans les favelas au Brésil est à un clic de nous. Je crois qu'on est tous tombés dans un truc terrible.

Dans ma cité, à l'âge de quinze ans, j'ai appris cette expression : « Notre monde s'arrête au trottoir d'en face. » Au niveau des idées, c'est pareil.

Par rapport à l'éducation que j'ai eue, s'il n'y avait pas eu la drogue, acide ou colle à rustine, je ne serais pas allé voir plus loin. Je serais resté un petit braqueur de mobs, vendeur de shit. Je peux dire ça parce que certains en sont encore là. Ils finiront d'une overdose, tout desséchés dans une cave. Bien sûr, il n'y a pas que des gens comme ça en banlieue. Et heureusement.

En rencontrant Kool Shen j'ai compris plein de choses. Kool Shen avait eu une enfance heureuse, qui lui reprocherait ça ? C'est bien, c'est enviable. Mais ça n'empêche pas tous les gens des banlieues d'être catalogués pareil.

Ce que fait Devoirs de Mémoires, c'est dire aux gens qui vivent en France que l'Histoire de France, ils en font partie. Oui, les mecs. L'Histoire c'est pas juste Charles Martel et la bataille de Poitiers où on arrête les Arabes.

Le monde de demain, c'est les gens d'aujourd'hui.

Traitez-moi de naïf.

J'ai la naïveté de croire que si on parvenait à conscientiser tout le monde, certaines personnes des cités comprendraient qu'ils sont en train de pisser dans leur propre gamelle.

À un moment donné, ça serait bien de vivre notre époque à l'heure qu'indiquent les pendules.

En plein ramadan, je suis allé faire un Sound System en Algérie. Ce que j'ai cru entrevoir là-bas, dès notre arrivée, dès la bousculade aux passeports, c'est une façon totalement différente de se comporter. Je me suis rendu compte que culturellement j'étais dans un autre monde. Le problème, c'est qu'ils sont fermés dedans. Quand ils se rendent en France, ils n'acceptent pas que le contexte dans lequel eux vivaient n'ait pas droit de cité ailleurs.

Chez vous c'est comme ça, chez les autres c'est autrement.

Selon moi, le tchador est plus une représentation culturelle qu'un acte religieux. L'acte religieux devrait rester cantonné dans la tête et c'est tout. Personne n'a besoin de savoir de quelle confession tu es pour te respecter. Ce qui me dérange, c'est qu'à l'inverse des femmes qui portent le tchador, les autres c'est des putes, des salopes, des moins que rien. Alors d'accord, il y a le discours extrémiste. Mais j'ai autant de problèmes avec le discours « entre les deux » si souvent tenu par les gens qui pratiquent.

À mon avis les musulmans ont un vrai problème culturel avec la femme. Et pas seulement dans les pays que je connais, Maroc, Algérie ou Tunisie. Toute l'Afrique est comme ça. Même aux Antilles il y a ce vieux truc résiduel. Aux Antilles on dit que la femme noire qui a un mari blanc c'est parce qu'elle a eu un père qui n'était pas quelqu'un de bien. À l'inverse, quand l'homme noir a une femme blanche, c'est parce qu'il a eu une mère trop protectrice. On a toujours eu ce problème, venant de cette partie du monde où la femme est culturellement dédaignée. Avec le tchador, les mecs exportent un truc culturel qui n'est pas forcément bon. Pour moi le tchador ne correspond pas à l'époque, simplement. Quand tu vas flâner à Barbès, tu te rends compte que tout ce que les Nord-Africains voulaient quitter chez eux, en fait, ils le reproduisent dès qu'ils se retrouvent en communauté en France. Voilà des gens qui viennent chez les autres critiquer leurs mœurs alors qu'ils sont partis de chez eux parce qu'ils n'en pouvaient plus des conditions. Le communautarisme n'est pas bon. Pourquoi ne pas profiter de ce qu'on est dans une autre société ?

Pourquoi reproduire de vieux schémas ?

Je suis en ce moment en train de faire un album. Quelle que soit sa valeur, si je ne pars pas en tournée pour le défendre, le disque ne marchera pas.

Plus grave : l'album ne vivra pas dans la tête des mecs d'en bas.

Même si les radios bastonnent le disque, il vivra moins que si je me déplace pour aller les voir en concert. Là... on commence à parler de la mémoire collective.

Les gros souvenirs des gens, ce sont nos concerts. Quand j'ai rencontré Olivier Besancenot, la première chose qu'il m'a dit c'est : « J'ai compris ce qu'est la portée du hip-hop lors de vos concerts au Zénith. »

Bonne réaction, mais qui ne saurait être limitée à un seul groupe ! Le hip-hop bouge beaucoup. Les mecs de la rue changent sans cesse de références, au mois le mois.

Cette situation nous oblige à nous bouger le cul, et nous empêche de nous prendre pour le meilleur, le champion, etc.

J'ai croisé pour la première fois Olivier Besancenot il y a trois ans, sur un plateau de radio. J'ai appris à ce moment-là qu'il connaissait super bien ma musique, on s'est échangé nos numéros et on s'est revus un an et demi après, pour mon anniversaire. Je lui ai présenté un pote à moi, adjoint au maire de Bagneux, qui s'appelle Jean-Claude Tchicaya. Au bout de deux dîners, on s'est dit qu'il y avait un truc à faire sur tous ces pans occultés de l'Histoire qui concernent la colonisation. Il y a tout un continuum aujourd'hui par rapport à cette colonisation et les conséquences se passent maintenant.

Le trait de départ, c'était Malcolm X. Ce qui nous intéresse, c'est son cursus. Son parcours peut encore exister à notre époque. On est partis là-dessus et on a dû avoir un discours fédérateur puisque pas mal de gens sont venus se greffer à ça, de tous bords en plus, y a des Rebeus, des Renois, des fils de gens de l'UMP carrément. On doit être une quinzaine. Prenant un virage, on a monté une cellule, on a fait trois conférences-débats avec des intervenants de l'Unesco, Éducation Sans Frontières, des gens de la magistrature aussi.

Tout ça, c'étaient les prémices. Considérant qu'on est français et que c'est la France qui nous a faits, nous affirmons que pour construire le présent, il faut connaître un peu notre Histoire. Régulièrement, on essaye d'organiser des conférences-débats sur des thèmes comme les effets de la colonisation, le massacre de Sétif, les exactions de la police, d'hier à aujourd'hui. Ainsi Maurice Rajsfus, dont la famille a été déportée suit depuis les années 40 tous les mouvements de la police. Il t'explique ce qui s'est passé au Vel' d'Hiv avec une précision effrayante. Jamais inutile pour la conscientisation.

On veut bien que dans les livres d'histoire on continue à dire « nos ancêtres les Gaulois », à partir du moment où on explique que les Gaulois étaient dans le monde occidental et que de l'autre côté, il y avait des gens qui sont aujourd'hui Français et qu'on est allés chercher à diverses époques comme chair à canon pour se battre dans des conflits dans lesquels ils n'étaient pas concernés. Qu'est-ce que les Sénégalais sont allés foutre en Indochine ? Pourquoi les petits Algériens en 1940, quand ils n'étaient pas sages, on leur disait : « Fais gaffe, le Sénégalais va venir » ? La France n'a pas réglé quelque chose avec son passé. On n'est pas en train de dire qu'il y a des coupables héréditaires et des victimes héréditaires, ce n'est pas un discours communautaire. La France a un problème avec son passé, l'esclavage a duré quatre cents ans et aujourd'hui ça fait à peine une demi-page dans les livres d'Histoire.

En février 2005, le Sénat a voté une loi qui obligeait littéralement les historiens, les éditeurs de livres d'Histoire et les profs à positiver le rôle de la colonisation dans les écoles. Pascal Blanchard, un des historiens spécialistes qu'on a fait venir en conférence, explique que les universitaires comme lui qui ont choisi comme branche « Les effets du colonialisme » ne trouvent aucun poste en France, et que même aucune thèse n'a été soutenue sur le sujet car le pays n'a pas réglé son problème avec ça. Le mec officie en Hollande, en Angleterre, ou même aux États-Unis, mais en France ses recherches n'intéressent personne. Chaque pays a ses génocides, certains ont réglé leur problème de mémoire, d'autres pas.

À un moment donné, ça aurait été bien que les gens réalisent que les deux candidats aux dernières élections présidentielles françaises avaient tous deux fait la guerre d'Algérie, ce qui peut nous permettre aujourd'hui de comprendre certaine politique... La famille Debré était à la tête de l'administration coloniale en Afrique du Nord. Quand l'Algérie a eu son indépendance, que leur a-t-on dit ? « Vous avez maté du bougnoule en Afrique, maintenant on va vous mettre en banlieue »....

Moi, à la base, je suis martiniquais, je suis descendant d'esclave. Les vrais habitants des Antilles, c'étaient les Indiens Arawaks, pas des Noirs. Les Noirs sont des gens qu'on est allé chercher, qu'on a déportés.

Aujourd'hui, j'ai un fils. Si je veux aller visiter l'Afrique avec lui, je ne sais même pas d'où nous venons. Je n'ai jamais fait cette démarche de recherche, parce que je suis issu d'une famille qui accepte passivement son destin.

Quand je dis à quelqu'un de ma famille : « Tu es africain », il me répond : « Non, je ne suis pas ou plus africain, je suis amérindien. » Parce qu'avec le temps il y a une culture qui s'est développée dans les Caraïbes et aujourd'hui, on est amérindiens.

Dès ma naissance, mon père a arrêté de manger du piment. Il essayait de gommer ses racines antillaises en pensant que ce serait mieux pour moi par la suite. Pour un mec comme moi, qui traîne avec des musulmans, des Africains, des mecs qui ont de vraies coutumes, ça a créé une petite crise identitaire. La plupart des gens avec qui je bosse, DJ James, Naughty J, les Psykopats, sont antillais. J'évolue au milieu d'Arabes, d'Africains, d'Antillais et tout le monde a ce suivi. Je me suis rendu compte que je ne parlais même pas créole. J'ai eu un manque. À trente-huit ans, je découvre plein de trucs, mais j'ai l'impression que j'aurai pas le temps de tout apprendre. Demain, j'ai envie d'initier mon fils, de lui raconter des trucs qui l'intéressent. Connaître ton identité te permet d'affronter le dehors.

Et puis, même si à l'école je ne performais pas, j'ai toujours aimé l'histoire et la géographie. Comprendre le pourquoi et le comment me fascinait. J'ai eu la chance de rencontrer des gens qui m'ont expliqué tout ce continuum, pourquoi aujourd'hui ces communautés doivent comprendre qu'elles sont issues d'immigrés mais françaises. Les Kabyles ont construit le métro parisien, et on les traite comme des moins que rien, en tout cas pas comme des citoyens à part entière.

Si tout le monde voulait se conscientiser, on aurait une réponse, on saurait faire front à pas mal de polémiques. C'est aussi l'histoire de la périphérie de Paris, des banlieues.

Qui suis-je ?

Je suis Joeystarr. Je suis antillais. J'aime le délire, l'ambiance, la fête. En vrai, je parle créole avec mes pieds mais, quoi qu'il arrive, je n'ai jamais pensé que j'étais mieux que les autres et je n'ai pas besoin non plus de marcher sur les autres pour être fier de moi.

En décembre 2005, nous avons développé l'idée que tous les gens des cités aillent chercher leur carte d'électeur, parce que c'est encore le meilleur moyen de changer quelque chose, de gagner en respect au quotidien aussi. Le pays, en vrai, c'est nous qui le drivons en choisissant les gens qui nous représentent. On pensait aussi que cette action pourrait ensuite rentrer dans les mœurs : si les plus jeunes voient les plus vieux faire un truc... En gros, c'était ça la démarche.

Toute cette idée d'aller prendre sa carte d'électeur, c'était pourquoi ? Pour que les gens s'en servent.

Voter, c'est exister.

Après, il y aura d'autres trucs à régler, plein. On dit à des gens nés sur le sol français qu'il faut qu'ils s'intègrent.

Mais non.

Leurs parents étaient là, eux sont nés là, c'est quoi cette histoire d'intégration ? L'intégration ça devrait être réservé aux gens qui viennent d'arriver. Pas à des gens qui sont là depuis deux ou trois générations ! Cette intégration, on en parle même à des Antillais venus des départements d'Outremer !

Je pense que la France n'est pas prête à regarder sa moitié dans les yeux.

Je suis français. La France m'a fait.

Quand les députés votent des lois, je me sens concerné. Depuis peu, mais je me sens concerné. L'anarchie ne m'intéresse pas du tout, et pourtant je reste un électron libre. Je n'aime pas les règles, mais je suis obligé de faire avec.

L'autre jour on a fait une conférence de presse-débat pour Devoirs de Mémoires. Patricia Sullé, qui a accompagné NTM dès le début, dès les premières heures chez Sony, était là, les larmes aux yeux : « Il y a quinze ans, ils te prenaient pour un débile profond. Aujourd'hui, tout le monde se rend compte qu'on aurait dû vous écouter. »

Au moins se dire que nos chansons étaient le pouls des quartiers, de la réalité de la périphérie.

À force d'écrire, je me suis découvert une vocation.

Sur un titre de Kool Shen du quatrième album de NTM, « That's My People », il y a pour moi le texte qui nous définit le mieux :

« J't'explique que c'que j'kiffe, c'est de fumer des spliffs/Et puis de me construire des riffs qui soient compétitifs/pouvoir faire de la musique tout en gardant mon éthique/Faire du fric sans jamais tacher l'image de ma clique/Construire est ma seule excuse au fait de prendre de l'âge/Si j'sens pas les miens autour de moi, putain ! c'est le naufrage. »

C'est trop ça.
On ne s'est jamais pris pour des orateurs,
des prêcheurs.
Faire vibrer les consciences, ouais.
Être des haut-parleurs, ouais.
Mais c'est tout.

De tout temps, on a su faire un constat mature de l'urgence avec laquelle on est arrivés. À aucun moment on ne s'est pris pour les maîtres du monde. On ne peut en dire autant de certains, surtout dans le hip-hop. On avait le recul.

Grâce à cela, on a une acuité formidable quand on écoute les disques des autres, quand on les voit sur scène.

Franchement, je vais voir beaucoup de concerts. À un moment, je me sentais comme Guy Roux quand il est sur la touche et qu'il voit tout ce qu'il faudrait faire d'un point de vue tactique.

J'allais voir des concerts de rap et ma lecture du truc, c'est que, putain, sur la gauche, y a personne !

Après quatre ans de réflexion, j'enregistre ces jours-ci mon premier album solo. Il y a eu beaucoup d'obstacles. Les condés m'ont pris douze textes destinés à ce disque et ne les ont jamais rendus. Ensuite il a fallu gérer la rupture avec Kool Shen. J'ai alors flippé et je suis parti dans un trip de défonce totale. J'animais des Sound Systems, je boostais des concerts. De temps à autre, je faisais un ou deux vieux titres de NTM. J'avais perdu la dynamique de l'écriture. À l'époque de NTM, on ne se posait qu'une seule question : « Est-ce que ce que nous avons écrit tient la route ? »

Sans savoir où on allait, on avait envie de mettre la barre toujours plus haut. Nous étions comme ces perchistes qui dépassent sept mètres, et nous n'avions pas envie de nous arrêter là. Nous voulions sans cesse monter plus haut, là où personne ne pourrait venir nous chercher. Au bout de trois ans d'inactivité, j'avais perdu toute mon assise. À un moment, le doute s'est installé, au quotidien.

Ce fut vertigineux.

J'ai commencé à cogiter, je me suis pris la tête. Se prendre la tête sous freebase n'arrange rien. Dans mes soirées freebase, j'ai découvert Antonin Artaud. J'allais me défoncer chez un personnage à fond dans la littérature qui, quand nous étions bien raides, nous faisait des lectures d'Artaud. Artaud à fleur de peau !

Mon attitude de vouloir performer plus qu'hier, encore et toujours plus, montrait que j'essayais de circonscrire le doute par la vitesse. Arrêté, j'ai été rattrapé par le doute.

Quand je suis entré en studio à Toulouse, j'ai enregistré trois morceaux, dont une adaptation du « Métèque » de Georges Moustaki. Ensuite je me suis arrêté six mois car je ne savais pas si je pourrais boucler dix titres au niveau de l'écriture. Busta Flex et Dadoo m'ont dit que je n'avais pas le droit d'arrêter. À leur manière, pas directement, ils m'ont fait comprendre que si j'avais besoin d'aide, ils pourraient m'écrire mes textes.

Ça m'a vexé.

Trop fier, je me suis dit que si j'allais en studio et que je n'étais pas capable d'écrire mes propres textes, mieux valait tout arrêter. Je me posais toutes ces questions et elles m'empêchaient d'avancer. J'ai redécouvert l'action et l'énergie.

Ma musique correspond-elle encore à l'époque ? C'est la grande question.

J'ai toujours été fasciné par les géants du rhythm and blues et de la soul. J'ai apprécié et aimé leur musique. Quand des gens viennent chanter mes louanges et me flatter, je ne me prends pas au jeu, je refuse le miroir qu'ils me tendent. Ma vie ne sera jamais simple, c'est ma doctrine implicite. Bien sûr que sous ma carapace de dur du rap, je cache quelque chose. Il y a des gens qui ont une carapace pour cacher le vide. Moi, sous ma carapace, je cache des doutes et des choses complètement humaines.

En septembre 2005, j'ai eu un petit bébé, Matisse. À cause de lui, je pense à l'enfance que je n'ai pas eue. Je n'ai pas du tout envie qu'il ait la même ni de reproduire de vieux schémas paternels.

Petit, il y a plein de choses que je n'ai pas pu faire. Je vais les réaliser maintenant, avec mon fils. Pour l'instant tout petit, il a six mois. C'est du tout neuf. Quand Matisse aura un an, qu'il commencera à marcher, à avancer dans la vie, quelque chose va s'opérer entre nous deux. Vouloir des enfants est un truc génétique. Ma vie professionnelle était une réussite, il me manquait quelque chose pour passer au stade suivant. Je pense que, à part les limaces, tout le monde a cela en soi.

Ce désir d'enfant.

Il fallait que ça arrive. Des choses ont changé. Je n'irai plus comme avant embrasser le cul de Dieu pendant un mois. Je n'irai plus me battre avec je ne sais qui parce que mon pote a eu une embrouille. Il y a toute une gratuité que j'entretenais avant que je n'entretiendrai plus maintenant. Mon fils m'a conscientisé et responsabilisé.

Je ne dis là rien d'exceptionnel, mais pour moi l'électron libre un rythme nouveau s'est installé. En vrai, je vis un truc mortel. Oui, mon gosse est le plus beau, le meilleur. Même son caca est plus beau que celui des autres.

Partir dix jours en studio à Toulouse me crucifie : quelle tête il a aujourd'hui ? Qu'est-ce qui se passe à la maison ? Avec un enfant, on part dans un amour sans fin, un amour qui remplit.

Je n'ai jamais cherché la sécurité. J'ai longtemps dormi dans le métro. Il me suffisait de faire ma journée, le reste je m'en battais les couilles. Aujourd'hui je projette des choses pour mon fils. Des projets de vacances, de voyages, de visites à des expos, des choses qui en vrai font un peu peur quand même. J'ai trente-neuf ans, je sais que je ne changerai plus.

Ce qui m'arrive est une continuité. J'y vois une récompense du destin. Une femme intelligente, souriante, alerte m'a fait un gamin aux grands yeux. Ça promet.

Pour la dernière fois, Seb :

« Est-ce que ce qu'on a écrit tient la route ? »

Table des matières

Mauvaise réputation

Composition et mise en page

NORD COMPO
multimédia

Cet ouvrage a été imprimé par la
SOCIÉTÉ NOUVELLE FIRMIN-DIDOT
Mesnil-sur-l'Estrée
pour le compte des Éditions Flammarion
en mai 2006

Imprimé en France
Dépôt légal : mai 2006
N° d'édition : FF 893101 – N° d'impression : 79552